中世纪的
王权与抵抗权

Kingship and Law in the Middle Ages

〔德〕弗里兹·科恩 著

戴鹏飞 译

商务印书馆
The Commercial Press

Fritz Kern

KINGSHIP AND LAW IN THE MIDDLE AGES

Basil Blackwell

Oxford, 1956

根据布莱克维尔出版社 1956 年英译本译出

英译者前言

　　科恩（Fritz Kern）教授的著作《中世纪早期的神圣王权与抵抗权》（*Gottesgnadentum und Widerstandsrecht im Früheren Mittelalter*）可谓是生不逢时——作者前言标注的日期是 1914 年 8 月 1 日。因此，许多年之后，这本著作才引起英国学者的注意，甚至直至今日它也并未引起英语学界研究中世纪的学者们应有的关注。因此，当科恩教授慷慨地授权我出版一个英语的修订版本时，我就想将整本著作，包括正文、脚注和附录全部翻译过来。只有这样，英国的读者才能充分地了解科恩教授深厚的学术功底。但是由于面临着许多实际的问题，这种追求尽善尽美的想法不得不被放弃。科恩教授著作中的脚注和附录引用了大量的一手、二手文献，十分浩繁。全书共 515 个脚注，大约占据了 295 页正文中一半的篇幅，并且正文之后还有 150 页篇幅的 38 个附录。因此，要将科恩教授的整部著作全部翻译成英文的工作无疑过于繁重，并且出版成本也不允许。此外，这种工作在一定程度上也是没有必要的。因为，虽然这些脚注与附录包含了学者与专家们不能忽视的大量内容，但是其中所包含的大部分都已经被科恩教授的著作超越了，所以就没有必要再将这些脚注和附录全部翻译过来。因此，本书是一个缩略的版本。不过显然，对于那些想要更加详细地了解相关细节的学者来说,英译本是无法取代德文原版的。相反,我决定进一步地缩减注释的数量,并为使英国的读者能更好地理解作者的一般性结论而留出了更多的空间。因此,《中世纪早期的神圣王权与抵抗权》一书的英译本就只保留了大约八分之一的脚注,同时增加了由作者慷慨提供的一些修订。英译本 70 余个脚注都是经过精挑细选的,它们几乎都提及了尤其具有启发性的,或者是英国读者尤其感兴趣的一手文献。附录均未被收录在内,只提供了一份附录的提要,以供对其有兴趣的读者参考。

因此,节省出来的空间就可以被用来几乎完整地翻译作者的另外一篇文章(连同一部分脚注),即刊于 1919 年《历史杂志》(*Historische Zeitschrift*)中的《中世纪的法律与宪法》(*Recht und Verfassung im Mittelalter*)。将这两项十分重要的研究一同翻译过来似乎要比将这两部著作的所有注释与参考文献全部翻译过来更有成效。

译者唯一希望的是,自己的译文能够准确地表达科恩教授的文意。要翻译这样艰深的学术著作从来都不是一件容易的事情,也绝无法完全避免错误;并且如果没有其他人给予的慷慨鼓励与帮助,以译者孤陋的学识是无法完成这项任务的。要感谢我的妻子,感谢美因河畔的法兰克福大学与爱丁堡大学法学学位申请人(cand. jur.)布兰科(K. J. Blanck)先生给我的帮助。他们分别以不同的方式在不同的阶段帮助我改进了我的译文。最后,还要感谢我的朋友巴拉克劳奇(Geoffrey Barraclough)先生,他是一名非常专业的编辑,他的耐心与良好的合作精神对我而言是不可或缺的。有了他们的帮助,我的译文避免了许多的错误。而对于译文中还存在的其他错误,均是译者自身的责任;欢迎读者在阅读过程中给我提供改进译文的建议。

克莱姆斯(S. B. Chrimes)

格拉斯哥大学

1939 年 8 月 1 日

缩略语

EHR. = English Historical Review.

MGH. = Monumenta Germaniae Historica.

PL. = Patrologia Latina.

RBS. = Rerum Britannicarum medii Aevi Scriptores
         (Rolls Series).

目　录

第一部分
中世纪早期的神圣王权与抵抗权

英译者导言 ·· 3

第一章　国王的神圣权利 ·· 31

　第一节　君主制的原则 ·· 32

　第二节　日耳曼的血亲权 ·· 39

　第三节　君主的授职 ·· 56

　第四节　前基督教时期君主崇拜的影响 ··················· 93

第二章　法律对君主的限制 ·· 102

　第一节　君主与法律 ··· 103

　第二节　君主个人遵守法律的义务 ····················· 109

第三章　抵抗权 ·· 113

　第一节　日耳曼的抵抗权 ·· 117

　第二节　教会的抵抗权以及被动服从理论 ············ 131

　第三节　抵抗权及其与人民主权以及统治契约

　　　　　之间的关系 ··· 153

　第四节　从压制到预防的转变 ··························· 160

概要 ··· 172

附录 ·· 182

第二部分
中世纪的法律与宪法

第一章　法律 ······································ 187

　　第一节　法律是古老的 ······················ 187

　　第二节　法律是良善的 ······················ 190

　　第三节　古老而良善的法律不是制定的也不是成文的

　　　　　　······································· 195

　　第四节　古老的法律优于新的法律 ·········· 199

　　第五节　法律的创新是为了复归古老的良善之法 ····· 205

　　第六节　法律概念和法律实践 ················ 208

　　第七节　从中世纪向现代法律概念的转变 ···· 219

第二章　宪法 ······································ 223

　　第一节　法律限制的原则（国王受法律约束）·········· 223

　　第二节　民主代议制的原则（国王获得民众同意的义务）

　　　　　　······································· 230

　　第三节　责任的原则（抵抗权）·············· 237

　　第四节　转变 ······························· 241

索引 ·· 250

译后记 ·· 269

第一部分

中世纪早期的神圣王权与抵抗权

英译者导言

今天许多学者都会同意,在英国,宪制史尤其是中世纪宪制史的研究方式无法令人满意。首先,英国宪制史的研究通常都带着极强的孤立性,很少参照其他国家同源的宪制经验。其次,英国宪制史要么在某些方面扩张得过于广阔,要么在另外一些方面显得过于狭隘。一方面,人们告诉我们,英国宪制的起源和基础就其后来的发展而言是仅限于英格兰的——事实上情况并非如此。另一方面,关于"什么构成了宪制史不同于其他历史部门的适当的研究对象"问题上产生的争论与混乱,常常会阻碍我们充分地利用其他专业领域的研究成果。结果,甚至在这个史学史比较发达的时代,由于某些关注点的缺乏,人们不能如实地、一般地理解不列颠人民为人类共同的遗产所做出的最与众不同、最持久的贡献。

英国宪制史研究上普遍存在的孤立主义的原因并不难找到。人们可以在一般的历史中依然普遍采用的民族主义路径中找到答案。不过,本文并不想在此讨论这个问题。民族主义的弊端以及由此导致的狭隘性在历史研究和其他领域的研究中一样,对于本文的大多数读者们来说毫无疑问是十分熟悉,并且令人感到厌恶的。

但是,宪制史学者们(更别说其他人)通常无法意识到,对于

他们的目的而言,通常理解的"国际史"是无法适当地取代民族史
的。对于其他民族宪制历史的研究毫无疑问能够有效地纠正民
族偏见和狭隘的视野,但仅仅做到这一点还是不够的。为了达到
科学的目的,我们必须以比较的方式对宪制的历史进行真正的研
究。这样的研究不仅要为民族的历史研究添砖加瓦,同时更要寻
找许多同源国家尤其是西欧国家间宪制经历中的共同因素;比较
的研究可以前所未有地揭示出它们之间存在的不同点及其共同
的特征。只有在宪制史的研究中严肃地运用比较的方法,人们才
能适当地理解英国的宪制史,并同时适当地看待欧洲的历史。英
国的学术界迄今仍然完全忽略了这项伟大的任务。译者殷切地
希望,在此引进的科恩教授的整部经典著作能够在这个领域中起
到抛砖引玉的作用。毫无疑问,人们无论如何应比现在更加强调
对于现代语言的学习,使其作为历史学基本训练的一个部分。并
且,对于这一目的最大的激励就是适当地引导学生,使他们付出
的努力能够有助于更加深刻地理解欧洲文明的共同基础,甚至能
够为保存欧洲文明做出不可或缺的贡献。英国的宪制史学家们
以及其他一些学者们现在就应当及时地抛弃他们华丽但极具欺
骗性的孤立主义,并研究欧洲宪制历史中的共同因素。这样做的
目的不仅是为了拓宽历史研究的视野,增加其内容,同时也是为
了更加充分与深刻地理解英国历史本身。

　　此外,不可避免地,我们迟早必须回答"宪制史适当的研究对
象是什么"这个问题;同时我们在宪制史的研究方面也必须更加
注重准确性与确定性。必须这么做并不是因为在界定概念之间
的不同点时我们能够获得什么乐趣,而是为了对事物进行区分,

为了知识的增进。然而不幸的是,不愿意进行准确的界定是英国历史研究中根深蒂固的毛病,结果导致了史撰理论与实践的极端混乱。这种混乱在其他学术领域是令人无法容忍的。[①] 这种不愿意对术语进行界定的毛病部分地根源于我们民族众所周知的对所谓"死板的逻辑""刻板僵硬"以及"人为的区分"等等的厌恶。在现实生活中,这种态度无疑是必要的也是适当的,但是在科学研究中,情况就另当别论了。如果用生活取代逻辑,那么科学就将无法进步。而历史就其为了寻找并阐述某些事物的真相这一任务而言,无疑也恰好和其他研究一样都是科学。相反,科学研究的全部方法就是将逻辑应用于生活,并因此在一定程度上是"人为的一个过程",尽管在另外一个更加确切的层面上,科学也是自然的,其本身也是生活之一种。

如今人们都知道,宇宙是一个整体,而克利俄女神的袍子是无缝之天衣。所有的历史(history)都是一株没有分叉的树干,都是关于过去的故事。但是,这并不意味着我们不能将对过去进行研究这个意义上的历史(History)进行分门别类。[②] 因为,对过去进行研究这个意义上的历史(History)本身当然也只不过是人类理智对整个宇宙进行研究的一个部分,它本身就是科学研究中人为、人造的一个分支。然而,我们中的大部分人还是承认,普遍意

---

① 在这个问题上,许多杰出的历史学家们作出的相互矛盾甚至自相矛盾的论断是引人注目的。这些论断在伍德(L. S. Wood)名为《题词精选》(*Selected Epigraphs*, Historical Association, 1932)的精彩的小册子中得到了简要的研究。

② 由于无法区分"历史"这同一个词所具有的两层不同含义,这又激起了人们对历史编纂学进行讨论。不幸的是,这同一个词既可以指进行的研究,也可以指所研究的事物。在本篇导言下文中,我将用大写的历史(History)指代前者,而用小写的历史(history)指代后者。

义的历史（History）是科学研究中一个合法甚至必要的分支；甚至
那些不喜欢、不信任或下意识地忽视将历史（History）"人为地"划
分为政治、经济和宪法等部分之做法的学者们也从未觉得他们自
己必须将整个宇宙视为"现实生活"中存在的那种不可分割的
整体。

因此，如果为了研究的目的将历史（History）分成不同的分支
并不会招致良心的责难，那么人们也不会反对这些不同的分支应
当进行理性化。当然，如果缺乏通史（general History）的视野，人
们是无法充分地理解历史（History）的某个分支的，这就好比如果
缺乏整个宇宙的视野，人们也无法完全理解通史一样。但是，人
类的理智是有限度的，我们必须将某些事物作为理所当然的前
提，这样才能通过专门化的研究而改进知识。或者可以更加确切
地说，历史学者们必须将克利俄女神的无缝天衣裁剪开（他们实
际上就是这么做的），并同时坦诚地承认他们各自所分得的份额
只是女神袍子的一小块，且和其他部分完全不一样（通常他们都
不愿意如此承认）。总之，宪制史不是由传记、政治、经济、社会、
行政以及历史（history）的其他门类组成的不确定的混合体，也不
能再按照这种方式加以撰写。当然，所有这些都是历史（History）
的组成部分，但是它们并非宪制史学家本身的领域，而是通史学
家们的领域。通史学家的任务就是进行最高层次的综合，并且也
只有通史学家们才能完成这项任务，而不是得出一些似是而非的
结论。因此，宪制史就是关于宪制的历史研究，并且它可以适当
地忽略其他部分，将其置于背景之中。

然而，对宪制史学发展的威胁不仅来自人们在区分宪制史学

和其他部门的研究领域上产生的争议（这好比是人们都渴望分得
并享用一块蛋糕一样），有时候甚至还会来自对这种争议过分的、
尽管或多或少无意识的反动。现今，人们都习惯于认为，宪制史
仅仅是关于制度的历史，似乎宪制史全部的任务就是将某些政府
部门以及行政措施的历史统统拼凑在一起，而不论这种拼凑是多 ^{xiii}
么生硬。毫无疑问，宪制史研究包含了制度史研究，或至少部分
地以制度史研究为基础，并且由于行政手段能够调整宪制本身，
因而也包含了行政史研究中的一些内容。但是宪制史的内涵远
不止于此。无论在哪个时代，制度与行政措施都仅仅是实现宪制
目的的手段。制度与行政措施只是作为一种在实践中实现政府
的权利与义务的（有效或无效的）手段而存在，而正是政府的权利
与义务构成了宪制。如果我们想要理解任何时代都真实存在的
宪制本身，我们就必须研究这些权利与义务本身。正是由于这些
权利与义务赋予了原本毫无理智的各种机制与杂糅的措施以生
命与意义。

　　但是，政府的权利与义务本身只能通过法律或法律实施所产
生的效果的形式加以确认。① 我们大部分人都会同意，无论在哪
个时代，宪制都并不是由权利与义务构成，而是由被认定为法定
的权利与义务，或至少准法定的权利与义务构成，无论这些权利
与义务如何配置。然而，人们常常不愿意承认以下显见的推论，
即如果宪制史学想要成其为宪制史学，并且拥有真正区别于其他

---

　　① 在这里完全没有必要讨论宪法惯例的性质。但是，我认为惯例仅仅只是惯
例，因为它在效力上被视为同正式的法律一样对所涉及各方具有约束力，而无论其
是否能够在法院中得到执行。

历史学科而属于其自身的内涵,那么,它就必须首先被视为法律史的一个分支。如果宪制史首要地(我并没有说排他地)不是宪法史(理论与实践上的法律,并且是包括惯例在内的最宽泛意义上的法律),人们就很难说明宪制史是什么东西了,它似乎就只是谜一样的存在了。

因为在谈及当今的宪制(即实际存在的宪制,而非应然或将来存在的宪制)的时候,我们中的大部分人说到底还是会毫不犹豫地认为,它指的就是一些确定的法律与习惯;我们不会认为,它指的是各种各样的政治、社会和经济的事实和虚构,或一系列的政府部门。如果我们想要了解我们实际存在的宪制的情况,我们都会咨询律师而不是社会学家、经济学家、政治理论家和政治家们。那么,由此可以推论,在论述过去的宪制时,我们首先也是要研究过去的法律与习俗以及它们的变迁,而不是关注政治事件和社会现象。毫无疑问,无论是对于过去的宪制还是现今的宪制,我们不仅仅想了解法律与习俗本身,还想了解它们同其他领域之间的关系,例如同政治、经济与社会等等的关系。但是如果我们这么做了,就必须承担起一项综合性的任务,它既不属于宪制学者也不属于宪制史学家各自领域内的事务。它是通史学家们的课题,或者应当是宪制史学家们同其他各个领域的专家们合作,以发现(如果他能够的话)政治、经济等等是如何影响宪制发展,或者宪制发展是如何影响政治、经济等等的。总之,历史科学中这些高级的任务不应当是以浅薄与附带的形式完成的,更不是专门史研究的目标。综合的任务本身也是(或应当是)一项专门性的科学任务,要求(但并非常常都能够获得)特殊的天赋和独特的训练。因此,我们可以原谅别具风格的英国宪制史学的进一步分化。英国宪制史实质上既非英国史,又非其宪制的历史,而是两者的混合物——至于相互混合的比例就依据不同作者的品位与口味而各不相同了。①

毫无疑问,所有人都会同意,宪制史不仅仅是宪法的历史,因为至少在一个方面,我们必须像宪制史学家那样比纯粹的法律史学者研究得更加深入。我们必须考察所探讨的政府权利在多大程度上是有名无实的权利,或者政府在多大程度上违背了自身的义务。但是有时候,我们会忘记,无论如何,宪制史学肯定同宪法史研究是一模一样的。而英国的宪法史还有待人们去书写——这是一个显明而又令人不快的事实。除非宪制史学家们自己承认,他们的研究是法律史而非政治史的一个分支,否则英国的宪法史将不会也不可能得以书写。因为宪制史学家们依据假设(*ex hypothesi*)应当首要地对政治(或其他)力量对法律与习俗产生的影响感兴趣,而不是对这些力量本身感兴趣。他应当关注宪制本身,也即政府的法律与习俗的变革,而不是其他。在承认了这点之后,我们就能对许多偏见与不同的观点进行反驳。这些偏见产生于现代人们将历史与法律的研究相分离;而在这个分离的过程中,它们遗留下来的子嗣——法律史——被掌握在法律学者的手中。但是,那些将宪制史主要视为法律史的历史学家们能够扮演

xv

---

① 在这里如果具体指出某些作者,肯定会招致不满。不过,在我看来,我们可以公允地说,新近(1937 年)出版的《中世纪英格兰宪制史》(*The Constitutional History of Mediaeval England*)在史料的选择应用方面相比于此前的此类作品有了显著的进步。确实,这本著作没有涉及一些不相关的史料,尽管有时候一些不相关的也未被包含在内。

一个重要的角色——他们能够调和分离了的历史学与法学。历史学与法学之间的重归于好不仅有可能对知识的增进起到深远而有益的影响，并且更有可能对历史学学生的训练产生直接的影响。因为，一方面，过去的文明离开了法律与法律观念就无法存在，因而脱离法律与法律观念，人们就无法确切地理解过去的文明；另一方面，法律的思考方式是任何一种理智训练必备的要素。

将宪制史视为法律史的一个分支，这虽然有可能会将宪制史的视野限制在某个焦点上，但是同时它也能增强在这个焦点上的解释力。因为如果在考虑规则与制度的同时不考虑概念与观念，那么任何一种法律史都是无法被写就的。正如科恩教授所说，"过去的真实情况"离开了它们所处的概念环境是不可能得到适当理解的。对于那些熟悉科恩教授著作的读者来说，这个事实是无需任何证明的。哎，不过由于英国的史撰几乎不了解任何"观念史"（*geistesgeschichte*），它极其严重地忽视了这个事实。科恩教授自身并未主要地关注"真实情况"；确实，科恩教授的这部著作几乎没有提到实际存在的制度，但是毫无疑问，它却对我们的宪制史通常被视为实际存在的制度提出了一种完全不同的解释。

科恩教授的两部著作《中世纪早期的神圣王权与抵抗权》以及《中世纪的法律与宪法》都是关于中世纪的；无论在方法还是结论上，对于英国的学生来说，它们都是非常有价值的。它们能够一同纠正英国宪制史研究中出现的一些共性的问题。

科恩教授自称其目的是研究西欧中世纪早期（约略从5世纪到12世纪和14世纪早期）宪制史中的共同因素。他完全有能力完成这个目标，因为他寻找到了各个民族国家中同样一些事物例如君主制、法律和宪制中的共同观念。在这些研究的第一项中，正如科恩教授自己所说，他并非致力于研究任何一个国家的君主制，而是要研究西方君主制普遍的观念；而他对法律与宪制观念进行的第二项研究，也具有类似的目的。他完全能够非常有成效地做到这点，因为他没有将自己的注意力局限于制度史，而是寻找那些对于政府制度的存在而言至关重要的观念。他在德国人所谓的观念史或世界观（*Weltanschauung*）的历史——在英国仍然缺乏与之准确对应的学科——与法律（宪制）史之间的广阔地带中耕耘，由此而得出自己的结论。因此，他清晰地阐明了中世纪早期试图在制度中实现的观念与概念。在对整个西方的宪制史的基本力量进行了一番研究之后，他生动地描绘了整个西方宪制的历史。同时，通过将政治观念同现实存在的制度紧密联系，并 xvii 且按照现实政治人物和普通人所理解的政治观念对其进行研究，科恩教授能够避免抽象与教条——这种特征不幸地几乎存在于所有中世纪政治思想史著作中。[1] 在科恩教授的著作中，我们找不到哲学家和经院学者的假设与观念，而只有统治者与被统治者们身上具有的思想与观念——对于除了哲学史家之外的各位读者而言，这些观念要比系统而教条的政治学说更加重要。[2] 在英国的历史著作中，科恩教授的研究方法还从未有过先例，它具有独特的价值，并且能够由此得出非同一般的结论。

---

　　[1]　甚至新近出版的一些此类杰出的著作例如麦基文（C. H. McIlwain）的《西方政治思想的发展》（*The Growth of Political Thought in the West*，1932），以及登特列夫（A. P. D'Entrèves）的《中世纪对政治思想的贡献》（*The Mediaeval Contribution to Political Thought*，1939）也未能免于这种批评。

　　[2]　参见科恩教授自己的观点，下文第 142 页（指本书边码——译注）。

　　这里已无须再赘述科恩教授得出的那些结论,因为科恩教授自己为第一项研究提供了一份详尽而巧妙的概要,而他第二篇更不那么复杂的文章本身就足够简洁了。不过,在此如果对科恩教授的两部著作进行一个综合性的概览,并由此指出这些著作有可能以何种方式纠正英国史学的一般视角,那么对一些读者来说还是有益处的。当然,科恩教授的许多结论也是英语世界的学者们所熟知的,但是很难说这些结论已经对宪制史的研究产生了普遍影响,因此,以此为目的再对这些结论进行一些评论就不会显得浅薄而多余了。

　　泛言之,在译者看来,科恩教授这部著作产生了两个方面的影响。一方面,它将对于现代宪制国家的产生来说至关重要的一些基本观念追溯到了非常遥远的一个时期;另一方面,它降低了封建主义在这些基本观念的演进与互动过程中所占据地位的重要性。科恩教授表明,这些基本观念与概念在起源上是非封建的,起源于前封建时期。这个重要的结论在科恩教授对契约观念 xviii 的论述中体现得尤其鲜明。科恩教授认为,(封建)契约的观念并非抵抗权的首要与重要来源,甚至根本不是抵抗权的来源。相反,契约观念在时间上要比抵抗权晚很多。抵抗权并非源自封建的撤回效忠(*diffidatio*)权,而是来自古老的日耳曼习惯法中的反抗君主违反法律的权利。

　　不过,这个结论只有放在中世纪早期王权与法律观念的背景下才能够得到解释。在其第一项研究中,科恩教授开篇即指出,17 世纪充分发展了的神圣王权理论实际上是将众多具有完全不同起源的因素融汇到了一种理论中。君主制政府是唯一正当的政府这种观念是同对于某个君主拥有不可侵犯的王位继承权的信念联系在一起的,而这些又同继承的权利(王朝正统主义)、国王神圣的授职不可分割地联系在一起,并且最终同君主不负责任和不受限制的绝对主义联系在一起。

在 17 世纪及之后,不论这些不同的观念相互之间多么紧密地联系在一起,它们之间具有多么明显的相互依赖性,但在起源上它们相互之间是完全独立的。人们可以在早期的日耳曼习俗、早期基督教会的政治理论和 12 世纪复兴的罗马法研究中,以及在这些因素的相互影响中发现这些观念。

君主制的原则本身就存在于日耳曼的观念与实践中,并在最早的时期就被教会接受了,还进一步渗透进中世纪早期的政府形式中,甚至渗透进那些形式上并非君主制的政府中。日耳曼王权的民主基础体现在选举,或至少体现在新国王当选过程中的欢呼声中。这个习俗在西欧君主制的历史中从未消失。而与此同时,由于教会参与了国王的就职仪式,并给予国王祝福,统治权威中的超验性因素(甚至在异教时代就存在)又得到了极大程度的强化与强调。

然而,早期日耳曼的国王并非是通过单个个人的继承权而获得王位的。他们作为国王的后裔最多只能拥有"配得上王位的特权";而选举或至少是人民的接受唯一地授予他们统治权(物权[ius in re]是不同于单纯的要求给付物的权利[ius ad rem])。日耳曼习惯法中存在的是血亲权,而不是继承权;正是血亲权被其他观念变形之后才成为后来的神圣继承权的源头。这种变形很大程度上是由于教会(非日耳曼)的概念与实践的影响。一方面,教会对于王权采纳的是强大的神学的观念,它将王权视为承担一定义务的官职,要求王权的承担者履行作为上帝代理人的义务。另一方面,尽管教会神学的王权观念同以民众选举和血亲权为基础的日耳曼君主制观念没有任何的共同点,但是教会通过在实践上祝福某个国王统治权的做法而及时地弥补了二者之间的鸿沟。

教会参与王权的创建就对君主制本身的性质产生了重大的影响。教会对君主的授职虽然极大地强化了教会的君主概念,即国王是作为承担义务的官职,并因而必须对上帝及其仆人们(教皇与主教)负责;但是,从长远来看,它提升了国家而不是教会的地位,并为当时普遍流行的伊拉斯图主义(Erastianism)①提供了充足的合法性证明。

不过,在中世纪早期,这些变化产生的影响并未被推到极端,因为关于国家与法律的一些基本观念阻止了人们这么做。只要法律仍然被视为是至高无上的,并且还不存在理想法与实证法之间的区别,那么,君主不负责任的理论就不可能得到充分发展。在整个中世纪早期,如果说存在所谓的主权者,那么,法律就是当然的主权者。国家的存在是为了实现法律,因此法律是首要的,国家只是次要的。君主的职能是为了在实践中实现法律,因而他就必须受法律约束。教会与人民都同意这点,不过二者对于君主受何种法律约束持不同的观点。一方面,日耳曼根深蒂固的法律观念认为,法律是古老而良善的法律,乃非制定的不成文法,它存

xx

----

① 关于伊拉斯图与伊拉斯图主义的产生及其含义,约翰·菲吉斯(John Figgis)对其进行了精彩而透彻的阐述,参见《神圣王权理论》(*The Divine Right of Kings*)一书附录二"伊拉斯图与伊拉斯图主义者"。——译注

在于共同的正义感中,是所有人的主观权利(subjective rights)的总和;国王的统治权是他个人的私人权利,是法律本身的组成部分之一。另一方面,教会则将神法或自然法视为具有普遍约束力的法律,并坚持认为国王有义务在实践中实现这些法律,即便它们同古老而良善的习惯法相冲突。这种观点有时候会将国王从既有法律的约束中解放出来,但是,无论在何种意义上,国王都确定地受到外在于其意志的法律的约束与束缚。因此,即便中世纪早期的一些君主在实践中绝对地统治或看似绝对地统治,但绝对主义君主在法律上是不存在的。在实践中,国王只有在侵犯其他人的权利(即违反法律)的情况下才有可能绝对地统治,他不可能在绝对地统治的同时不违背共同体的法律良知。但是,并不存在严格的规则,判断国王如何才算是遵循了共同体的法律良知。因此,我们就不能被王室"颁布"法律这种看似绝对主义的行径所蒙蔽。因为国王可以通过三种不同程度的同意形式而颁布法律。他可以以单纯的默示同意的形式即绝对主义的形式颁布法律;或者可以在得到某些资政人员(最优秀者与最伟大者[meliores et maiores])的建议与同意下颁布法律;或者可以通过司法判决的形式,即获得精通法律的人士的建议与同意而颁布法律。这些确保同共同体的法律情感保持一致的不同方式都同等地有效;因此,由于国王在颁布法律的时候总是以人民的代表的身份行事,无论国王采取何种方式颁布法律(尽管在理论上不会,但在实践中有可能会修订既有的法律),法律都同等地有效。但是,从长远来看,只要国王颁布的法律被共同的正义感否定了,这一法律无论获得了何种程度的同意,它们就是无效的。

因为,在中世纪早期,理想法和实证法之间没有任何区别。只有一种法,即法律(Law)。正如科恩教授指出,这项基本观念对于宪制史家来说是异常重要的,必须牢记于心。由于理想法或道德法与实证法之间没有区别,主观法与客观法之间也没有区别,因此,国王与人民都必须服从于同一种法律。所以,每个人都有权,并且确实也有义务保卫与守护既存的法律。理想法与实证法是同一回事,只存在一种永恒不灭的法律(Law):寄居于共同的良心与传统中的古老而良善的法律。因此,在这种法律观念中,革新在理论上便只能通过复古的形式进行;新的法律从来都不会被承认为是法律。

因此,既然每个人都有权利与义务保护既存的法律,尤其是保卫他自己个人的权利,那么,如果国王违反了法律或侵害了个人的权利,显然每个人都有权利与义务抵抗国王。正如科恩教授所指出的那样,这种抵抗权并非以契约观念为基础。确实,在国王加冕仪式上国王许下的遵守法律的誓约中,人们也能够看到相互性的契约或者假定确实存在一种相互性的契约,但是国王与臣民之间的法律纽带却并非契约。国王与人民之间的相互关系并非像私法契约中的双方当事人的关系那样。相反,双方都共同处在客观的法律秩序中,并受其约束;双方都必须有服从上帝与法律的义务。因此,抵抗权并非主要是契约遭受破坏的一方享有的权利,它甚至也不是公民专有的反抗不公正统治者的主观权利;首要地,它是一种抵抗的义务,公民面对遭受到统治者破坏的客观法律秩序,有义务将其恢复。缔约的观念(在11世纪出现时是同日耳曼的政治理论不相融合的)既无法为抵

抗权也无法为被动服从提供基础,因为违反契约本质上只会使
另外一方不受契约义务的约束。正如科恩教授指出,后来的封
建契约和撤回效忠的理论无疑强调了国王与臣民之间关系上的　xxii
契约因素,并借用了契约中的司法逻辑与形式以解释当时依然十
分混乱、笨拙的抵抗权。但是,人们不应当因此忽略掉的重要一
点是:人们抵抗违反法律的国王的抵抗权是古老的、前封建时期
的日耳曼观念;它本身是被人们普遍承认的、基础牢靠的中世纪
早期宪法的一部分。

　　对上述这些事实的充分阐述能够极大地修正我们关于中世
纪早期宪制史的看法。例如,科恩教授就非常有力地阐发了《大
宪章》所具有的一个方面的意义,而这点是我们的宪制史家们从
未足够重视与承认的。从柯克到斯塔布斯,人们对这份著名的文
件的崇敬之情有如滔滔江水,但是他们却常常忽视了一个事实:
《大宪章》中的许多条款主要关注的是私法,和宪制并没有多大关
系。在不止一代人中,人们都认为《大宪章》中大部分的条款所关
注的问题都几乎和公法没有任何关系。然而,《大宪章》有一些部
分被人们单独挑拣出来,视为宪制的创新——其中就有著名的保
障条款(security-clause)。但是,除非像科恩教授一样将保障条款
与欧洲的大背景相联系,否则其重要性就无法彰显出来。因为国
王在理论上总是低于法律,并且如果他违反了法律,就会遭受到
合法的抵抗。正如科恩教授指出,《大宪章》第 61 条的真正创新
之处在于,它拿起了抵抗权(无论有无《大宪章》,这项权利都依然
能够对国王形成有效的制约),并使其在王国的成文公法中获得
了地位。民众的(非封建的)抵抗权将自身制度化为一个由 25

xxiii 名贵族组成的委员会。① 确实,人们试图建立一个制度性机构来
体现抵抗权的努力也许是原始且不成熟的,而且也是贵族们临时
构思出来的权宜之计,从未被适用过。只能通过将压制性手段宪
法制度化,将自力救济宪法组织化,才能建立起预防性措施。但
是,这依然是人们试图建立制度将国王置于法律之下或至少使其
成为法律一部分的一次重要努力。并且,虽然抵抗委员会存续时
间不长,但它在所谓的立宪君主制的开端之处依然有其地位。

　　在著作的其他地方,科恩教授还表明,早在这个时期之前,日
耳曼的抵抗权就已经受到教会抵抗僭主的观念影响。教会的抵
抗僭主的观念最初建立在少数的基督徒(至少是被动地)抵抗非
基督教统治者或异端统治者的基础之上。对于基督徒来说,服从
国家的界限是清楚明确的;而基督教的反僭主理论认为,君主如
果违反了自己的法定义务,他事实上就不再是国王,而成为事实
上的僭主。教会在这些问题上的观点有助于发展出一套审判不
合法国王的正式的司法程序——与混乱而缺乏形式的民众抵抗
权形成鲜明对比。因为国王作为一名基督徒必须服从教会的惩
戒权力;此外,由于主教参与了国王的就职仪式,因此主教被假设
对国王拥有某些训诫,甚至强制性的权力。但是,人类对国王的
判决,无论是教会的还是世俗的,都依然完全是宣告性的,不具有
创制性特点。是国王自己在做出不正义行为的过程中废黜了

　　　① 麦克奇尼(McKechnie)对《大宪章》这一条文的评论显然是不着边际的,大
意是,"反叛,即便在道德上具有合法性,也必然是不合法的"(*Magna Carta*,474)。
事实上,正如科恩教授指出,诸如此类的评论如果用中世纪的眼光来看,显然是自相
矛盾的;此外,《大宪章》本身显然已经使《大宪章》这一条文中所确立的对国王采取
的强制形式获得了合法性。

自己。

　　甚至在授职权之争进行得如火如荼的时候,国王必须服从精神权力的观念也没有被严肃地否认。但是,精神上的惩戒权力是否具有政治或法律上的后果,这个问题还是存在争议的。11 世纪和 12 世纪,在这个问题上,人们的观点存在激烈的分歧。一方面,古代的教会理论本身谆谆教诲基督徒要被动服从统治权力,^{xxiv}它拯救了受到教会威胁的君主制;而这项理论在其他一些因素的强化之下最终是以牺牲一切抵抗权(无论是教会的还是世俗的)为代价而取得了胜利。但是在当时,所有人都有责任建立上帝之城的观念占据着主流,并且缓和了对权威无条件的尊重。教会的抵抗权同世俗抵抗权的联合变得十分强大,德意志的君主制根本无力抵抗;正因为二者的联合,格里高利七世才敢极端鲁莽地反对德意志皇帝。

　　但是,教会极端的敌意很快就引发了支持君主制的反动。①为了应对教会不受限制的主张,君主制开始摆脱中世纪习惯法的约束,并且极力倡导臣民的服从理论以及君主不负责任的理论。羽翼丰满的神圣王权理论开始形成,只是这种理论在中世纪世界中永远无法得以最终完成;因为理论上国王不可能是绝对的,他必须处于法律之下。然而,如果国王无需向任何尘世的法庭负责,那么尽管他在某些方面还是受到法律的限制,但实际上就是不受限制的——而这实质上就是中世纪末期英格兰以及其他一些地方君主的地位。

---

　　①　参见布拉克曼(Brackmann)在本书系中的著作,vol. III, pp. 286 sqq。

　　因此正是教权(*sacerdotium*)同王权(*regnum*)之间的斗争以及世俗观念与教会观念的相互作用使得现代主权国家,因此也是现代宪制主义得以产生的理智条件变得可能。教权的过分主张推高了君主的地位,并且罗马法的复兴也同时鼓励了君主地位的提升,而所有这些反过来引出了人民主权理论。劳滕巴赫的曼涅戈尔德(Manegold of Lautenbach)力挽狂澜打败了那些主张人民的权威已经转移给了君主的王权派作家,他虽然承认权力转移,但不承认这种转移是不可撤销的。他坚持认为,国王像其他仆役一样如果辜负了主人的信任,也是可以被解职的。

　　然而,在中世纪的世界中,这项革命性的人民主权理论从未流行。斗争依然主要集中在君主制原则和抵抗权之间;而从 11 世纪开始,则主要集中在被动服从和僭主理论的斗争上。由于普遍缺乏公法,结果一方面是对君主的限制,另一方面是实际中的绝对主义都得到了鼓励。必须发展出新的制度,才能调和这些极端的做法,而这些新的制度只是到了 13 世纪和 14 世纪才得以产生。人们进行了许多的努力,试图将压制性的抵抗权转变成预防性的手段,例如设立一个巴拉丁伯爵(earl palatine)、一个法庭或一位居中裁判官(*judex medius*)——它们在某些方面都具有高于国王的地位。但是,也许除了负责选举德意志皇帝的选帝侯之外,所有这些努力都没能成功。这个问题最终只有通过王国中的等级会议逐渐地定型之后才能得以解决。这些组织不需要分解成抵抗委员会就可以对国王施加某些限制。只有经过这种发展,"忠诚的同意"(*consensus fidelium*)才获得了确定的形式。一方面,对国王的限制变得更加确定;另一方面,国王的政府也可以不用像过去那样严格地服从于习惯法。

最终,当人们从这个适当的视角对英国议会的历史加以考察,英国议会的历史无疑就会成为一个最贴切的例证,证明议会这种形式是在实践中实现中世纪宪制目的最为重要的技术改进。不过,这种改进在本质上依然是中世纪的,现代国家并未对其产生过直接的贡献。现代国家最多只不过创设了一个常设的预防机制以取代古老的偶然性的压制性手段。因此,抵抗权并未被人们抛弃了;其本质的目的依然是保存个人权利与宪制国家的权力。但是等级会议在技术上取得了重大的改进,它更加清晰明确地界定了政府的机构,并采用了多数同意的拟制。在现代宪制主权国家变成可能之前,在这些革新之外,还需要另外两项密切相关的发展。首先是,君主必须摆脱中世纪的统治者受既存法律约束的观念。这项任务通过国家理由(*raison d'État*)以及国家之必要性的学说得以完成。其次是,法律概念本身通过严格区分理想法和实证法而得到根本性的修正——这项任务与之前一项任务紧密相连。因此,尽管君主或国家依然处于自然法与自然权利之下,却能够居于实证法之上。

然而,尽管产生了这些变革,现代宪制国家的基本目标在本质上依然同中世纪宪制的目标保持一致。使政府受到某种法律的约束,人民或其代表以某种形式参与政府,在某种意义上政府必须对人民承担责任——所有这些目的都是西欧中世纪最早时期或前封建时期政治观念中共同的特点。区分现代宪制与中世纪早期宪制的只是许许多多的技术上的变革。对于那个不可思议的在不断打转的愚钝时代来说,这些变革在当时是人们无法想象的。但这种差别实际上只是形式而非实质上的区别。这种形式上的差别是如此巨大以至于往往被误认为是实质上的区别,但是人们只要意识到二者在目的上存在根本的一致性和延续性,那么他们就能够以正确的视角来看待宪制史,能够发现一个通常隐而不彰的真理:无论何时,无论何地,人类统治之根本问题都是一样的。

我们大部分人都会同意,在阅读我们自己的宪制史的时候,最好将"永恒的中世纪"牢记于心;而对于适当地理解我们自己那一段依旧神秘、难以理解的早期历史而言,科恩教授的这部著作是不可或缺的。在论述我们自己那一段黑暗历史的时候,我们既不能忽视科恩教授的方法,也不能忽视其结论。而且,在我们自己的宪制史能够充分与清晰地写就之前,我们必须将科恩教授的方法运用到每一个历史时期:中世纪时期和现代时期。只有这样,故事才能变得更加真实,因为当制度完全脱离了自身所体现的权利与义务,它们就是毫无意义的存在——正是权利与义务赋予了制度生命与意义。

我刚刚特意地谈到了"每一个历史时期",因为科恩教授自己主要关注中世纪早期,而并没有关注整个中世纪时期。他试图将自己的论述范围粗略地限定在从西罗马帝国崩溃到他所谓的等级制国家(*Ständestaat*)的开端时期,到以代议制的等级会议为基础对民众的同意进行组织化的开端时期。正如科恩教授所指出的,这个时期具有自身显著的特点,它不同于中世纪晚期,不同于13世纪、14世纪和15世纪。并且,尽管在中世纪早期普遍流行的许多观念都自然地存续到了中世纪晚期,也绝不能认为这两个时期是相同的。我们绝不能将科恩教授在这里阐述的基本观点适用于整个中世纪时期。他的主要观点不能脱离中世纪早期的背景，更不能不加限定地适用于中世纪晚期。例如，在关于法律的概念与立法方面，这种保留尤其显得必要。正如科恩教授所指出的，尽管制定法意义上的立法在中世纪早期的实践中也不可避免地存在着，但是将法律视为古老而良善之法的普遍观念并不承认实践中存在的立法。然而到中世纪晚期，法律概念发生的明确的变革（包括实证法与理想法之间的区别）已经使承认制定法意义上的立法变得必要与迫切。法律概念的深刻变化自然是同等级制国家的产生密不可分。以代议制等级会议为基础组织起来的国家很快就散失了其作为科恩教授所谓的法权与秩序国家（*Rechts- und Ordnungs- Staat*）的特征。国王按照等级会议的同意^{xxviii}而制定或颁布的法律或法令都必定符合正义与正当的普遍信念这种理论保存下了一种古老的观念，即国王颁布的法律只要不与自然法相冲突就是有效力的，但是它抛弃了另一种古老的观念，即合法性不再意味着必须同之前存在的习惯相一致。新的制定法与旧的习惯法之间存在着短期的争斗，在这个时期，当法律同习俗直接冲突时，其是否拥有足够的效力打破古老的习俗，是不确定的。但是，早在中世纪结束之前，制定法就已经战胜了习惯法，除非我们认为这种论断存在术语上的自相矛盾而否定它，因为我们似乎不能将一段缺乏本质性法律观念的中世纪时期称为中世纪。然而，如果依然遵循传统的时代划分方式，那么我们就必须记住，中世纪早期的世界观在各个方面都和中世纪晚期的完全不同，并且我们必须避免"中世纪的思想"一成不变这种假设。

当然,观念比制度对变化更加敏感,并且,人们除了必须对观念与其同时代的制度的关系进行研究之外,还必须对观念本身进行研究。只有这样,历史学家们才能避免犯时代错乱(无论体现为时代超前还是滞后)的错误。

这里如果能提供一份详尽的参考书目一定不会遭到反对。在科恩教授的《中世纪早期的神圣王权与抵抗权》一书的脚注与附录中提供了大量的一手资料来源,并且其著作还提供了一份21页的参考书目,以及该书出版时相关的一些二手资料。不过,科恩教授的这本著作在其领域内已经超越了过去的一些著作,因此英译本已没有必要再将其提供的书目呈现出来。同时也没有必要提供1914年以来新出的著作,因为科恩教授的这本著作在其领域内已经是一本经典著作,无需任何修订与增订。但是如果能稍微提及一些1913年以来在同一领域内出版的被视为在一定程度上补充了科恩教授著作的作品,并且这些著作同时也是英国的读者能够获得的,那么这对学生们来说是会有帮助的。

库尔特·沃尔岑多夫(Kurt Wolzendorff)的作品(*Staatsrecht und Naturrecht in der Lehre vom Widerstandsrecht des Volkes gegen rechtswidrige Ausübung der Staatsgewalt*)①充分地论述了中世纪晚期政治思想中抵抗权的地位。

这本著作既是从抽象理论的角度同时也是从法律史的角度对抵抗权进行了论述,它既涉及公法也涉及私法;这本著作对现代宪制史是一个重大的贡献。汉斯·费尔(Hans Fehr)的文章

───────────

① Girkes Untersuchungen zur deutschen Staats- und Rechtsgeschichte, CXXVI (1916).

《论抵抗权》(Das Widerstandsrecht)同样也简要地论述了抵抗权
的晚期史。① 以科恩和沃尔岑多夫的著作为基础,费尔博士归纳
了中世纪抵抗权的历史,并评估了加尔文、路德(科恩教授曾经在
路德与抵抗权的关系方面对路德进行了研究②)、阿尔瑟修斯(Al-
thusius)、卢梭后来对抵抗权历史的影响。费尔博士的论文虽然
简短,却很有启发性。想要进一步了解宗教与神学观念对国王神
圣恩典及其宗教特征的影响,可以从弗兰茨·坎佩尔(Franz Ka-
mpers)的《论神授君权》(Vom Gottesgnadentum)③和《论国王与祭
司》(Rex et Sacerdos)④两篇文章中获益匪浅。而科恩教授也曾经
写了一篇小文章,生动地描绘了中世纪早期艺术中国王－祭司
(king-priest)的形象。⑤ 不过,在这个问题上,最近出版的一部对 xxx
中世纪君主的天命进行研究的著作《君主镜鉴》(Fürstenspiegel)极
大地拓展了我们的知识。通过对这些在历史上先后出现的论著
进行研究,伯格斯博士(Dr. Berges)已经清楚地展示了从索尔兹
伯里的约翰的《论政府原理》(Policraticus)到中世纪末期王权理
论的质变。在这本富有灵感与启发性的作品中,作者成功地开启

---

① Mitteilungen des Instituts für österr. Geschichtsforschung, XXXVIII, (1918),
1 – 38.

② *Luther und Widerstandsrecht*, Zeitschrift der Savigny-Stiftung für Rechtsgeschich-
te, XXXVII (1916), Kanon. Abt, VI, 331 – 340.

③ Mitteilungen der Schlesischen Gesellschaft für Volkskunde, XXVI, Breslau,
(1925), 25 – 59.

④ Historisches Jahrbuch, XLV, (1925), 495 – 515.

⑤ *Der Rex et Sacerdos in bildlicher Darstellung*, Forschungen und Versuche zur Ge-
schichte des Mittelalters und der Neuzeit (Freischrift D. Schäfer dargebracht), Jena
(1915), 1 – 5.

了一种新的研究路径。①

　　同王权的祭司特征紧密联系在一起的一个问题是国王的巫术权力。而马克·布洛赫教授的名著《国王神迹》(*Les Rois Thau-maturges*)对这整个主题进行了充分的论述。② 所有对王权历史感兴趣的读者都应该阅读这本书。这本书证明了,国王巫术权力的主张在英格兰最早是由亨利一世提出的——亨利一世在这方面是在审慎地模仿卡佩王朝的君主们。

　　加冕仪式是宪制史最重要的内容,它在国王的就职仪式上混合了民主、教会和王朝正统的观念;正如科恩教授提醒我们的,加冕誓约孕育了立宪君主制的基因。佩西·施拉姆(Percy Schramm)教授研究了英格兰加冕仪式的历史,并由此强调了其对宪制的影响。③ 此外,施拉姆教授在一系列有价值的文章中已经坚实地奠定了对西欧加冕仪式进行比较研究的基础。④ 施拉姆教授的这些著作都是相关领域内的权威,并且在某些方面补充了科恩教授的论述。此外,威尔金森(Wilkinson)教授的著作专门研究了英格兰国王爱德华二世的加冕誓约。⑤

　　科恩教授提到了英格兰国王爱德华二世和理查二世被废黜

---

　　① W. Berges, *Die Fürstenspiegel des hohen und späten Mittelalters*, Schriften des Reichsinstituts für ältere deutsche Geschichtskunde, II (1938).

　　② Strasbourg (1924).

　　③ *A History of the English Coronation*, trans. by L. G. Wichham Legg, Oxford (1937).

　　④ 这些文章还论述了中世纪帝国,西法兰克人、盎格鲁-撒逊人的王国、法兰西、英格兰和阿拉贡的国王的加冕仪式,关于这些文章的完整篇目,参见 Schramm, *op. cit.*, 239 – 240。

　　⑤ *Historical Essays in Honor of James Tait*, ed. J. G. Edwards and E. F. Jacob (1933), 405 – 416.

的事实,不过没有深入细节。拉普斯利博士(Dr Gaillard Lapsley)题为《亨利四世的议会头衔》(The Parliamentary Title of Henry IV)的文章对这些事件及其影响提供了重要的信息。① 我的著作《15世纪英格兰的宪制观念》(*English Constitutional Ideas in the Fifteenth Century*)一书也涉及了相关主题。② 这本书在一定程度上可以说是第一次尝试以科恩教授的风格来论述英格兰一个世纪的历史,而科恩则是以大师的风范论述了欧洲八个世纪的历史。

克莱姆斯

---

① 　*English Historical Review*, XLIX (1934),423 - 449,577 - 606. 同时参见 H. G. Richardson,*Richard II's Last Parliament*,*ibid*. , LII (1937),37 - 47,以及拉普斯利博士的回应,*ibid*. , LIII (1938),53 - 78。
② 　Cambridge (1936).

在国家中,谁的权利是占据统治地位的?是统治者(rulers)的权利,还是人民的权利?是被统治者的权利,还是管理政府的人的权利?正是这个令人困惑的问题导致在立宪君主制的结构中产生了张力。这种紧张只有在特别的时刻才会使自身得以显现,但是一旦显现,它就会动摇整个国家大厦,使其陷于毁灭境地。神圣权利和抵抗权利从17世纪到19世纪一直都在争夺主导地位,它们今天仍然鲜活地呈现在人们的思想意识中。

为了找到这些理论的根源,人们就有必要回到一个神圣权利和人民主权、抵抗和不可抵抗等口号尚未完全定型的时期,尽管这些口号下隐藏的观念已经成为各个派别的战斗口号。我们的路径通向一个双重的并且一开始是分裂的观念世界,通向古代和中世纪的教会理论,通向日耳曼国家早期的历史。我们要看看在9世纪、11世纪和13世纪中相互斗争与联盟的这两方面的影响,是如何通过它们之间相互的排斥与刺激,为统治者与被统治者之间关系的新范式奠定了基础,以及如何为绝对主义理论和宪制理论奠定了基础。

第一章　国王的神圣权利

我们首先考察君主的权利,或者更准确地说,考察被归总为"神圣权利"这一名目下的权利综合体的起源。

在这个概念之内,17 世纪充分发展的理论结合了许多因素:(1)关于君主制这种政府形式具有唯一的正当性的观念(君主制的原则);(2)关于君主个人专享的进行统治的权利之观念,这种权利是不可转让的并且完全独立于人类行为(human agency)——它渊源于(a)世袭的权利(正统王朝原则);(b)神圣的授职(divine consecration)(国王的神圣特征);以及最后,(3)关于国王不负责任的论断,以及通常与此密切相关的推论,即国王是不受限制的(绝对主义)。① 这些因素虽然彼此各不相同,但是在历史的进程中被逐渐地吸收同化了。

对于"神圣权利"后来的追随者们来说,所有这些因素都凝聚在神圣权利之中是必然的,并且是不可分离的;但是事实上,这些因素具有完全不同的历史起源。

---

① 例如,可以参见剑桥大学致查理二世的宣言(1681):我们依然坚信并认为,我们的国王的权利并非源自人民,而是源自上帝;我们的国王只对上帝负责;臣民不能创造也无法监督而只能荣耀并服从他们的主权者;他们的主权者是依据根本的王位继承权而成为主权者的;没有任何宗教、法律、过错或废黜行为能够改变或消灭主权。Figgis, *The Divine Right of King*, 6.

第一节　君主制的原则

在中世纪早期,人们建立王权式的政府形式并未招致反对。日耳曼的政治观念与教会的世界观(*weltanschauung*)联合在一起共同表达了先验的(*a priori*)、神所意愿的(divinely-willed)王权的必要性。

6 　在 13 世纪之前,也即在真正的国家理论形成之前,并不存在严格意义上的、自觉的君主制原则;但是在现实中,王权在西方政治生活中占据了主导地位。即便一些日耳曼人走进历史的时候是没有王权的,甚至据说在民族迁移时期,由于一些奇怪的压力,他们暂时废除了既存的王权,不过,这种可能性也在中世纪时期被迅速地遗忘,这点正如古代关于人民主权和人民意志的重要理论迅速地消失在人们的记忆中一样。当时的城市都还无足轻重,并且在政治上还很不发达,无法在宪法上将共和主义的观念同人们唯一承认的王权政府的形式对比。确实,很早的时候,某种独立的精神以及古代共和国的光辉就已经在威尼斯重新出现了,但是即便在威尼斯这样的城市中,也有两种情况阻碍了深刻的、与王权相反的政治形式的产生。

一方面,那些并非以王权而是以共同体为基础的政治团体所组成的政治共同体最终并非是独立的,而是相反地以某种方式从属于一个君主,即便是仅仅从属于至尊的世界君主——帝国皇帝。在帝国中,基督教国家一劳永逸地找到了它的王权中心;在这一点上,古典晚期和中世纪日耳曼的观念是毫无保留地一致的。

　　另一方面(这点在我们的语境下显得更加重要),王权的观念甚至渗透进了共同体的社会(communal societies)中。尽管与王权国家相反,这些共同体是建立在平等的原则之上的。甚至在中世纪早期的贵族政体和民主政体的宪法体制中都包含了王权的因素。对于中世纪的心灵来说,共同体社会自由选举而出的首领无论在权利还是义务方面与王国的统治者都是类似的。而王国的统治者,我们将会看到,也是选举出来的。并且,他们二者的相似之处要比将他们彼此区别开来的差异更具决定意义。此外,甚至共同体的首领在某些方面就是一位君主;而中世纪的君主在一定程度上也仅仅是共同体的首领。共同体的首领和王国国王这二者的具体权利存在一些差别,但是这二者在他们与各自统治的社会之间的关系上是大体一致的,即现在人们观察到的主权实施者——君主和共和国长官或总统之间的细微差别在中世纪早期似乎是完全无足轻重的。因为即便在中世纪的共同体中,它的首领也绝对不仅仅是共同体的一名官员;他实施的是"由上天"(from on high)委任的统治,我们最好将这种委任统治描述成是对共同体的监护。

　　教会的教父们认为,政府是仁慈的家父权(*patria potestas*)的扩展,这一定义影响了各种各样关于官职的观念,无论是在最狭小还是最宽广的人类领域内。基督教各个等级的官职,上至皇帝,"世界的监护者",都不仅仅是由共同体授予的委任性权力而已。事实上,正如下文我们将看到的那样,它并不缺乏民众的支持。但是与此同时,它又高于这种民众的基础,它获得了神圣的

许可,而这种神圣的许可根本不是来自共同体的意志。共同体的
"监护者"这种职位是由上帝而非共同体指派的,并且统治者就职
位的履行情况也只需向上帝负责。所有的政府都被视为是在模
仿世界的神圣统治。正如世界这个大宇宙最终是由上帝统治的,
而身体这个小宇宙是由灵魂指引的一样,政治体(body politic)、政
治共同体(political community)被认为是由官员领导的,他们是作
为首领统治人民,而并不源于人民。因此,在王权的观念中,有一
项要素不可能是源自臣民的意志。被授予统治权的人,其统治的
职责被认为是一项独立于共同体意志的永恒权利。并且,如果对
于所有种类的权威,无论是家庭内的、行会之内的、城镇里的还是
国家中的,情况都是如此;如果所有的权力都来自上帝,那么,毫
无疑问,官职就是独立于臣民的;所有种类的权威都普遍地蕴含
着神圣与君主制的因素。因此,对于政治共同体的首领以及全部
政府权力的拥有者而言,情况更是如此。①

　　所有种类的官职权威(magisterial authority)都包含一项并非
源自"民众"的因素,这种观念又由于精神权威的特点而得到了加
强。尽管在现代,天主教的政治理论都强调精神权力与世俗权力
之间的差别,精神权力具有神圣授予的特质,而世俗权力一直以来

----

　　① 在与自由的共同体相对照的一人统治的统治体系(regnum)(这是政府的政
治单元)中,甚至包括在公爵领地和伯爵领地中情况都同样如此。中世纪早期所获
得的一项基本的公法观念即终身的、个人的忠诚,这种忠诚的重要性立基于官职的
君主制特征,并且反过来它也能够强化君主制的秩序。最早可以追溯到大约1300
年,人们发现,封建体制不适合于共和国,而官僚体制却更加适合共和国。与此相类
似,君主制原则也更适合于统治者的神圣加冕;只有终生的统治者才可能是"受上帝
膏礼"的统治者,正如在古代世界,君主制是同统治者的神化相联系的;没有任何一
位选举出的、有任期限制的官员可能是"上帝之子"。

都被视为源自人民的意志,具有完全的经验性来源的特点。然而,在中世纪,人们更多强调的是这两种权威之间的相似性。它们二者都是施加于臣民身上的,并且都包含了超验的因素。而如果当存在单独的某个人是作为"上帝的代理人"(God's vicar)进行统治时,那么这种政府的神圣性质就被认为得到了最为明确的体现。

在基督教世界,正如在中国一样,一神论和君主制是相互支持的。起初,这种情况是有利于一神论的:例如,雅典娜戈拉斯(Athenagoras)就从君主制是符合人类的目的这一点推导出,和谐的宇宙的神圣统治同样不能被分裂成多神的统治。不过,在中世纪,这种类比就更加有利于君主制。随着亚里士多德政治理论在13世纪被重新发现,人们首先根据经验讨论君主制、民主制等等不同的宪制形式所具有的相对价值。但是,正是由于君主制因此不得不科学地证明自身,这就赋予了君主制前所未有的力量。在中世纪晚期哲学家和法学家的理论探论中,对君主制的论证发展成一种君主制的原则。这种论证的本质证明它们自身既已经深深地扎根于中世纪思想中,同时也深深地扎根于当时现实的政治需要。

确实,与此相关的是,我们决不能忘记,中世纪只关心君主制本身的普遍有效性。他们强调君主制崇高的特点,强调它相对于人民的独立性。但是,没有任何人想要主张,任何一种特定的宪制例如世袭君主制具有普遍的有效性。因此,中世纪思想家所持的君主制原则比现代政治理论家们所理解的要更加宽泛、灵活和抽象。共同体的首领和君主之间的不同并不被认为是一种深刻的差别,而只是程度上的不同,并且正如下文我们即将看到的那样,没有任何统治者会完全"将自身置于法律之下"。此外,将官职(magistracy)同世界的神圣统治对比,以及其源于上帝这两点并不能必定证明政府必然是由一人统治的政府。在正统的一人统治面前,拜占庭的士兵们是这么证明集体性统治的:"我们信仰三位一体,因此我们应当有三位皇帝。"669 年,正是依据这一点,他们在现有的一位皇帝之外又选举了两位新的皇帝。除此之外,我们还认为(这点在下文中将更充分地讨论),如果作为一个独立国家单一统治者的君主,他的权力不仅在事实上而且在法律上取决于人民的决定,取决于共同体的选举或欢呼赞同(acclamation),那么,我们最好也不应当怀疑,中世纪早期君主制原则并不像现代支持神圣权利的那些人所倡导的那么强大有力。现代的神圣权利倡导者们认为,君主的法律地位是完全独立于人民意志的。相反,正如我们已经看到的那样,君主既拥有一种独立于人民的裁可(sanction),同时正如我们后文将看到的那样,他也拥有一项依赖于人民的裁可。这两项裁可共存共生着,甚至相互依赖。所有政府形式中具有的神学与君主制因素并未因此将国王变成现代意义上的"主权者"。君主依赖于上帝及其律法这一原则——这种依赖是源于统治者神圣的委任统治(mandate)——被最宽泛地加以理解,因此,它允许君主同时也依赖于共同体的意志。因此,君主制本身既建立在神圣的委任统治基础上,也是建立在民众意志的基础之上。

　　当然,甚至这种形式的君主制也排除了任何人民主权的观念;在中世纪,人民不可能比君主更容易被视为"主权者"。如果我们一定要用这个不是十分准确的术语来描述中世纪,我们只能说:上帝是主权者,而约束君主与共同体的法律(只要它不有悖于上帝)是同上帝平等的主权者。一方面是君主,另一方面是共同体,这两方面共同结合在一个神学的秩序中,因此,君主与共同体都必须服从上帝与法律。下文我们将会对这个根本性的概念进行充分的阐述。在这里必须指出的一点是,在中世纪,君主制原则(或君主神圣的委任统治)还没有使君主完全脱离人民的意志——而这正是后来的神圣权利理论所要做的。甚至地方性共同体的首领在履行职能时,其自身自足性都得到了一些承认;他被授予委任统治权,只需要对上帝负责,并得到其"监护"。因此,在当时君主制原则已经足够强大,它阻碍了民主制原则的出现。但是,君主制原则只是理想的概念而不是一项实证法,也没有使个人的权力拥有者摆脱在他获得官职之时或之后对共同体承诺的特定法律义务。在政府本身之中就存在一种超验的因素,但是拥有权力的个人(无论是在一个小的共同体还是在一个王国中),不可能将他自己个人与主观的统治主张建立在这项完全一般性的原则之上;他还需要一个具体的合法资格(title),而在中世纪早期,这种资格只能从人民那儿获得。

让我们再看看后来几个世纪里,人们所主张的经过充分发展之后的神圣权利理论。在之后的这些世纪里,近现代的绝对主义观念最重要的就是将国王个人的、主观的权利同人民的意志分离开来,并且赋予君主个人同样的独立性,而这种独立性在很长的时间里是无可争议地属于君主这一职位本身的,而不属于任何统治者个人。有两件事情进一步推进了这种发展:王朝正统主义(legitimism)和神圣的授职仪式(sacral consecration)。这两项原则缘起的历史可以追溯到中世纪早期。确实,后来人们所理解的王朝正统主义在当时还完全不为人所知;君主虽然是上帝的代牧,但他不仅有来自上帝的裁可,还有来自人民的裁可。不过,即便在这个时期,王朝正统主义将在世界历史上发挥作用的道路就已经铺就了。

在近现代充分发展了的神圣权利理论中,毫无疑问,君主是不同于共和国的官员(magistrate)的;两者的差异性体现在:国王个人的君主权力(而不仅仅包括君主本身不可让渡的特权)是来自上帝的,并且直接源自上帝而无需任何人类意志的干预。这种观念的具体表达就是统治者的世袭继承权。出生是一项自然的活动,而在其中上帝的意志必须得到崇敬,因此出生这一偶然性的活动就暗示了将来谁将成为国王。而国王则不仅将其权力的核心内容,同时还将其对王位的主观的、个人的主张唯一地归于上帝。既然共同体没有将王权授予国王,那么,共同体便既无权质疑它,也无权收回它。由此,君主不可让渡的长子继承权(birth-right)就将王位提升到人民的裁可之上。

这种"王朝正统主义"的原则和以这种形式体现的世袭君主的神圣权利是相对晚近的产物。无论是日耳曼法还是教会法起初都并不包含任何此类的世袭性规则。确立个人占有王位(这一政府中的物权[*ius in re*])的一个概念是基于出生而取得的要求给付物的权利(*ius ad rem*)。但是在世袭权利之外,人民的同意也 12 是获得统治权的一项本质性要素。中世纪早期君主习惯性地将他的王位归因于共同体或者共同体的代表的同意;因此,在原则上,他从来就不是单单依靠神圣恩典,而总是同时也通过人民而获得王位。

不过,现在我们必须更加仔细地考察统治者世袭性的要求给付物的权利（*ius ad rem*）的重要性，并且必须讨论它在近现代王朝正统主义原则兴起之前的发展历程。

第二节　日耳曼的血亲权

中世纪早期的国王不是通过单纯的个人继承权而获得王位的。事实上，他作为统治者确实拥有一定程度的继承性复归权利（reversionary right），或至少通过其王室血脉拥有"配得上王位"（throne-worthiness）的特权。但是，正是人民将他召到王位上，使其继位具有完全的法律效力：人民在统治王朝的成员中选出谁是最适合继承王位的人，谁是其次拥有继承权的人。① 在推选君主

①　一般而言，国王的子嗣所拥有的王位继承权类似于私法的继承权，不过通常只有在他们适合担任统治者这一职位时，权利才能实现。适当性要求他们能够在战争中成为领袖。适当性的这种要求在国家遭受外敌侵入时尤其明显，不过在日耳曼国家中，它也是一项通常所要求的条件。这就导致一项后果，即人们更加倾向于让国王的头生子而不是后来出生的幼小的弟弟们继承王位。不过，根据这些理由，人们也有可能倾向于选择已故国王的兄弟而不是国王的子嗣继承王位。于是，这就产生了三种可能的继承方式：（1）长子继承制；（2）"长者继承制"（seniorat）或"同宗长者继承制"（tanistry），即亲属中年纪最长者继承；（3）"同级长者继承制"（majorat），即在血缘关系上次一级的同级亲属之间的最长者继承。

在实践中，最重要的问题是在国王的子嗣的权利和最年长的贵族或最有资格的贵族的权利之间进行决定。选举原则的必然推论就是，这项决定必须由选举的人作出。因此，即便（一般而言）国王的子嗣或（在特别的情况下，如存在个人的继承权的情况下）国王的长子拥有推定的权利，他的继承权主张依然必须受到如下条件的制约，即选举的人确认他适合继承。

倾向于将继承权授予年纪最长的旁系亲属而非授予已故国王的子嗣的做法（即长者继承制或同宗长者继承制）拥有其深刻的根源，即需要一位有经验与受人尊敬的领导者。将继承权授予给国王的子嗣通常会使共同体陷入无政府的危机中。因此，"同宗长者继承制"这种做法能够在不同时期、在世界上许许多多的地方找到。在中世纪的欧洲，爱尔兰、波兰、匈牙利、塞尔维亚、基辅、汪达尔王国和盎格鲁-撒克逊的英格兰从公元858年到900年以及公元946年都可以被视为这种做法的例证。

的过程中,人民或者其代表所扮演的角色介于名副其实的选举与
对已然任命的国王形式上的承认(或接受)之间。但是,至少共同
体需要给予君主继承王位法律上的同意,并且庄严地使新国王
就职。①

　　因此,中世纪的国王与更小的共同体的首领之间的区别,就
像塔西佗笔下的王(*rex*)和头领(*princeps*)之间的区别一样,只是
程度上而非种类上的区别,甚至在他们获得王位的方法上的区别
也是如此。上文中,我们已经看到,仅就权力的内容而言,君主制
的原则对于国王与官职都适用。现在,我们又可以清楚地看到,
二者都是通过共同体选举的方式获得权力,因此,它们在获得权
力的方式上也是相似的。使国王有别于自由选举出的官职的是,
国王对于王位的继承权;但是这种继承权不是任何个别的统治者
的继承权,而是统治家族的继承权。

　　这种家族继承权的主张,这种"血亲权"(kin-right 或 blood-
right)在人民选举之外授予了统治者个人一项独立的、主观的要
求给付物的权利。是整个王朝而不单单是个人被授予王位;在特
殊的情况下,来自另外一个家族的人不得不被推上王位,这样,一
个新的王朝就产生了。来自新的家族的国王便是一个新的王朝
的创建者。"国王"(king)这个词本身就表达了"血亲权"(kin-
right)的含义;因为从词源上说,它本身就暗示了"国王的儿子"或

──────────

　　① 这双重特征,即"人民"选举或欢呼他们的国王的权力与限定他们只能在
王室世系成员中进行选择,就已经出现在塔西佗简洁明快的语句中了:"君主具有高
贵的品德(首领具有美德)"(reges ex nobilitate [duces ex virtute] sumunt)。"ex no-
bilitated"并非指的是"从贵族中",而是指"具有贵族的品质",即出自最高贵的
血统。

"统治家族的子孙"的含义。统治家族的所有成员都是王室成员（royal）。①

　　世袭继承权与选举权相互混合的起源已经消失在原始时代的黑暗之中。它似乎更多地起源于古老的宗教信仰，而非明智的政治洞见。作为一项特殊的禀赋，初民的首领身上潜藏着一种神秘的"能量"（manna）；这是一种魔法，能够使他以祭司、英雄甚至神圣存在者的身份接近上帝。但是日耳曼民族通常不是将这种神圣的能力授予首领个人，而是给予首领的整个家族，它是一份可继承的遗产。这个家族可能会将它的世系追溯到诸神那儿，或者仅仅将之等同于先祖的美德与神圣的恩典，它们使其部分地以人，部分地以非-常人（superhuman）的身份统治。但是，在民众中最高贵的家族拥有的统治权，其具体的主张总是建立在一些卓越的内在美德（virtue）之上。这种美德可以从拥有王室血脉的君主熠熠生辉的眼睛中看出来。正是他们血脉中蕴含的美德使沃登（Woden）②、阿斯廷斯（Astings）、阿玛尔（Amals）等等的子孙高出普通民众的行列，尽管这并没有使任何单个的君主获得独立于人民意志的王位继承权。家族对于王位的所有权是神圣不可侵犯的，而君主个人获得王位的权利则是无法得以保证的。

　　这里我们无须否认，在大部分情况下，王室家族的血亲权得到了王室家族在权势和财产方面压倒性优势的支持。同时，它也是出

_____

　　① Cf. *Grammaticus de differentiis* (Brunner, *Zeitschr. f. Rechtsgesch. , Germ Abt.* xviii [1884], 228 sq.)："inter regem et regalem hoc interest, quod regius puer est regalis, rex qui regit regnum."

　　② 盎格鲁-撒克逊的国王们尤其如此。"从沃登世系中繁衍出许多地区的王室家族。"Bede, *Eccles. Hist.* I, 15 (ed. Holder, 24).

于政治上的便利的考虑。政治上的便利的考虑总是影响纯粹的选举性的君主制。然而,这里我们主要的目的是为了理解当时最重要的信念,因此我们必须强调,单纯便利性的考虑还完全不足以解释为什么民众的信念会被王室魔力的观念以及王室血脉(*sanguis regis*)或穿紫袍的人(*genus purpuratum*)所具有的特殊权利的观念牢牢地抓住。因此,正如普洛柯比乌斯(Procopius)所描写的那样,大约在545年,当未开化的赫鲁勒斯人(Herules)在贝尔格莱德附近杀害了他们的国王之后,他们派出使者到遥远的图勒(Thule),到那儿看看是否能够在赫鲁勒斯人中间再找出具有王室血脉的后裔。结果使者找到了许多这样的后裔,并从他们中间挑选出了最优秀的一位。但是,挑选出的这位在途中死掉了。使者再次回去,又挑选了另外一位。然而,在这漫长的过程中,居住在多瑙河畔的赫鲁勒斯人开始思考,可能最好是从他们自己人中间选出一位来继承王位,而不是坚持王朝正统的做法。尽管如此,因为他们的基督教信仰还非常浅薄,所以他们还是不敢冒险用他们自己选出的人来打破民众的古老信念。于是,他们寻求皇帝的帮助,这毫无疑问也是出于政治动机的考虑。这正如后来在751年,法兰克人在类似的情况下寻求教皇的帮助一样。查士丁尼皇帝从他们自己人中间为他们选出了一个国王——他并非来自古老的王朝,却是一位拥有政治才能并且熟悉他们的事务的人。他们对这位选出的国王宣誓效忠,并且对他非常满意。后来,使者带着异乡的君主(stranger-prince)回来了。新选立的国王准备用武力驱逐异乡的君主;赫鲁勒斯人也支持他的斗争,但是,等真正的王室后裔行至距离他们只有一天路程的地方时,他们就全部都变卦了。就在夜里,他们全部(*en bloc*)都倒向了异乡的君主。因此,他们和皇帝闹翻了,并且不久就被拜占庭强大的武力所征服。

还有另外一个例子可以生动地说明,王权的信念是如何升华为一种对统治世系崇高特征的强烈情感。邪恶的亲属们把剪刀和剑交给一位墨洛温王后。用图尔的格里高利(Gregory of Tours)的话说就是,他们要她选择:是把她的孙子们"像普通民众一样"剃掉头发(也就是说,剥夺他们留长发的权利,而长发正是墨洛温王室家族的独特标志),还是应当把他们杀死。在这种痛苦的两难选择中,她本能地选择了杀死自己心爱的孩子们,并认为这才是一个能够接受的选择。

再没有什么事物比我们刚刚提到的王室后裔的生理标记更能清楚地说明原始的日耳曼血亲权具有的神奇特点。国王可能会从别的一个什么人那儿得到他的权杖或尚方宝剑(sword of State),但是他们装饰性的王室长发(*reges criniti*)就能够证明他们个人的尊严与美德是世代相传的,而无法被用来证明他们的王位是受之于人民的。这种标记也绝非毫无意义的象征。就像参孙一样,王室家族有时候发现其力量是寄托在家族的长发之上。因为长发这种标记能够作为有权获得王位的有效而合法的标志。[16]剃掉一位墨洛温家族后裔的头发意味着剥夺他继承王位的权利。另一方面,如果有人建议要将一位被剃掉头发的墨洛温家族后裔扶上王位,那么也必须等到他的头发重新长长为止。待他长出一头新发,他就获得了一个新的名字,一个新的合法身份以及与他的新地位相匹配的尊荣。

迟至 8 世纪,法兰克人依然愿意接纳来自墨洛温家族的国

王,即便这些国王除了他们长长的头发之外,几乎不再拥有任何
有价值的东西。这是民众的迷信,他们不愿意告别这个鬼影一般
的王朝;宫相(Mayors of the Palace)统治具有便利性(这在世界上
是绝无仅有的例子)——它从另一方面表达了民众的迷信①;其中
一位宫相格里莫德(Grimoald)曾经试图通过收养的形式来取代墨
洛温的正统王朝,但是失败了;最后是丕平以超乎寻常的细心与
耐心终于废黜了最后一任傀儡国王。所有这些事实都极其清楚
地表明,即便是在这个时期,国王的权利同日耳曼民族的原始信
念和合法情感多么密切地联系在一起。这些情感大部分通过民
众的传统流传到之后的几个世纪,尤其是在国王成年并继位这种
双重喜庆的时刻,王室家族(*stirps regia*)变得神圣。

　　甚至在中世纪的盛期,当人民或至少大贵族们相对自由地实
施他们的选举权时,血亲权仍然是一个决定性因素。例如,德意
志在格列高里七世之前的时期,没有任何一次王室选举中,候选
人在血缘上同先前国王们的联系不会成为一个主要考虑的问题。
甚至在选举僭王(anti-king)莱茵费尔登的鲁道夫(Rudolf of
Rheinfelden)的过程中,一个也许起了很重要作用的因素是:至少
鲁道夫的妻子是某位国王的女儿。对于许多人来说,由来自寻常

---

　　① Einhard, *Vita Karoli*, I (*MGH.*, *Schulausgabe*, 2 sq.): "Gens Meroingorum ...
nullius vigoris erat, nec quicquam in se clarum praeter inane regis vocabulum praeferebat ...
Neque regi aliud relinquebatur, quam ut, region tantum nomine contentus, crine profuso,
barba summissa, solio resideret ac sepeciem dominantis effingeret, legatos undecumque
venientes audiret eisque abeuntibus responsa, quae erat edoctus vel etiam iussus, ex sua
velut potestate redderet; cum praeter inutile regis nomen et precarium vitae stipendium ...
nihil aliud proprii possideret, quam unam ... villam ... At regni administrationem ... prae-
fectus aulae procurabat."

家庭的国王统治依然是令人无法容忍的事情。一位和王室世系　17
没有任何联系的王位候选人会遭受到公开的嘲弄:"难道你不知
道你的马车缺少第四个轮子吗?"①另一方面,事实上统治者也必
须考虑到如下的可能性,即在特殊的情况下,人民的选择有时候
可能应当在王室世系面前加以保留,直到世系断绝。②

家族越古老,王位看起来就越有价值。因此,加洛林家族的
统治主张在整个中世纪都不可动摇。这种情况并不是由于人们
认为教皇司提反二世授予了加洛林王朝某种特权,而是由于民众
的情感授予了最古老与最尊贵的世系不朽的声名(immortality)。
在德国,亨利一世的谱系可以追溯到查理曼。在法国,卡佩家族
不受争议地统治了 200 年,并且长期受到人们的尊重。但是,当
人们发现菲利·奥古斯都(Philip Augustus)从德意志的一位公爵
那儿娶进一位血管里还流着加洛林家族血液的妻子时(起初她还
由于出身低微而受到轻视),不论人民还是宫廷都欢呼"查理曼的
法兰克王国又回来啦"(reditus regni Francorum ad stirpem Caroli),
并因此将卡佩家族之前的统治者公开地贬低为篡位者。人民中
广泛流传的信念认为,卡佩家族会在历经七代人之后灭绝,而在
世界终结之前,政府必须再次归还给永远不会被遗忘的查理曼的

----

①　"'Num,' inquid,'currui tuo quartam deesse non sentis rotam?'"——这是迈
森的艾克哈德(Ekkehard of Meissen)从一位公爵那里获得的回答。奥托三世去世之
后,在 1002 年进行的选举过程中,人们要求这位公爵解释他反对候选人艾克哈德的
原因。Cf. Thietmar,Chron. IV,52.

②　因此,奥托一世在 936 年颁发给奎德林堡(Quedlinburg)的令状(MGH.,
Diplomata,I, 90)中,在考虑到他的王室权力是掌握在"我们中的某人"手上之后,
他继续考虑了"如果人民选举出另一位国王"的地位,尽管他的世系并未断绝("nos-
trae namque cognationis qui potentissimus sit")。但这是一种例外,并且奥托一世自己
在他当选之后更长的一段时间中也许绝不会再重复这点。

世系。法国"收复"洛林和莱茵地区土地的政策的首要目的,从长
18 远来看是建立在加洛林家族的血亲权之上的,在加洛林的血亲权
中就包含了对查理曼的帝国的要求。

另一方面,9 世纪和 10 世纪的一些人可以通过主张加洛林家
族已经灭绝了这一点来证明德意志、法国、勃艮第和意大利的王
位转移给非加洛林世系的人是合理的。

由于在西欧所有人的观念中,统治权是同血缘和亲权联系在
一起的,因此,人们创造了许多合法的规则或主张,它们都是以王
室血缘这一独特的标准为基础的。这些新创造出来的法律规则
中最重要的一项就是,所有王子出生一律平等;最与众不同的一
项权利也许是那些生于紫袍中的人主张的特殊权利。

在中世纪早期,那些"生于紫袍中"的王子们不止一次地主张
比他们父亲在继承王位之前所生的兄长更有资格继承王位。① 换

---

① 在德意志,当人们在讨论 936 年亨利一世的继承人这个问题时,有一派人
希望奥托一世成为国王,"因为他是一个大贵族,并且得到了会议的同意",但是还
有许多人倾向于奥托的弟弟亨利,"因为他出生于宫廷"。(Cf. *MGH*., *Script*. IV,
289)在 10 世纪,英格兰出现了十分类似于 936 年德意志王位争夺的情形。当埃德
加去世(975 年)之后,他两位未成年的儿子或者他们的支持者之间就产生了王位继
承的争执,有人就提出了反对长兄爱德华的一些主张:"quia matrem eius, licet legali-
ter nuptam, in regnum tamen non magis quam patrem eius, dum eum genuit, sacratam
fuisse sciebent."(Eadmer, *Vita Dunst*. 35)
　　对那些"生于紫袍中"的王子的偏爱的一个十分怪异的颠倒,可以在"僭王"法国
的路易反对失地王约翰(John Lackland)而要求英格兰王位的主张中发现。约翰的子
嗣之所以无法继承王位,是从以下事实中推导出来的,即约翰王曾经被法国的王室法
庭定罪(1203):"tunc ... nobis tanquam vero haeredi cessit ius regni Angliae, maxime cum
adhuc de carne sua heredem non haberet." Rymer, *Foedera*, I, 140. 因此,约翰王在被定
罪之后所出生的所有子嗣都被剥夺了继承权。但是英格兰并不接受这种推导。不过,
可以参见 Matthew Paris (1216), *Chron*. II, 660:"Consuetudo est in regno Franciae, quod
ex quo aliquis est damnatus ad mortem, quod proles suscepta post sententiam damnationis
succedere non debet; geniti tamen ante sententiam succedere debent."

言之,作为国王的父亲产生的世系要高于他作为公爵时产生的世系。只有更年幼的儿子才是"国王的儿子"。这种主张在 10 世纪时尤其普遍,不过,它从未变成公法的一个常规组成部分,因为,即便在严格的长子继承制形成之前,年长的兄长的权利也由于一些显见的原因在大部分情况下都是占优的。

另一方面,尽管有来自王国法律、不受限制的婚姻习俗以及 19
王朝传统等方面的反对,国王的子嗣一律平等的原则还是逐渐地取得了主导地位。因为,尽管正如我们将在后文看到的那样,调整君主私人地位的更古老的日耳曼法并未剥夺不匹配的(misalliance)婚姻所生的子嗣,甚至私生子的王位继承资格。然而,中世纪的婚姻政治似乎从很早的时候就是建立在维持家族地位以及通过与地位平等的人结成婚姻而提升家族荣耀的原则之上。即便这并不是一条不可打破的规则,但是人们普遍认为,贵族家族同贵族家族,王室家族同王室家族,甚至帝国家族同帝国家族联姻是更加合适,更加令人向往的,这样做能够避免降低家族世系的地位。两个帝国共存,这虽然与当时严格的帝国观念相违背,但因此更能让人接受,并且具有相当大的现实价值,尤其是对于地位更低的西部帝国,它可以通过与另一个帝国进行通婚而提升自身的威武。然而,尊贵的东部帝国由于并未建立起任何血亲权的原则,因此更不看重这种婚姻的可能性,并且在它的传统中从未产生过此种阴郁的妒忌心。

因此,血亲权首先就产生了确定的联姻政策;但是在几个世纪的历程中,它同时导致了在统治家族之间出生一律平等的独特法律;因为地位平等者之间相互联姻的原则变得越来越严格,并且在适用上越发狭隘。仅就法律地位而言,这种排他性起先对统治家族的影响并没有像对高级贵族的影响那么大。自由民之间缔结的婚姻所生的后代地位都是平等的,事实上,德意志的《萨克森明镜》(*Sachsenspiegel*)直到 13 世纪还在主张这一点。但是最近的研究证明,至少从 9 世纪起就存在基于出生的贵族阶层。在加洛林王朝晚期,王位候选人同公爵女儿结婚并不会使人对他的王位继承权产生偏见,但是如果他和一位骑士的女儿结婚,就会被认为是门不当户不对,会减损血亲权。很久之后,一个特殊的基于出生的统治家族阶层才从基于出生的贵族阶层中产生出来。在现实中,统治者的子女只选择统治者的子女进行婚配这种趋势要比法律对此类婚姻的偏好的明确确认更早。因此,早在近现代之前,在欧洲一个基于出生的、地位平等的统治种姓(ruling cast)最终就确立起来了;这个统治种姓至少根据严格的家族法律,在原则上它只能在自身内部得以繁衍,统治种姓中哪怕混入一丁点普通人的血液都会导致王位继承资格的丧失。然而,在这种情况产生之前,其他一些因素就发挥了作用。要是没有这些因素,欧洲的王室家族由于其有限的数量,完全不可能避免同平民通婚,或至少不可能避免承认"贵族"(peers)具有和他们同等的出身。不过在德意志,那儿的政治统一不是通过君主(monarch),而是通过王侯(princes)实现的,因此就产生了几百个主权王侯(sovereign princes),他们所有人都同等地拥有"蓝色血液"(blue-blood)这一珍贵的特质。在不同的历史时期中,这些德意志王侯们几乎为所有基督教国家的王朝提供了他们享有特权的血液,并且因此,德意志就被戏称为欧洲的"君主种马场"

（princely stud）。

　　这些发展尽管在我们所描述的这个时期之后很久才最终得以实现,但它们在本质上仅仅是对中世纪早期将继承王位的资格限定于特定家族的观念的更加充分的表达和强化而已。在 13 世纪的西欧,人们普遍认为,通过血缘关系而成为世袭的国王要远比通过选举获得王位荣耀;这就解释了为什么法国君主拒绝接受德意志选举性的王位。①

　　"血亲权"——基于血缘的权利,是日耳曼传统对神圣权利理　21
论的最重要贡献。起先,它和基督教中神圣权利的神学原则没有任何共同之处。相反,君主权利中的日耳曼因素与基督教因素最终融合到了一起,并且在近现代的神圣权利理论中,从日耳曼的血亲权中衍生出的王朝正统主义已经同神学形式的君主制理论完全混合在一起。但是,即便如此,这两者之间仍然存在着本质性的差别。基督教的君主制原则是从官职中固有之义务的观念（idea of the duties inherent in office）中发展而来的:谁承担了这些义务,谁就是统治者,是作为上帝在地上的代牧。另一方面,日耳曼的血亲权根本没有包含官职的观念,而仅仅包含了家族的权利。而且,这种权利最初的基础也完全不是家族所承担的义务,而是一种独特的力量,一种幸运的美德（virtue）,一种神圣的天命（vocation）。历朝历代的传说都喜欢用非凡的事物将王朝创立者的形象包裹起来。

---

　　① "Credimus enim dominum nostrum regem Galliae, quem linea regii sanguinis provexit ad sceptra Francorum regenda, excellentiorem esse aliquot imperatore, quem sola provehit electio voluntaria; sufficit domino comiti Roberto, fratrem esse tanti regis." Matth. Paris, *op. cit.*, III 626 sq.

　　但是,尤其能够将中世纪早期的血亲权与后来王朝正统原则区别开来的是,在统治家族中没有任何单独的个人能够对王位提出严格的主张。这一点前文已经提到过。王位是由整个家族所有的,整个家族有资格获得王位这一点是得到普遍承认的。但是具体由哪一个拥有王室血统的人来继承王位,通常要取决于许多不同的情形,尤其取决于人民的意志。

　　确实,在如何将家族不可争辩的权利整体性地转变成个别君主确切的王位继承权,如何将血亲权转变成继承权,以及如何在确定王位继承上排除民众的参与或使民众干预成为空泛的形式方面,存在两种方式。

　　1. 更加古老的方式是宣布统治家族的所有成员不仅具有平等的获取王位的资格,而且有权平等地获得它。据说这种做法是墨洛温王朝时期公法的一项原则。但是,事实上,当时的继承观念从未发展到如此登峰造极的地步。不过,对于国王所有男性直系后裔来说,他们至少对王位拥有直接的权利。墨洛温王朝的国王们将国家像私人遗产一样在直系继承人之间分割的做法在某种程度上似乎就是在遵循这项原则。法兰克王国的统一并没有被这种分割完全摧毁,但是这种做法破坏了日耳曼君主的民主基础,因为至少在 6 世纪,人民在纯粹私人或王朝性质的继承事务以及国家分割方面是没有发言权的。然而,所有血亲后裔拥有平等或类似继承权的原则从来没有得到充分的遵循。君主们的自私自利结合了防止国家被过分肢解的政治考虑;因此,旁系世系就被排除在外,而与此同时,国王们无数的子嗣又在相互之间的战争中大量地死去。

此外,尤其在 7 世纪之后,大贵族们也成功地抗议了私人的继承权对国家权力的侵害。然而,在加洛林王朝时期,王位继承时便分割王国的做法依然以温和的形式存在着,并且由此导致了王室亲属之间自私的仇恨、削弱权威以及其他一些政治上的恶果。这些恶果在 9 世纪一点也不比在墨洛温王朝时期逊色。甚至当王国不可分割以及个人继承的原则在后加洛林时期的国家中确立之后,到中世纪晚期,所有继承人共享继承权的做法又再一次由于授予封地的习俗而复兴起来,并且,即便是以这种削弱的形式,它也是一种非常严重的威胁。例如在法国,封地的授予已经使奥托一世常常陷于严重的焦虑;因为即使选举原则的发展在天真汉路易(Louis the Child)去世之后已经废除了遗产分割的做法,但它并未消除以本是同根生(on the part of agnates)为理由提出的王位要求和权力野心。

2. 然而,在加洛林王朝垮台之后,个人继承的观念完全战胜了其他各种趋势,从这时起,再没有人敢提出国王所有儿子共享继承权的主张。因此,要将血亲权转变成继承权就只剩下一种不那么古老的方式了:将整个家族的王位继承权集中于单独的一个人身上。家族的传统以及王国的法律在这方面建立起了严格的规则。并且,推定的王位继承权通常都是给予成年的、与上一任国王关系密切的男性,现在它逐渐地变成统治家族中某个特定的成员对王位具有的排他性权利。依此产生了不同形式的继承权:同级长者继承权(the right of the majorat)、同宗长者继承权(the right of the seniorat)以及长子继承权(the right of first-

born)。① 这三种形式中的最后一种具有最重要的作用,并逐步地稳固起来,因此,王朝的血亲权就演变成了长子的权利。

在血亲权发展的最鼎盛时期,整个家族的血亲权不仅包括家族中所有的成年男性成员,同时通常还包括女性和未成年者,尽管在许多情况下,他们无法参加军事行动和担任政治首领,因而被剥夺了继承权。再者,原则上在中世纪早期,继承权同样也属于私生子。当时许多伟大的统治者,如提奥多里克大帝(Theodoric the Great)、查理·马特、征服者威廉、曼弗雷德和其他一些人都是非婚生的。这种无视一般的婚姻法和继承法的做法总而言之是合理的,因为统治的主张是建立在主张统治权的人认为,在他的血管里实际上流淌着统治者的血液这一理由之上。

我们将在下文看到,在 9 世纪之前,王室私生子继承王位的权利就受到了教会的限制,并最终被禁止。对血亲权的进一步限制是通过废除女性的继承权以及排除旁系血亲继承而实现的。但是,距离长子继承权的最终确立还有很长的一段路要走。几个世纪之后,直到近现代,由儿子直接继承父亲统治权的做法仍然是不被允许的。诚然,法国有西方最严格意义上的世袭君主制,但是在法国,直到旧制度终结,每一次儿子继承王位时都还需要共同体的行动加以承认。长子继承制直到 1791 年才作为一项原则被确立起来。不过,在中世纪期间,只要在那些条件适宜,尤其是在那些继承权在几个世纪里都在同一个王朝内不间断地父子相传的地区,长子继承制

---

① Cf. n. 3, *supra* p. 12.

是被实际地运作着的。

从血亲权到世袭继承权是一个逐渐发展的过程,并未发生突然的变革。父亲指定儿子作为王位继承人,或者父亲在生前就让继承人分享王位成为共治者,这些都使长子继承制的习俗早在13世纪就在法国以不为人知的方式发展起来。①

只有在血亲权转变成世袭继承权之后,王位继承者才首先在实践中,并最终在原则上直接通过上帝或假手自然而获得其统治权。国王的选举萎缩成一种形式。而选举的消失以及对血亲权的严格限制,导致基于出生的神圣权利(divine right of birth)的产生,即所谓的王朝正统主义的原则。"君主"(prince)的观念中就暗含了血亲权,即从整个世系中产生一些元首(*principes*)或潜在统治者。而另一方面,"加冕的君主"(crown-prince)的观念中就暗含了君主个人的复归权(reversionary right)即君主世袭性的、独立的王位继承权。私法中的原则即"只有上帝才能选定继承人"(only God can make an heir)在王位继承的法律中得到了最强烈的表达。因为王位继承方面的法律是神圣的法律,它甚至高于宣誓的效力。② 因此,对王位的争夺就不是产生于存在分歧的选举或 25

① 通常采取的做法是,在父亲有生之年进行选举并为儿子举行加冕仪式。这种做法在形式上虽然保留了共同体的选举权,但它通过将选举变成一种单纯的形式而急剧地削弱了其重要性。这种做法也存在弊端,即这些预先得到加冕的国王经常会反叛其父亲,这种反叛在德意志尤其明显。不过,中世纪的王权如果想要获得名副其实的世袭性特征,就不得不采取这种方法。

② 在约克公爵叛乱时期,严格意义上的世袭性的王朝正统主义在英格兰被第一次视为是神圣的自然法。约克公爵对亨利六世所提出的反对观点(即约克公爵曾经向亨利六世宣誓效忠)作出了如下的回应:当誓言与神法及自然法(即约克公爵继承王位的主张)相冲突时,它就是无效的。Cf. Figgis, *op. cit.*, 82;Chrimes, *English Constitutional Ideas in the XVth cent.*, 30.

诸如此类的事情中,而是产生于世袭继承的规则中。古老的日耳曼选举的观念相比于世袭继承原则而变得无足轻重之后,在14世纪,王位继承战争就如火如荼地爆发了。

只有在这个阶段,王朝正统原则才有可能同君主制原则以及神学的官职观念融合在一起。上帝对人民拥有普遍的权威,而且上帝自上而下地授予给统治者委任统治的权力;同时,在无需人类干预或合作的情况下,上帝使每个单独的继承人获得了王权。在这里,统治者的权利和人民的意志之间第一次裂开了一道鸿沟,并且从此之后,只有掌管人类生死、神秘莫测的命运才能决定王位继承权。除了在国王的加冕仪式上可能会有的简短而又形式化的选举仪式外,再没有任何东西能够提醒16、17、18世纪的绝对君主们,他们权力的世俗来源。对这些君主来说,王朝正统原则就足以保证他作为上帝之总督(God's viceroy)的地位。并且,他有足够的理由将正统王朝的神圣权利视为全部公法的基础。长子的世袭继承权,连同王子出生平等的理论,创造了神秘的王朝正统原则,而王朝正统原则在中世纪晚期又为绝对主义的兴起奠定了基础。在15世纪,当人们邀请英格兰的法官对约克公爵的王位主张发表意见时,法官说,这件事太过高深已经超出了他们的学识;它已经超出了法律的范畴,因此他们不敢讨论如此崇高的事情。

相反,中世纪早期直到13世纪,人们一直坚持的都是血亲权的基本内核,并没有朝个人世袭继承权迈出最终的一步。这整个时期,人们尽管也强调政府的神圣起源,但是从未忘记统治者权力的世俗基础。对于臣民而言,无论权威是多么崇高,统治权一直以来都被认为是由人类的双手制造出来的。统治者作为统治家族的继承人，从上帝那儿接受了委任统治；而作为选举出的君主，他同样从共同体那儿接受统治权。他是以上帝恩典的形式， 26
并通过人类意志的行动而成为统治者的。在这整个时期中，这种观念以多种形式加以表达，并且即便是成熟的经院理论也坚持认为，上帝是政府的远因(*causa remota*)，上帝同意而不是禁止通过人民的行动实际确立统治者的权力。

但是，尽管血亲权和选举相互补充，并且尽管并不存在人民无法分享的神秘的王位继承权(throne-right)，血亲权和选举并非唯一有助于建立统治者个人统治权的力量。还有另外一个因素，那就是教会的声音——无论是肯定性的还是否定性的。在中世纪早期，教会同样也主张自己拥有确立国王的权利。

我们已经看到，根据中世纪的君主制原则，每个具有权威的人都被认为是上帝的代牧，并且因此拥有了超越性的权力。我们同样看到，另一方面，君主个人具体的统治权利是通过血亲权和人民选举的结合而产生的——在它们二者的结合中我们看不到任何神学的义务。正是教会在抽象的神圣君主制原则与君主个人主观的统治主张之间建立了联系。教会对君主个人提出要求并强迫其作出承诺，由此将官职的观念以及官职中义务的观念分别应用到了君主个人身上。不过反过来，这个过程也使君主的王权得到了神圣的验证，它变得超验与主观，完全不同于血亲权和民众的选举。

产生这样的结果是因为，教会通过祝圣的仪式，核准了君主个人的统治权，并因而使君主变得独一无二，成为上帝在尘世中的代牧。但是,在教会对统治者权力进行确认的过程中,教会将它自己坚持的关于官职与义务的观念添加了进来。用教会的祝圣仪式对统治者权利进行装饰的不可避免的后果就是,它为统治者提出了一些义务。因此,通过为统治者引入神圣的依据以及加强王室的义务观念,教会就成功地介入了;而教会的介入就为日耳曼的王权观念提供了新的根基。从一开始,教会的观念就被编织进了中世纪的神圣权利这件织物之中。现在我们可以转而研究君主制法律中的这些因素。

第三节　君主的授职

一、　官职的神学概念

基督教最古老与传统的学说规定,在国家中享有权威的每一项权力都应当被视为一项被神圣地授予(divinely ordained)的官职。从保罗的时代开始到君士坦丁皇帝时期,这项规则采取的是对国家漠不关心的单纯的否定性形式,它所表达的是基督教对现实政治的谴责。在异教国家中,教会根本还没有产生试图通过世俗或神圣的标准评估敌对皇帝的合法权威(title)的野心。

但是在一个已经基督教化了的国家,问题就不可避免地产生了。基督教是否应当继续不加考察地接受既有的权力,或者教会应当将伦理的检验标准适用于统治者身上,就像它对其他每一位基督徒所做的那样,并且这项检验标准在某些情形下有可能通过教会惩戒性的权威加以实施。

这里我们只能讨论从这个问题中产生出来的许多论点中的一个,即在基督教共同体(commonwealth)中,必须将一项确定的伦理施加于国家首领个人身上。结果就建立了一些标准,用以评判在某些疑难的情况下,哪一位信徒应当被认可为拥有权威,而哪些不拥有权威。教会权威进行的这种认可或谴责行为不可避免地导致的后果就是,它为既有的政治权威打上了神圣授予或者不敬神(godless)的印记。因此,在血亲权和选举所建立的标准之外,就产生了一项新的评判君主制的标准:教会的裁可,并且教会只遵循它自身的规则。① 　28

根据教会教父们的理论,官职并不能仅仅通过自身获得合法的评判,而应当受到某些比国家更高的标准的评判,应当接受自然法或神法的裁判。教会的所有政治理论就体现在如下这句格言中:凡是正义的,就应当成为法律。依据这种观点,国家存在的目的就是将伦理性的正义转化为具有约束力的实证法律。国家的这种教化功能同样也就决定了对统治者的选择。统治者是否名副其实的唯一标准就是他是否适合于完成国家的神圣使命。因此,在评判统治者时,教会更加关心的是统治者的合适性(suitability),而非他是否出身正统王朝。正如亚历山大里亚的克莱门所说:"他是依据法律进行统治的国王。"这就是教会对真正统治者的理解中所蕴含的全部内容,不多也不少。

―――――――――――

① 《圣经》中关于官职的神学观念的主要经文包括如下:*Mark* x, 42;*Mark* ix, 35;*Matthew* xx, 26 sq;*Luke* xxii, 26。官职的神学观念在某些日耳曼国家中成熟得尤其早,在这些国家(也即西哥特人的国家)中,教士以及教阶体制在国家治理中占据了重要的地位。

　　因此,根据教会的标准,统治者必须拥有两件东西:善意
(goodwill)以及将上帝的法律付诸实施的权力。我们首先考察权
力,它是统治者更加狭隘但必不可少的属性。

　　如果必须在一个强大的、正义的但是不符合正统王朝原则
的统治者与一个得到血亲权和选举支持但是毫无权力的君主
之间进行选择时,教会会毫不犹豫地选择前者——虽然教会并
非总是如此,但在那些显然是符合教会自身原则的情况下,教
会总是如此选择。因此,教会自身就同权力结盟,并且通过这
种联盟对权力进行了认可。日耳曼的王朝正统主义就像其他
的建立在世俗标准之上的对统治权的评判原则一样,本质上不
符合教会的目的,也与教会的目的不相干。当然,当强化一位
正统王朝统治者的权威似乎有助于教会的秩序和统治时,教会
也会支持正统王朝的统治者。但是,当为了进一步实现教会的
目的而要求不同的做法时,教会常常将强有力的篡位者推上宝
座。① 在著名的向法兰克人发布的敕令(751 年)中,教皇撒迦
利亚(Zacharias)确立了一项原则:合适性比王朝正统主义更加
重要,并且如果二者冲突,以合适性为准。据说他曾经说过:

29

---

　　① 毫无疑问,是上帝而非教会才被视为能够通过"合适性原则"取代王朝正
统原则的权力所在。这点正如查邦尼斯的阿德赫玛尔在论及 987 年的革命(指加
洛林王朝覆灭)时所评价的那样:"王位本来是交给他的叔父查理,但神选择了更
加合适的。"(Recueil des Hist. des. Gaules et de la France, X, 144, C)1081 年,格里
高利七世清晰明确地强调说,没有选择希尔德里克三世(Childerich III)主要并不
是因为他缺乏道德品质,而是因为一位毫无权力的统治者在政治上是毫无用处
的:"Romanus pontifex Zacharias ... regem Francorum non tam pro suis iniquitatibus
quam pro eo, quod tantae potestati non erat utilis, a regno deposuit; et Pipinum Caroli
Magni imperatoris patrem in eius loco substituit; omnesque Francigenas a iuramento fi-
delitatis, quod illi fecerant, absolvit."(Registrum, 8, 21.)

"比起那些一无所有的人来说,将手握权力的人变成国王更加可取。"①

　　在四代人之后,当权力从加洛林王朝的统治者手中溜走时,这一教会用来反对墨洛温王朝统治者、支持加洛林王朝统治者的论断又被法兰克的主教们毫不犹豫地用来反对加洛林王朝的统治者。他们为非加洛林王朝的篡位者新兴的权力祈祷,"只有这样秩序才能得以保存"。不过,再也没有宫相了;通过与教会合作,取代不适合统治的王朝实在是太容易了。

　　由于在教会的理论中,能力而非世袭的权利缔造了统治者,教会因而反对未成年者(minors)拥有王位继承权。它同时还攻击私生子的王位继承资格——私生子的存在本身就是对婚姻神圣性的嘲讽,并且获得了更大的成功。② 仅次于洗礼誓约,出生于婚姻中(birth in wedlock)这一条件从 10 世纪起就成为教会为"王室统治者"(regale ministerium)规定的第二项条件。而洗礼誓约在基督教罗马帝国早期就已经成为继承者是否有资格获得

30

---

　　① "Zacharias papa mandavit Pippino, ut melius esset illum regem vocari, qui potestatem haberet, quam illum, qui sine regali potestate manebat."(*Ann. Regni Franc.*, a. 748.)

　　② 对私生子的攻击早在 6 世纪时就已经开始。圣科伦班(St. Columban)生平中的一则趣事就能说明这点(*MGH.*, *Script. Mer.* IV, 87):"filios Theuderici, quos de adulterinis permixtionibus habebat, ad virum Dei adducit;quos cum vidisset, sciscitatur, quid sibi vellint. Cui Brunichikdis ait:'Regis sunt filii; tu eos tua benediction robora.' At ille:'Nequaquam,' inquid, 'istos regalia sceptra suscepturos scias, quia de lupanaribus emerserunt.'"同样可以参见 786 年英格兰的宗教会议(*MGH.*, *Ep.* IV, 23 sq):"legitime reges a sacerdotibus et senioribus populi eligantur et non de adulterio vel incaestu procreati; quia sicut nostris temporibus ad sacerdotium secundum canones adulter pervenire non potest, sic nec Christus Domini esse valet et rex totius regni, et heres patriae, qui ex legitimo non fuerit connubio generatus."

帝位的首要个人条件。然而,在这方面,教会对于"合适性"的要求是与日耳曼的"血亲权"原则完全对立的,这并非因为教会支持有权力者而反对无能者,而是因为教会是从严格、确定的宗教或道德标准来衡量一位基督教国家的统治者的。① 这些标准有可能是形式性的,例如关于合法出生的要求;不过值得注意的是,如果涉及更加重要的事项,"合适性"中更加形式化的一些标准也有可能被弃之不顾。所以在 1189 年和 1190 年,为了阻止南意大利落入受审判之人(*genus persecutorum*)之手,教会支持莱切的唐克雷德(Tancred of Lecce)——尽管他是一个私生子。

除非我们讨论了抵抗权,否则无法完全理解神学原则是如何经常打败中世纪统治者世俗的王位继承权的。但是在讨论抵抗权之前,我们还是不得不对教会在其鼎盛时期给予血亲权原则的

---

① 为了提升将王权视为官职的重要性,巴黎大公会议(829 年)就已经开始削弱血亲权的重要性。政府是官职与义务,而非财产所有权。这项基本的观念以及其他一些观念可以在如下的文献中找到:"Quod regnum non ab hominibus, sed a Deo ... detur."(*MGH.*, *Conc.*, II, 655, no. 50, §59):"Nemo regum a progenitoribus regnum sibi administrari, sed a Deo veraciter atque humiliter credere debet dari ... Hi vero, qui a progenitoribus sibi succedere regnum terrenum et non potius a Deo dari putant, illis aptantur, quos Dominus ... inprobat, dicens: Ipsi regnaverunt et non ex me; principes extiterunt, et non cognovi. Ignorare quippe Dei procul dubio reprobare est." 因此,为了依据上帝(per Deum)进行统治,无论是王室后裔的资格还是法律资格都并非是必要的:"Qui pie et iuste et misericorditer regnant, sine dubio per Deum regnant."

格里高利七世曾经对"合适性"作出了最为权威的表述(*Registrum*, 8, 26 [1081]):"Preterea admonendi sunt omnes in partibus vestris Deum timentes ... : ut non, aliqua gratia suadente aut ullo metu cogente, properent eam temere personam eligere, cuius mores et cetera, quae regi oportet inesse, a suscipienda christianae religionis defensecundum Deum ad honorem sanctae ecclesiae rex provideatur idoneus, quam nimium festinando in regem aliquis ordinetur indignus ... Nisi enim ita oboediens et sanctae ecclesiae humiliter devotus ac utilis, quemadmodum christianum regem oportet, ... fuerit, ... ei ... ecclesia non favebit sed etiam contradicet ... Qua de re quid promissionis iuramento ... ecclesia ab illo requirat, in sequenti significamus."

致命打击进行一番考察。

在 12 世纪和 13 世纪,当教皇的神权正处于巅峰时期时,教会 31
宣称,一位君主如果是敌视教会的王朝的后裔,那么他就是受审
判之人;这一点本身就足以剥夺其继承王位的资格。但是,在将
这项威胁付诸实施时,教会不仅仅是想将父亲的罪过追溯到儿子
身上。更加普遍的情况是,统治者的直系后裔(无论优秀还是邪
恶)这一条件非但不能支持王位继承权,反而成为丧失王位继承
资格的理由。1202 年,关于德意志的选举争议,英诺森三世写道,
如果施瓦本的菲利(Philip of Swabia)获得了王国,并且王位仍然
继续保留在霍亨斯陶芬家族手中,那么德意志其他家族的许多同
等高贵与强大的王侯们在他们获得王位的期待上就受到了歧视。

在这一点上,教会对王朝原则的冷漠已经变成了毫无保留的
敌视。并且,与教会对统治王朝的高贵等级和杰出地位的批判态
度不同的是,教会有意地保留了(事实上是加强了)选举原则。因
此,最终导致在 13 世纪的德意志(由于它比其他国家更容易遭受
到教会原则的不断攻击),合法国王的完全符合条件的儿子恰恰
由于自身国王后裔的身份而丧失了王位复归权;并且,排除最近
亲属(next-of-kin)的原则受到欢迎,仿佛这仅仅是在主教选举中
排除裙带关系的事情。

然而,只有在德意志,教会的官职观念才能同选举出的无所
顾忌的君王们联手,最终不审慎地废弃了血亲权;而且即便在德
意志,这也只是十分短暂的事情。它的影响力最初可以追溯到
1077 年在福希海姆(Forchheim)举行的选举,当时出于罗马教廷
(Curia)和德意志诸侯们共同的利益,第一次选出了一位敌对的国

王以取代统治家族。在这次事件中,候选人施瓦本的鲁道夫就已
经发表了一篇宣言说,他是作为个别的君主而不是王朝的创建者
登上王位的,并且谴责了所有德意志的观念和传统。但是,即便
获得教会"合适性"观念支持的选举性君主们因自私自利而导致
王朝权利到 13、14 世纪已经完全瓦解,德意志也并未永久地转变
成一个缺乏王族血统(*stirps regia*)的选举制的国家。在卢森堡家
族和哈布斯堡家族统治下,被剥夺了权利的血亲权又再次出现
了,尽管是以更弱的形式,追随其他欧洲国家和德意志公国的风
尚。共同体自我保存的本能最终导致人们抵制在大空位时期(In-
terregnum)之后的那个世纪中普遍存在的由选举而导致的混乱。
事实上,正如在拜占庭一样,在德意志也并不缺乏对正式的选举
原则的赞誉,这点正如西欧的世袭君主制一旦稳固地建立起来之
后,就很快地找到了它们神圣的保卫者。在 1806 年之前,纯粹的
世袭原则在理论上是与帝国不相容的,这点正如它在古典时期所
面临的情形一样。

　　教会有权力审查统治者"合适性"的主张,首先是源自神学观
念在生活各个领域所起到的领导作用,同时也由于国家被包含在
中世纪人们所理解的教会(*Ecclesia*)之内。此外,教会还有一次确
定的制度化的机会来宣布自己对于某个统治者是否合适的判断,
即统治者的加冕仪式。下一节会讨论加冕仪式的重要性。这里
只需要指出的是,教皇加冕皇帝的权利解释了为什么教廷能够限
制日耳曼的世袭原则。确实,教廷曾经数次一般性地主张要剥夺
所有不合适的国王的王位;但是,在另一方面,从 9 世纪起,许多
教皇在认可德意志国王的选举时,明确地将教皇的权利建立在

他们对皇帝进行加冕的权利之上。① 教会审查王位竞选人是否
有资格获得王位的权利主张并非源自教皇加冕皇帝的权利,而是 33
源自王室官职的神学概念。不过,正是教皇加冕的权利使教廷获
得了一个政治理由,在德意志实施审查竞选人资格,进而牺牲王
朝正统主义的原则来强化"合适性"原则和选举原则。对于其他
国王所谓的"滥用"血亲权的做法,教廷只能默许,但是在德意志
它却有能力对抗王朝的主张;并且有义务抵抗王朝正统主义,否
则它对于帝国皇帝的权力就会消失。

　　在中世纪,教会的认可所具有的价值因不同统治者而各异。
一位继承父亲王位的国王,如果从德意志社会中的王朝概念中获
得了足够的支持,那么他可以无所顾忌地无视教会的认可。在这
种情况下,教会的加冕最多就只是一项宣告或确认行为,在国王
建立起统治权的过程中没有任何宪制上的重要性。相反,不同于
拥有世袭继承权的统治者,还有其他一些统治者,他们的王位缺
乏世袭性的权利,也许就只能靠别人的庇护获得王位。即便这些
统治者,他们也将人民的选举视为他们的王权的真正法律基础,
他们通常不仅渴望得到选举(选举是独立于血亲权,同时也是反
对血亲权的),而且还希望获得教会的认可。不仅仅被视为是源
自人民的授权,同时还拥有自身独立权利的政府应当在其建立之

---

　　① 参见 879 年教皇约翰八世致米兰的安斯佩特(Anspert of Milan)大主教的
信:"Et quia Karolusmannus corporis, sicut audimus, incommoditate gravatus regnum reti-
nere iam nequit, ut de novi regis … omnes pariter consideremus, vos predicto adesse tem-
pore valde oportet. Et ideo antea nullum absque nostro consensu regem debetis recipere,
nam ipse, qui a nobis eat ordinandus in imperium, a nobis primum atque potissimum de-
bet esse vocatus atque electus. "(*MGH*. ,Ep. ,Ⅶ,133,no. 163.)

初就获得独立于人民意志的崇高裁可;这是人们的普遍情感的要求。因此,选举出的国王要么在血亲权,要么在教会加冕中,或者同时在二者中寻求支持和认可。

因此,在那些得不到王朝世袭权利支持的情况下建立的一切政府中,教会的认可就成为一项宪制要素。教会的认可有可能通过教会单纯地宣布它的支持或认可的形式表达,也有可能以主教参与选举统治者的形式表达。但是,在中世纪早期,加冕是教会认可的通常手段。依据当时的信仰,宗教的行动通常同一些看得见的、具有某些特定特征的仪式联系在一起。因此,当教会通过自身的确认认可了统治者的职位,教会自然就应当通过一个正式的法律行动来表达自己的祝福。这项法律行动就象征了王位继承权具有神圣的合法性。这项法律行动既具有教会特征也具有政治特征,它的发展在 6 世纪到 9 世纪这段时间内完成。

二、 教会授职统治者的神圣仪式

东方的异教君主国直到萨珊王朝时期还在提供源源不断的例子,说明祭司对王权进行的神圣化。不过,我们可以把这些仪式连同中世纪最早在拜占庭进行的加冕仪式全都忽略掉,因为虽然西方世界也熟悉这些仪式,但它们对西方确实没有产生影响。《旧约》中提到的撒母耳膏扫罗和大卫的描述倒是为西方提供了一个神圣化王权的例子。

君主涂油礼在不同的时间里出现在西方,布立吞人是在 6 世纪,西哥特人是在 7 世纪,而盎格鲁-撒克逊人和法兰克人是在 8 世纪。然而,涂油礼进入西方的确切时间至今仍然是不清楚的。不过,显而易见的是,无论是布立吞人、西哥特人、法兰克人还是在拜占庭,涂油礼的引入都是同王权地位本身不稳固、处于一个非常时期联系在一起的。在这些国家中君主已经无法和平地掌握世袭的权力,君主制本身为新的教会习惯在公法中提供了一个位置。加洛林王朝的建立是最著名的例子,说明了王权的神圣化是同王权的不稳固紧密相连的。因为在所有日耳曼民族中,单单法兰克人在历史进程中引入了加冕礼,并且也正是在这里,在西方最重要的国家中,中世纪早期君主权利的一切因素都被混合在一个大的冶炼炉中。 35

715 年,法兰克人最终决定结束将政府划分为合法的国王和强大的宫相的做法,并将王位交给阿尔努芬家族(Arnulfings)。这个家族已经统治了一个半世纪之久。这种做法在当时的人们看来是异常可怕和残暴的,它不仅意味着抛弃希尔德里克三世(Childerich III),更意味着摧毁了墨洛温家族的王朝权利。尽管王室长发(reges crinite)从来没有获得教会特别的神圣化,它们仍然拥有超自然的神圣力量,是墨洛温家族统治权力古老、神秘的异教来源。并且,在当时人们的心中,这种神圣的力量比教会的祝福(benediction)更加重要。墨洛温家族单独某个人也许会被剥夺王位,但没有任何"民主"的会议可以合法地剥夺克洛维家族对王位的要求。如果在几年之前,为了保证对独立的行省(它并不比整个国家更加安定有序)的控制,人们会认为必须让一位墨洛温家族的成员再次继承长久空缺的王位;如果统一的象征——王室王朝——消失了,一个并不比行省中的许多公爵和伯爵家族更加高贵的家族就会占有王国。

在这种情况下,法兰克人求助于教皇——他是神法的神托所

(oracle)，单凭他一个人就能够打败墨洛温家族的血亲权。教皇撒迦利亚的决定之前我们已经讨论过了。之后于 751 年 11 月法兰克人选举了丕平为国王；教皇的敕令将最后一位墨洛温国王贬斥为"伪王"(false king)，他被剃掉了作为墨洛温血亲权象征的长发。但是这两方面的行动并未终结这场伟大的革命。民众的选举无疑已经将阿尔努芬家族事实上的(de facto)权力转变成了合法(de jure)的权力；而丕平更进一步，使自己可能经卜尼法斯之手而受膏。卜尼法斯是教皇的代理人，阿尔卑斯山北部教会最重要的首领。这项行动在法兰克王国是崭新的创举。它授予了新的王朝超自然的标准。这一超自然的标准在一定程度上弥补了王室长发拥有的神圣力量的损失。古老的异教象征让位于现时的神学象征。

36

　　从这一日起，由新王朝的政治需要而引起的授职仪式就再也没有从西方君主制的习惯中消失，并且很快成为神圣权利的主要特征之一。

　　1. 君主授职的神学意义

　　从一开始，君主的授职就不仅仅意味着教会的介入和神圣的祝福。教皇大格里高利认为，对世俗权威的授职是一种"圣礼"(sacrament)。在中世纪早期，圣礼理论仍然十分流行。奥古斯丁关于圣礼的观念允许，甚至坚持认为，所有向信徒展示超自然恩典——神圣之物(sacra res)——的仪式和习惯都可以被视为圣礼。从 12 世纪开始，当教会的圣礼理论得到界定，并且圣礼的数量也受到了限制之后，君主授职就不再被包含在内。但是，中世纪的圣礼理论认为所有的圣礼都具有三个显著的特征，君主授职在一定程度上也具有这些特征。并且，由于在中世纪早期，授职被视为一项与众不同的圣礼，因此在中世纪晚期它依然被视为至少是严格意义上的准圣礼。根据中世纪早期的教会理论，授职是超自然力量的工具；它导致一些以象征形式表达的后果：一方面既有心理与宗教上的后果，另一方面也有教会与法律上的后果。它外在的象征可以在执行加冕和涂油礼的神父的圣事行为中看到；而其内在的效果体现在受礼的君主的灵魂中；其外在的效果表现在它授予被加冕和受膏的君主身上的"特征"。

（1）通过上帝的神秘权力，授职产生的内在效果将君主改造成一个新的人，他身上被授予了圣灵的七重天赋。美因茨大主教 37 用《圣经》的语言向德意志国王宣布："今天上帝的恩典已经将你变成了另一个人，通过神圣的涂油礼，你也已经分享了它的神圣性。"像神父一样，国王也被涂抹上圣灵恩典的油，并且，加洛林宫廷内使用的神学话语就像《圣经》旧约时代那样再一次将受膏的君主提升到上帝义子的层面。①

（2）虽然具有这些内在的神秘能力，加冕同时还产生了一项

---

　　①　关于君主授职礼的神秘效果，尤其参见9世纪加冕仪式上的祷文《向前展望》（*Prospice*）（Eichmann，*Quellensammlung z. kirchl. Rechtsgesch.*，I，1912，58 sq.，no. 31）以及10世纪德意志的加冕程式（*ibid.*，71sq.）。在其中，我们可以读到（p.72）："... ut sicut manibus nostris indignis oleo materiali oblitus pinguescis exterius，ita eius invisibili unguine delibutus inpinguari merearis interius eiusque spirituali unctione perfectissime semper imbutus ... "

　　斯马拉格杜斯（Smaragdus）主张由上帝在精神上收养（spiritual adoption）统治者："Deus omipotens te，o clarissime rex，quando voluit et ubi voluit，de regali nobilique genere nobiliter procreavit ... ；caput tuum oleo sacri chrismatis linivit et dignanter in filium adoptavit. Constituit te regem populi terrae et proprii Filii Sui in coelo fieri iussit heredem. His etenim sacris ditatus muneribus rite portas diademata regis. "（*Via Regia Prol.*，ed. *Migue*，*P. L.*，102，933B.）

重要的外在的法律特征。早在 9 世纪,加洛林君主自己就推论出,从膏礼中他获得了"一项只有教会的裁决才能夺走的品质"。898 年罗马枢机大会(Roman Council)在某个场合宣布:某一种类型的涂油礼是有效的,而另一种类型的涂油礼则是无效的,因为它是秘密地进行的。这个事实就清楚地表明,在 9 世纪人们普遍认为涂油礼具有法律意义。但是,界定涂油礼所带来的这种特殊"特征"的内涵要比证明其存在困难多了。

最重要的是,从一开始人们就坚定地认为,君主与神父的授职仪式之间存在密切的联系。因为在两种情况下,所使用的物质——圣油(chrism)都是一样的,并且两种情况产生的内在效果(精神品质的赐予)被认为是类似的,或甚至一致的。君主"授职"所赋予的"特征"从很早的时候起就被同神父的授职进行对比。在这两种情况中,授职仪式授予官职担任者神圣权力的恩典。而神圣权威不可能依赖于(或单独地依赖于)人类的授予。

此外,中世纪早期人们关于上帝之城的观念不同于中世纪晚期时的理论,它允许宗教权威与世俗权威在相当范围内的同化。《旧约》中的祭司国王不仅对于查理大帝,同时对于他的神学家们来说,都是一种典范。而如果教会通过这种超自然、神秘的对统治领域的转换来提升统治者的地位,国王自己也就会承认,他的职位与主教、神父职位之间的类同性是国王权威中最神圣的因素。这一事实为教士们带来了不小的利益,在此之前他们很少敢冒险反抗国家对教会的神学上或财产上的控制。

这种观点在 10 世纪发展到了高峰。君主授职越来越类同于神父的授职。人们在皇帝加冕礼的过程中能够找到一些程式化的语句:"在此教皇陛下将当选皇帝(Emperor-elect)变成了教士。"在同一个世纪中进行的为日耳曼国王们举行的加冕礼中,美因茨大主教对国王说:"从主教的手中接过王国的王位……通过你的这个王冠,你要知道你便分享了我们的职位。"此外,加冕的礼拜仪式导致受膏的国王拥有了严格意义上的祭司特征。君主即便本身并未被真正提升为教士阶层,他也显然被从俗人阶层中区别开来。他将要成为教士和人民之间的中介者。君主和主教们并列在一起,并且通过他作为上帝在尘世中代牧的官职而同主教们结成了联盟。他只能治理这个精神与世俗的双重世界的外在方面,而必须将对灵魂的关注留给主教们。① 将受膏之国王　39

① 10 世纪皇帝的加冕程式如下:"Finita oratione vadit electus ad chorum sancti Gregorii cum predicto cardinalium archipresbytero et archidiacano, quibus quasi magistris uti debet in toto officio unctionis, et induunt eum amictu et alba et cingulo, et sic deducunt eum ad dominum papam in secretarium, ibique facit eum clericum, et concedit ei tunicam, et dalmaticam … "(Eichmann, *op. cit.*, I, 82 sq., no. 39.)关于 10 世纪德意志的君主加冕程式(它同时也在法兰西和英格兰被运用)(*ibid.*,75,no. 37):"Postea metropolitanus reverenter coronam capiti regis imponat, dicens: Accipe coronam regni, quae, licet ab indignis, episcoporum tamen manibus capiti tuo imponitur, eamque sanctitatis gloriam et honorem et opus fortitudinis expresse signare intelligas, et per hanc te participem ministerii nostri non ignores, ita ut, sicut nos in interioribus pastores rectoresque animarum intelligimur, tu quoque in exterioribus verus Dei cultor strenuusque contra omnes adversitates aecclesiae Christi defensor regnique tibi a Deo dati et per officium nostrae benedictionis vice apostolorum omniumque sanctorum tuo regimini commissi utilis exsecutor regnatorque proficuus semper appareas … et quanto clerum sacris altaribus propinquiorem perspicis, tanto ei potiorem in locis congruis honorem impendere memineris, quantinus Mediator Dei et hominum te mediatorem cleri et plebis in hoc regni solio confirmet te … "

等同于教士，这产生了一些独特的习俗。例如，甚至在非常晚近的时期，皇帝在加冕仪式上都会被承认为梵蒂冈圣彼得教堂中的教团之一员。

　　这种象征具有重要的意义，它表达了国王与主教之间的法律关系。甚至在授职权之争之前，皇帝亨利三世就向主教们发起了挑战。列日主教瓦左（Wazo of Liège）在提出一项要求之前首先评论说，主教是受过圣油膏过的；皇帝则坚持认为，他也同样受膏过，并且因此要求主教服从他的意志。授职权之争使得人们从君主授职礼这一事实中进行更加大胆的推断。约克的无名氏以此为基础建立了一个君主神权体系或"恺撒-教皇主义"。在格里高利运动的高峰时期，约克的无名氏的著作被认为是用来证明君主的权威高于国家教会（national church）的。他的著作的力量不仅源自奥古斯丁（在当时奥古斯丁的理论可以用来服务于双方的利益），更多地来自当时人们看待君主授职礼所具有的圣礼特征的观点。约克的无名氏试图通过其他一些论点，尤其是通过对加冕仪式进行天才式的解释，来加强这些观点。

　　"受上帝膏过"授予被膏者神圣不可侵犯的品质，它甚至使那些实际上从未受过涂油礼，而只是形而上地主张拥有这项权利的统治者们也获益。① 但是，在授职权之争中，如果支持君主控制国家教会的人能够诉诸《圣经》中统治者的品质，并且将基督的两类统治者（christi domini）——国王与主教——置于同等的地位（由于他们的授职和受膏），那么，这主要是因为国王授职礼中的内在

---

　　① 根据其原文如下："Nolite tangere christos meos"。

和外在可见的因素都能够支持此类观点。①

（3）因此，在所有国家中，君主授职礼的外在形式都是更加严格地依照着主教授职礼的仪式进行的，并且这些外在形式的持续时间超出了我们所论述的这个时期——确实有一部分一直持续到现在。即使像彼得·达米安（Peter Damiani）这样的教会改革者在 11 世纪中叶也将君主授职礼列入教会圣礼之中。② 并且，国王通过受膏礼之后就不再是一个俗人这类观点一直存续到 12 世纪的教会文学中。

2. 君主授职的政治意义

由于授职赋予了国王祭司的特征，其神秘的效果反映在教会法中，并且导致教会与国家之间的紧密联系，因此无论何种情况下教会法都很难不对宪法产生影响。然而，事实上正是由于涂油礼所具有的宪法上的重要性从一开始就对统治者们自身而言事关重大；所以对他们来说，授职礼导致的宪法后果至少是同圣礼

41

---

① 　参见奥斯纳布吕克的维多（Wido of Osnabrück）："Quamvis rex a numero laicorum merito in huiusmodi separetur, cum oleo consecrationis inunctus sacerdotalis ministerii particeps esse cognoscitur."（*MGH.*, *Lib. de Lite*, I, 467, 8 sq）类似的参见费拉拉的基多（Guido of Ferrara）（*ibid.*, I, 566, 34 sq）："Cur videatur indignum, si per imperatores et reges fiant ordinationes ecclesiarum, cum maiorem unctionem et quodammodo digniorem ipsis eciam sacerdotibus habeant? Unde nec debent inter laicos computari, sed per unctionis meritum in sorte sunt Domini deputandi."从教会与国家之间关系的观点中可以得出的结论是，俗人不应当干预教会事务；但是国王由于通过他的涂油礼已经分享了祭司的职分；因此，他就可以授予授职，因为在这点上，国王不再属于俗人阶层。同时可参见 *Orth. Def Imp.*, c.6（*MGH.*, *Lib. de Lite*, II, 538）："reges et imperatores propter sacram unctionem christi nuncupantur et sic suorum ministerio vel officio sive prelatione sacramentis eclesiae sunt uniti, ut in nullo debeant separari."

② 　彼得·达米安："Quintum est inunctio regis. Sublimis ista delibutio, quia sublimem efficit potestatem."（Sermo 69, Migne, *P. L.*, 144, 899 D, no. 374 sq.）Cf. *Liber Gratissimus*, c.10 MGH., *Lib. de Lite*, I, 31, 16 sq.: "reges enim et sacerdotes ... dii ... et christi dici repperiuntur propter accepti ministerii sacramentum."

仪式授予的超越性能力一样重要。正如我们所见,世俗政治是人们将涂油礼引入法兰克人的国家宪法的实际原因,并且甚至在751年之后,丕平仍然通过完美的政治手段利用授职礼作为维护王朝利益的工具。

　　我们已经注意到,德意志的血亲权和教会的"合适性"原则之间存在潜在的敌意,这种敌意时常升级为公开的冲突。因此,当授职礼被引入法兰克帝国之后,人们会发现一个令人惊讶的事实,即授职礼被用于确认和加强血亲权。当751年法兰克人选举丕平继承王位时,毫无疑问法兰克人不仅希望将丕平本人推上王位,同时也希望他的整个家族享有王室地位。当时人们对血亲权的普遍信念使得人们别无选择;此外,阿尔努芬家族作为宫相王朝(Mayors of the Palace)已经具有准合法的地位。751年的涂油礼因此也是出于这些考虑;根据传统的王朝原则,权威暗示着不仅丕平本人,甚至他整个家族都被提升到王室的地位。①

　　因此,丕平希望能够通过排除阿尔努芬王朝的旁系支系,尤其是其兄长卡尔曼(Carlmann)的后代,而将继承王位的资格限定于他自己的儿子们身上。他的这个想法并未完全实现。一方面,丕平家族新的王室血亲权还不能完全清晰地同阿尔努芬家族整体具有的共同权利区分开来;另一方面,墨洛温家族的觊觎者们的王位主张还尚未从法兰克人的情感中完全清除掉,他们也许还

---

　　① Cf. *MGH.*, *Script. Mer.*, II, 182:"Pippinus electione totius Francorum in sedem regni cum consecratione episcoporum et subiectione principum una cum regina Bertradane, ut antiquitus ordo deposcit, sublimatur in regno."正如布鲁纳(*Rechtsgesch.*, II, 27)和其他一些人所指出的那样,涂油礼以及王后地位的提升都暗示了地位提升的是整个王朝,而不仅仅是丕平自己。

有东山再起的机会。毕竟教皇撒迦利亚仅仅将国王定义为是"那个拥有权力者"。无论如何，当754年教皇司提反二世来到法兰 42克王国寻求援助，祈求国王向伦巴第人开战，并创建教皇国时，作为回报他并未提供能够满足这些苛刻要求的世俗利益。他所承诺的仅仅是将751年的涂油礼重复一遍，不过这次是由他——教皇亲手行涂油礼。754年举行的新的涂油礼对丕平一定具有非常重大的价值，因为这次涂油礼不仅是授予他本人，还授予了他的两个儿子。根据一份真实性存疑的文件的记载，教皇同时宣布将那些胆敢在任何时候不从丕平的骨肉中，而从其他人中选择国王的法兰克人永久地开除教籍。因此，司提反二世就对王朝正统原则——它不仅是外在于，甚至有可能是同教会的"合适性"原则相冲突的——给予了教会的许可。

然而，司提反二世在这种情况下的行动并未像人们所期待的那样被极其广泛地作为支持它所保护的王朝的先例。相反，正如前文指出的，人们对这整个故事的真实性产生了怀疑。毫无疑问，司提反二世向法兰克国王表达了善意，但是值得怀疑的是，这种善意在8世纪的人们看来是否足以意味着教会对王朝合法性的认可。无论如何，毋庸置疑的是，到9世纪末，教会开始抛弃日薄西山的加洛林王朝的王位继承权，而无视司提反曾经发出的革除教籍的谴责。另一方面，8世纪的教皇们无疑是将丕平及其儿子视为是由神所召集的。法兰克君主制的宗教使命，包括它对罗马教会的保护都比之前更加清晰明确地通过涂油礼而得到强调。并且，丕平自己也通过他的行为承认他对上帝的教会，尤其是对使徒彼得和保罗的后继者们的教会所承担的义务具有约束力。

丕平的一个儿子在 754 年与丕平同时被膏,他就是查理大帝。在查理大帝时期,"蒙上帝恩典"(*Dei gratia*)这一称号第一次

43 成为君主头衔的一个永久的组成部分。膏礼以及程式化的语句"蒙上帝恩典"在法兰克国王的统治下几乎是同时出现的,这并非偶然。所有基督教理论中都包含的"政府是源自上帝的"这一观念,在涂油礼以及统治者荣衔中插入的虔诚的程式化语句中得以具体地体现出来。和国王的加冕一样,涂油礼以及程式化的语句也都强调了国王在同法兰克人民之间的关系上的独立性。在 8 世纪时,人们当然不可能预料到,"蒙上帝恩典"这个短语会连同国王的荣衔一起发展成为绝对主义政府永久的标志。将这种在基督教早期就已经被教士们使用过的程式化语句引入到王室令状中,不仅意味着从一开始就要求增加基督徒的谦卑,同时还暗示了"蒙上帝恩典""蒙上帝慈悲"而建立或"由上帝加冕"的权威与上帝的仆人们所照管的臣民之间存在的巨大区别。

统治者通过涂油礼而接受了具体地散发出来的神圣意志。正如我们所见,这必定会诱使王位尚未稳固的君主在授职礼中寻找一项有效的宪法权利。这是出于受膏的统治者的利益,也是出于教会的领袖的利益。教会的领袖拥有举行仪式的特权,并且能够提高涂油礼的法律价值。通过这种共同的利益,早在 9 世纪中期,就出现了一种关于涂油礼的宪法理论。根据这种理论,授职礼的授予行为确立了有争议的王位继承权主张,并消灭了所有敌对的权利主张。它使得有疑问的权利变得天衣无缝。正如统治者的软弱或他们缺乏合法的权利导致引入了君主授职礼,从 9 世纪中叶起,同样的原因也鼓励了在巩固统治者王位方面扩大教会

的影响力的行动。在这方面,秃头查理就是一位顺应了这种命运的人物。838 年,他的父亲以纯粹世俗化的方式为他进行了加冕。848 年在奥尔良,他成了阿基坦的国王,869 年在梅茨(Metz)他成了洛林(Lotharinga)的国王。这两次,他都分别剥夺了另外一个加洛林王朝成员的权利。并且在这两次中,他都不仅使自己受膏,同时还得到了主教授予的统治的象征物。在 859 年召开的一次会议中,这位国王在艰难的政治处境的压力之下,阐发了关于授职礼的宪法理论:"依据基督教的习俗而被授职、受膏并登上王位的君主永远不得被剥夺其祭司特征,也不得被剥夺其王位,除非经由那些曾经亲手授职于君主的主教们的正式判决。国王本人也必须服从于这些主教父亲般的斥责与训诫。"[①]

在此,统治者在授职礼中获得的不可磨灭的特征被引人注目地扩张到了宪法的领域内。然而,我们必须马上注意到,中世纪的法律从未屈从于这种理论。无论在 859 年之前还是之后,受膏的国王都曾被推翻过。在后一节中,我们能更好地解释这个事实,我们将表明,国王神圣不可侵犯、不可推翻的特征在中世纪完全没有得到人们的支持。然而,"受膏之国王不可推翻"这种理念一经提出就不可能被完全根除。例如在授职权之争时期,亨利四

——————

① *MGH.* , *Capit.* , II , 451 , no. 300 , c. 3 :"... electione sua aliorumque episcoporum ac ceterorum fidelium regni nostri voluntate, consensu et acclamatione cum aliis archiepiscopis et episcopis Wenilo me ... secundum traditionem ecclesiasticam regem consecravit et in regni regimine chrismate sacro perunxit et diademate atque regni sceptro in regni solio sublimavit. A qua consecratione vel regni sublimitate subplantari vel proic a nullo debueram, saltem sine audientia et iudicio episcoporum, quorum ministerio in regem sum consecratus et qui throni Dei sunt dicti, in quibus Deus sedet et per quos sua decernit iudicia, quorum paternis correptionibus et castigatoris iudiciis me subdere fui paratus et in praesenti sum subditus. "

世的追随者们对这个观念的支持甚至比秃头查理还要坚决;因为无论如何,查理还承认通过执行授职礼的主教们的裁判可以推翻君主,而亨利四世的支持者们则坚持认为,即便国王遭到了罗马教会的定罪,也是不可推翻的。

教会授职礼在宪法上所具有的重要意义在另外一个方面得到了加强。秃头查理在 859 年就已经意识到,教会参与国王的就职仪式不再限于涂油礼。由于主教与国王的共同利益(这点在上文已经提及),教士参与的范围已经扩大到了创立国王的其他仪式中,尤其是扩展到加冕和登基仪式中。授职礼将教会吸引到授职行动中来,而在此前授职一直都是世俗化的。它使得将统治权力授予选举性的君主的整个过程带上了教会的特征。这种将最庄严的宪法仪式精神化(spiritualization)的做法象征着教会原则对国家世俗法律的不断侵入。在上文我们已经看到,王朝正统原则是如何同君主授职礼相互交织在一起;那些在世俗法律上权利十分可疑的君主们是如何被迫寻求教会的承认,并因而增加了教会对宪法的影响力。由于在加洛林王朝晚期,几乎没有一个人的继承权不遭到挑战,因此这就为教会对宪法仪式影响力的扩展提供了广阔的空间。到 9 世纪的中期和后期,从 751 年开始的这个过程最终完成:一方面是人们对王位继承权争执不休,另一方面是教会神学的自我意识在不断提高。加洛林王朝的开始与结束都是西方教会神圣权利历史上的决定性时刻。

但是,在登基之前必须举行教会宗教仪式的做法一旦变成习俗,必然就会产生如下的问题,即教会的授职礼是否是合法地获取统治权的必备条件。因为授职礼被认为能够防止丧失统治权,是对可疑的统治权进行强化的手段；由此似乎可以推论，统治权力的实施必须依赖于之前授职礼的授予仪式。如果人们只阅读中世纪早期教皇或君主的法令（pronouncements），那么人们就会认为，授职礼在当时似乎被认为是宪法性的行动。但是，我们不能过高地估计教皇与君主们的法令。虽然它们尤其着重地强调了统治权直接的神圣来源，但它们仍然欠缺法律的准确性，更不能由此否认政府双重的世俗基础，即选举和血亲权。因此，在授职礼之前，国王也能够进行统治活动。确实，至9世纪末10世纪初，授职礼可能已经被完全忽视，而君主也不会因此丧失任何的统治权威。然而，当德意志的亨利一世拒绝授职礼时，当时的教会中人都感到仿佛受到了伤害；而由于亨利一世没有受膏，人们就将他描述为"一把缺少了手柄的剑"。之后，这个问题不再具有现实的重要性，因为在11世纪和12世纪我们找不出任何一个在位的国王没有受膏的例子。至此，授职礼显然就已经成为国王就职仪式中的一个因素，国王甚至可以将他的统治开始的日期追溯至加冕仪式而不是他被选举出来的日子，仿佛仅仅是加冕仪式本身就奠定了他的统治权。但是，甚至在后来这个时期，如果统治者在授职礼之前没有举行选举，那么君主这种继承统治权的行为也会被人们视为是反常的。在这方面，古老的日耳曼宪法依然足够强大，能够抵挡教会加冕和授职的压力。授职礼并无授予王位的权利，它仅仅通过神圣的认可行为加强了一项既存的权利。中世纪的加冕仪式反映了这种观点。加冕仪式开始的时候是举行一项象征人民选举的活动，只有在此之后才举行加冕和授职完美结合在一起的教会宗教仪式。同时，整个加冕仪式还将血亲权与其他因素很好地协调在一起,以致在 10 世纪,主教在君主的继位仪式上对君主做如下致辞:"坐上并守护好从你父亲那继承来的王位,它是依靠上帝的大能,假我们这些主教之手通过今日的这些仪式并以继承权的形式交给你的。……愿耶稣基督认可你的王国王位。"

因此,统治权似乎是源自选举、继承权和加冕礼的结合。① 在这个三合一的体系(triad)中,选举的因素通常处于最高的地位;只是到中世纪晚期,在大多数王国中,继承的观念才开始在加冕仪式上占据主导地位,而与此同时选举的仪式在逐渐衰微。甚至在有一些史例中,授职礼得到了特别的强调,但是找不到任何一个授职礼能取代另外两项因素的例子,至少它从未成功地使选举变得可有可无。人们认为,授职礼只能对那些已经得到人民认可的统治者进行授职。确实,人们都认为,只有当授职礼是在获得了人民明示或者默示的同意之下举行时,它才具有法律约束力。

在西方最高的世俗权威——帝国中,情况完全不同于君主国。在君主国中,统治权的民族与王朝基础得到了很好的保存。

---

① 沙特尔的伊沃(Ivo of Chartres)以其一贯公正洗练的风格作出了如下的定义:"Si enim rationem consulimus, iure in regem est consecratus, cui iure haereditario regnum competebat, et quem communis consensus episcoporum et procerum iampridem elegerat." Cf. Rudolf Glaber:"Totius regni primates elegerunt Ludovicum filium videlicet regis Caroli ungentes eum super se regem hereditario iure regnaturum."在盎格鲁-撒克逊人中间,人们是这么认为的:"frater eius uterinus electione optimatum subrogatus pontificali auctoritate eodem catholice est rex et rector ad regna quadripertiti regiminis consecratus."在向教皇阐述他的被选举以及应当努力遵守加冕宣誓时,腓特烈一世对教皇说:"principes et caeteri proceres cum totius populi favore ... nos in regni fastigium elegerunt ... , pari et eodem consensu cum benivola populi acclamation ... nos per sacratissimas ... venerabilium episcoporum manus oleo sanctificationis regaliter unxerunt et in solio regni cum benedictione solempni collocaverunt. Nos vero in multiplicis regiae dignitatis ornamentis, quibus partim per laicorum principum obsequia, partim per reverendas pontificum benedictiones vestiti sumus, regium animum induimus."

在帝国中,选举和血亲权则让位于授职礼,并且后者最终成为名副其实的宪法行动。授职礼是经过了一番斗争之后才取得了胜利。由于帝国的荣耀在 800 年复兴之后,通常只能授予已经是国王的君主,因此,人们也许会认为,拥有一定的权威——例如是法兰克或德意志的国王——本身就足以保证人们有权获得帝国皇帝的权利与荣耀。另一方面,帝国由于是"罗马人"的帝国,所以人们可能会认为其荣耀是"罗马人民"选举授予的,而人民则既可以指罗马公民也可以指帝国的人民。这些观点的存在意味着,甚至迟至 14 世纪,人们对教皇加冕皇帝所具有的宪法上的意义还存在争议。查理大帝本人已经表明了他对教皇通过加冕礼的形式授予帝国荣耀的敌视。因此,他试图引入这样一种习俗,即法兰克人的国王,如果其实力足以使他成为帝国皇帝,那么他应当用自己的双手从圣坛中拿起帝国皇冠为自己加冕。尽管查理曼没能预见到后来教皇对皇帝帝位的干涉会扩大,但是他似乎猜测到,如果基督教世界最高的世俗权威只能从罗马获得,那么它就有可能必须取决于祭司们的意愿。谁登上了帝国皇帝(即西方最高的统治者)宝座,谁就能够拥有排他地使用帝国名号(imperial title)的权利。① 似乎正是由于这个原因,当查理曼在 806 年将他的土地在他的儿子们中间进行分割时,他才没有将帝国的名号交给任何一个儿子;但是当 813 年他的继承人只剩下一个存活,他全部的遗产都将由其继承时,他不仅将自己不可分割的权力,而且还将帝国的名号——意味着唯一的、不可分割的控制地位——

① 参见 751 年教皇撒迦利亚作出的判决;*supra* p. 29 n. 16。

都交给了他。查理曼试图引入的自我加冕的做法标志着帝国（*Imperium*）对于祭司（*Sacerdotium*）的独立。接下来是教皇加冕与国王自我加冕相互斗争的一个时期。而在查理曼的继承人统治时期，教皇的主张取得了决定性的胜利。胜利的基础在800年教皇列奥三世将皇冠戴在查理曼的头上时就已经奠定了，尽管教皇的做法令查理曼大为吃惊。从此，教皇加冕皇帝的权利在整个中世纪都丝毫不受挑战，尽管它会遭到相反的理论的有力反对。授予皇帝合法名号的权利完全掌握在教皇的手上，而合法的、决定性的仪式一直以来都是皇帝的授职礼，它在罗马几个重要教堂中的一个举行。在所有这些问题中，"君士坦丁的赠礼"都发挥了作用。

　　国王的授职礼是一项有效的法律行动，这种主张在帝国皇帝加冕的先例中获得了有力的支持。然而，教士能够授予君主名号的观念从未完全渗透进那些由国王统治的国家中。帝国也许必须依赖于教皇，但是王权是来自上帝与人民的。在9世纪，帝国在它同教廷的关系上所蒙受的权利损失并未对世俗政府产生普遍性的影响——尽管根据中世纪的理论，帝国是各类统治形式的原型，而且关于帝国与祭司之间关系的一切论断，如无意外也当同等地适用于王国（*Regnum*）。

　　因此，根据当时流行的观点，中世纪的皇帝只有在经过了一系列的教会仪式之后才能获得其帝国荣耀。故此，帝国继承权的理论在一个方面上类似于近现代充分发展之后的王朝正统主义。在它们二者中，统治权都同人民的意志分离，并且都是受之于天（from above），而不是受之于共同体。在近现代的王朝正统主义理论中,这种观念立基于君主王朝的世袭继承权;而与之相反,中世纪的帝国则立基于祭司仪式所具有的宪法力量。而罗马城的主张,例如布雷西亚的阿诺德(Arnold of Brescia)所提出的观点,则没有获得发展。但是,正如王朝正统原则一样,在中世纪早期,教会原则也完全没有得到充分的建立。君主制的民主基础仍然十分强大。授职礼从一开始就同人民的选举权结合在一起,正如血亲权也曾经同选举相互结合一样。因为在德意志,在帝国皇帝的当选就职中,选举的原则在 11 世纪之后越来越被强调,因此在这里就产生了西方最为奇特也最为复杂的王位继承权。这项王位继承权是由适用于德意志王国的规则和适用于帝国的规则相互作用而产生的。结果,德意志的国王由于既要依赖于选举他的人又要依赖于教皇的授职,因此,在王朝正统主义的神圣权利的发展中几乎没有发挥作用。这项任务留给了西欧的各个君主国,它们将自己的领地变成了世袭的王国。 50

　　正如我们所见,君主授职礼立基于将君主视为一项官职的神学概念,并且它从未放弃成为官职可见象征的要求。但是,当授职礼成为宪法的一部分时,它与官职的神学概念的关系迅速地改变了。官职的神学概念的首要含义是,统治者必须履行其义务;但是授职礼首要和最根本的含义就是授予权利。神学的原则要求竞争王位的每一个候选人都必须满足一些要求;而授职礼则逐渐地沦落为每一次登基仪式不可或缺的附属品。此外,神学原则和形式性的授职礼之间还产生了其他一些深刻的差别。这些差别有待在教会与国家间的斗争中呈现出来,同样也有待在教会内部的多个权威之间的斗争中呈现出来。下面我们将把这些斗争放在它们各自的背景下加以考察,以总结并圆满结束我们之前的研究工作。

三、 官职的神学概念与君主的神圣授职礼之间的分裂

自古典时代后期开始,基督教对待国家的态度逐渐地发生了巨大的变化。教会不再将善良的和邪恶的统治者都作为上帝准许的加以容忍,就像人们必须忍受好天气或恶劣的天气一样。相反,如今它积极地参与统治者的就职仪式;它对君主施行涂油礼,并且将君主提升至上帝代牧的崇高地位。结果教会担负起了某种确保良好统治的责任,并且因此在某些情况下,它可能发现自己有义务审查曾经膏过的君主;而在其他的情况下,它则宣告,神圣地建立的统治者的权利在非法的攻击面前是不可侵犯的。

51　　　所有这些都是教会原则征服世俗文明的一步。如今教会主导了中世纪宪法中最为庄严的时刻——君主的继位,统治的奠基时刻。但是,如果我们不仅仅只关注教皇体制在其巅峰时期所代表的根本观念(正如体现在 8 世纪到 11 世纪的现实历史进程中一样),那么我们就会意识到,君主授职礼的引入更加有助于提升国家的权力而不是提升教会的地位。事实上,教会在认可国家神圣意志的本质以及通过宗教仪式的形式准许实施统治权的过程中,它就明确地为自己保留了审查的权利。如果人们认为教会可以遵循它自己的计划,只对那些按照教会的评价标准是驯良、配得上的君主施行授职礼,那么授职礼早就成为教会向所有世俗权威主张宗主权的可靠手段了。但是,教会根本不可能遵循自己的计划。国家教会(*Staatskiechentum*)即"教会服

从于国家"，在 11 世纪之前从未间断地存在着，并且只要它有
效，授职礼似乎就更多地是在荣耀君主而不是在加强视君主为
官职的神学概念。授职礼的实践以及从授职礼中发展出来的君
主制圣礼理论都正好是在这个时候确立起来的，这并非偶然。
因为它们二者满足了普遍的教会与国家体系的需要。这里我们
并不是要关注教会认可权利有争议的君主（正如我们上文所
见）的特殊动机——教会的认可对于这些君主尤其具有价值，
因为每一种类型的君主制都能通过某种方式从授职礼的引入中
获益。一方面，它抵消了基督教世界中由于血亲权的异教基础
的削弱而导致的王权在神圣荣耀方面的损失。通过授职礼，基
督教的神授予"上帝所膏"之人神秘的品质；而这种神秘的品质
曾经体现在沃登的子孙的血脉中，体现在王室的长发中。当查
理大帝将"蒙上帝恩典"这句程式性的话语插入王室头衔时，他的 52
行为既意味着国家臣服于基督教的社会概念，同时也意味着在超
验与不可动摇的法律基础上建立了君主权力。这点我们在上文
已经谈及。这里我们无需重复，政府的世俗基础并未因此被抛弃
掉，在中世纪早期根本还不存在单单建立在上帝恩典之上的王
权。另一方面，"蒙上帝恩典"这句程式性话语从一开始就表明王
权同臣民意志之间相对的独立性。作为神圣授予的权力与臣民
的服从义务之间不可克服的阻碍之象征，在中世纪，人们再也找
不出比"蒙上帝恩典"这句程式性话语更加合适的表达了。它强
调了权力同神圣世界不可隔断的联系。但是无论如何，只有涂油
礼将这种神学的君主因素体现在宪法中。一旦授职礼被引入，世
俗权威就紧密地同神圣事物联系在一起；臣民的不服从对于法兰

克君主来说就像路西法的堕落一样罪恶深重。以上帝的名义统治的君主个人获得了一部分超验的法律地位。在授职权之争中，王权的保卫者们在反对教会的过程中，正是有效地诉诸国王的这种法律地位。他们宣称，国王是"不受侵犯"的，"他的名字在世界肇始的时候就被知晓了"。①

　　君主制的这么一种变形过程主要源自官职的神学观念——它将统治者的权力提升到一个独特的地位，而同时又使其在上帝面前十分谦卑。但是，正是有形的授职仪式而不是神父或论述君主官职的论文中抽象的观念，使国王个人在人民的心目中变得神圣化。确实，正是这项具体的仪式授予或至少强化了统治者实质性的权力。但是，国家从君主授职礼中获得的最重要的利益是，它对国家教会控制的合法化。

　　在国家与教会被统一在共同的"上帝之城"（*Civitas Dei*）的观念的时代，查理大帝本人作为国家与教会的统治者，焕发出作为高级祭司的光彩。他被公开地称为"国王与祭司"（*Rex et Sacerdos*），甚至被尊崇为圣彼得的代理人，并被授予了"双剑"。"祭司国王"的观念源于罗马帝国晚期的罗马皇帝，并且得到《圣经》中不可避免地提到的引文的佐证。《创世记》中关于麦基洗德（Melchisedech）的篇章提到了创设这种混合的"国王与祭司"的动机；结果它又神秘地暗示了基督在弥撒礼拜中拥有公认的崇高作用。早期基督教艺术的一项任务就是描绘这种"混合的"性质；它

────────────

① Cf. *MGH.*, *Lib. de Lite*, I, 289: "Novum ... est et ... inauditum, pontifices ... nomen regnum, inter ipsa mundi initia repertum, a Deo postea stabilitum, repentina factione elidere."

有时候将圣经中的国王描述为穿着祭司的外衣,有时候又将其描述为穿着类似罗马皇帝的外衣。它用象征手法来体现历史叙述;最开始的时候是一位圣餐仪式的《旧约》国王,最终体现为一位拥有祭司功能的皇帝。对这种动机的艺术性解释产生的结果是,在"国家教会"时期,君主在其加冕仪式上习惯性地以祭司的服装盛装打扮。

然而,这种神学的绚烂场面并不具有十分重要的意义;因为在德意志国家中,王室对教会的控制并不是从神学的观念中产生的,更不是从君主授职礼中产生的,而是从墨洛温时期的宪法处境,从"国家教会"体系,从日耳曼民族粗浅的基督教信仰中产生的。在查理大帝统治时期,当人们感觉到教会服从于国家需要一种神学上的证明时,君主在教会中的地位,相比于主教在教会中的地位来说,依然十分崇高。因此,基督教教父时期的一个著名的比喻——"主教之于国王正如基督之于上帝"——在 8 世纪又得以重现。这一概念使国王具有同祭司一样的品质,但处于更高的教阶;后来这一概念甚至被作为君主在教会中拥有的权利的基础。接受这一概念的君主起先并不需要通过烦琐地引证授职礼来支持国王的权利。查理曼是"主教中的主教",这并不是由于他的授职礼,而仅仅是由于其特性与地位。但是,当俗人在教会中的统治地位开始被谴责为违反了教会法的时候,国家就通过引证授职礼的圣礼性质而捍卫它对教会的统治;而当这种证明尽管困难但十分必要时,一个时代就到来了。因为在同时,教会否定了授职礼的圣礼性质,并开始反对"国家教会"的整个体系。

　　一方面,授职礼作为一种圣礼的全盛时期正好同国家依然牢不可破地控制着教会的时期重合;另一方面,也正好是王权与主教形成紧密联盟的时期。主教通过"膏礼"而授予给"中介者"的半宗教、半世俗的特征呼应了 10 世纪和 11 世纪的宪法境遇。但是,这个祭司国王的时期难以持续。教会只需要意识到自身及其权力,只需要用伪伊斯多尔的僧侣统治的(hierocratical)观念取代加洛林王朝的"国家教会"观念,用中世纪后期的"教皇 vs. 皇帝"的观念取代中世纪早期的"国王与祭司"观念,他们就会在加冕圣礼中发现一个杂种概念;它是完全不符合教会经典的,是野蛮的,只能遭受谴责。

　　经过 9 世纪无数的预兆之后,格里高利七世教廷的建立标志了巨大的转折。对他来说,在俗人与教士之间并不存在任何间接的中介阶层;君主和所有俗人一样处于祭司之下,并必须服从于祭司的权威,且没有任何俗人能够统治上帝的教会。

　　因此,教会日渐强烈地反对授职礼的圣礼特征,并禁止任何55 人提及授职礼的圣礼特征。[①] 在 12 世纪和 13 世纪,教会的圣礼理论最终确立,君主授职礼被永远地排除在七大圣礼之外。教皇约翰二十二世尤其强调授职礼不配成为圣礼,他认为授职礼不具有任何圣礼的功效,能够被无数次地重复。[②]

　　然而,我们能够理解曾经为英格兰的国王们加冕的高级教

[①] "Sed garruli fortasse tumido fastu contendunt regem non esse de numero laico-rum, cum unctus sit oleo sacerdotum. Hos manifesta ratio insensatos deridet ... Aut enim rex est laicus aut clericus."(Hon. August., *Summa Gloria*, 9; *MGH.*, *Lib. de Lite*, III, 69.)

[②] 1318 年致爱德华二世的一封信,参见 Legg, *English Coronation Record*, 72。

士——坎特伯雷大主教——在这点上保留了不同的意见。① 为西方的君主们举行加冕仪式的宗教领袖们的崇高地位毕竟在很大程度上取决于他们为国王授职的权利。如果君主"圣礼"能够产生使国王拥有王室特权的效果,那么主教们也会由于他们参与加冕仪式而受益匪浅。结果,并非普遍的教会,而仅仅是中央集权化的罗马教会在教皇的领导下废除了王室授职礼具有的宗教意义。甚至在罗马同样也产生了对教会改革加冕仪式的外在的反动。早在 11 世纪早期,人们至少就采取了一项措施,区别皇帝的授职礼和主教们的授职礼。② 更加决定性的改革在授职权之争后发生。教皇只允许皇帝的加冕礼具有一些附带性的、危害相对较小的教会特征,如使用弥撒法衣之类的。如上文提到过的,任命皇帝成为圣彼得教团荣誉成员的做法实际上一直保留到中世纪晚期皇帝的加冕礼上,但是在 12 世纪,"在此教皇使国王成为教士的一员"这样的宣告从加冕仪式上消失了。在其他一些方面,

56

---

① 在 13 世纪,格罗塞斯特主教(Bishop of Grosseteste)依然希望坚守涂油礼内在的圣礼效果;另一方面,他公开地强调,涂油礼并没有授予任何精神上的特性。在关于涂油礼的法律效果方面,他十分谨慎地表达了自己的观点。参见他致英格兰的亨利二世的信:"Quod autem in fine littere vestre nobis mandastis, videlicet quod intimaremus, quid unccionis sacramentum videatur adicere regie dignitati, cum multi sint reges, qui nullatenus unccionis munere decorentur, non est nostre modicitatis complere. Hoc tamen non ignoramus, quod regalis inunccio signum est prerogative susceptionis septiformis doni sacratissimi pneumatis, quo septiformi (munere) tenetur rex inunctus preminentius non unctis regibus omnes regias ... acciones dirigere ... Hec tamen unccionis prerogativa nullo modo regiam dignitatem prefert aut etiam equiparat sacerdotali aut potestatem tribuit alicuius sacerdotalis officii. " (Legg, *op. cit.*, 66)

② 统治者先前是在头上被涂油,而现在他是在手臂上以及双肩之间被涂油;并且使用的也不再是圣油,而是一般的油。第一个对这些变化进行解释的教皇是英诺森三世:"Refert autem inter pontificis et principis unctionem, quia caput pontificis chrismate consecrator, brachium vero principis oleo delinitur, ut ostendatur, quanta sit differentia inter auctoritatem pontificis et principis potestatem. " (c. un § 5 X 1, 15)

教会与世俗之间的界限也被明确地划分出来。在授职权之争之后，德意志的皇帝们要求恢复曾经的古老习俗的努力归于徒劳，因为这些习俗已经同时代不相适应了。君主的祭司特征曾经很好地适应了中世纪早期王室与主教之间的联盟；但是在格里高利七世或英诺森三世中央集权化的教会中，这种准宗教性质的权力在面对着祭司权威和世俗权威之间严格的区分时就不得不消失了。教皇在成为"普世大主教"（Universal Ordinary）之后，比各地方主教更加严格地解释"双剑"和"两道光"的比喻。他不再容忍加冕礼上的"邪恶"习俗带来的侵害。授职礼能够使国王在教会等级体系中获得一个位置，但不是作为"首领"而只是作为"臂膀"。"臂膀"必须服从教会的首领，并且在首领的指挥下挥动宝剑。英诺森三世 1204 年宣布权威性的法令之后，涂油礼所体现的就是这些观念，并且也只有这些观念。

　　这里我们也许会怀疑，通过撤销授职仪式所具有的圣礼特征，教会是否对自身造成了伤害。在中世纪后期，君主授职礼的重要性依然是降低了，由于其宗教意义被剥夺了，因而其宪法上的重要性也一同受损害，并且在西欧相较于世袭继承权，在德意志相较于选举权，授职礼都已经丧失了存在根基。授职礼只在一种情况下仍然是宪法上不可或缺的，即教皇作为实施授职礼的高级教士亲自参与的授职礼，也就是为皇帝加冕的仪式。但是，教廷丝毫不想强化在欧洲各个国家中实施加冕礼的主教们的地位。相反，在中世纪晚期，教皇增加了自己对德意志国王们加冕仪式的影响力。但是，他的干预并没有影响到授职仪式，而只是影响到了选举的程序，而且采用了对选举程序本身以及所选出的候选人的品质进行审查的方式。因此,将君主视为官职的神学的君主制观念在这里明确地同授职礼分道扬镳了。教皇批准选举的主张将重心转移至统治者登基程序中更加靠前并且更加重要的一个阶段。毫无疑问,授职礼在理论上确实表达了教会对君主合适性的认可,并因此使其有资格进行统治;并且,《旧约》中撒母耳膏以色列众王使其获得统治资格的例子决不允许授职礼具有宪法约束力的观念完全消失。但是,一旦授职礼在宪法上完全屈从于人民对君主的选举与欢呼时,在教会权利要求者们看来,它就不再是一项有价值的武器了。掌握着加冕权力的德意志高级教士们都效仿教皇的榜样,将他们的影响力倾注到整个程序中更早的阶段;他们渐渐地成为不再主持加冕的教士,而逐渐转变为选帝侯。由此,教皇拥有了认可以及推翻国王的权利——在 13 世纪之后的德意志,选帝侯团体也拥有这项权利;并且授职礼在新王产生的程序中几乎不再发挥作用。

　　然而,虽然君主授职礼在法律史中的作用在不断衰弱,但并未终结。在中世纪晚期以及之后,正当与合适的涂油礼对于权利存在争议的君主仍然具有宪法上的价值。然而,为了实现上述目的,传统上曾经举行过的仪式,在传统的地点举行的选举,拥有王室的珠宝以及诸如此类的行为,其重要性都不比授职礼更低。与此同时,我们必须记住,在中世纪早期,人们固执地坚持着关于授职礼具有圣礼特性的观念。

　　莎士比亚用了神圣权利支持者们坚持的理论来描述理查二世,在这点上他的描述具有历史准确性:

　　　　汹涌的怒海中所有的水，

　　　　都洗不掉涂在一个受命于天的君王顶上的圣油。

(《理查二世》第二幕,第三场)

　　受教会涂油礼和加冕过的统治者具有的不可磨灭的特征对于王朝正统主义者来说仍然是他们王位不可动摇的可靠保障:

　　　　除了用偷窃和篡夺的手段以外,

　　　　没有一只凡人的血肉之手

　　　　可以攫夺我的神圣的御杖。[1]

(《理查二世》第三幕,第三场)

　　对于西欧正在形成的世袭君主制来说,授职礼授予的超验性合法权利价值连城,君主们无视教会的反对依然坚持涂油礼的圣礼特征。正是因为涂油礼的圣礼特征标志着教会臣服于国家,因此教会对此加以反对。随着教会中央集权的崩溃以及高卢主义的崛起,祭司国王的概念再次复活;因为人们再次需要一个象征着国王控制教会的标志。

　　教皇党认为,教会不能由俗人统治;然而受膏之后的国王正是一位"教会中人",并且作为"教会之外的主教"("episcopus ex-
tra ecclesiam", "eveque du dehors", "chef et premiere personne ec-

---

　　① 以上两段莎士比亚的诗文参考梁实秋译文。——译注

clesiastique")①,他在 15 世纪再次召集了全国性的教会大会。"约克的无名氏"的思想在其所处的时代几乎就是异端,而在近现代的黎明时期却获得了胜利。 59

　　而在德意志,选举的原则、作为官职的国王的概念以及教廷的影响都不可避免地阻碍了这种神秘的圣礼主义(sacramentalism)的发展。在法国,君主制变成了世袭的,最虔诚的基督教国王具有的准主教特征鲜活地体现加冕仪式上。所有这些,事实上都是有违教会法的,并且单纯地从君主制中根深蒂固的一项观念中吸取力量。但是,最原始的迷信又再一次兴盛起来,并且与国王从涂油礼上被涂抹的圣油中获得的超凡品质一同环绕在这位新的祭司国王的四周:他的双手触摸就能治愈瘰疬(scrofulous)。甚至在伏尔泰的时代,就在雅各宾派将理性女神推上神坛之前几年,旧制度的末世君主还庄严地巡视了众多的瘰疬病人组成的队列:"凡被国王触摸过的,上帝就会使其痊愈。"②

　　同样,英格兰的国王由于其神圣权利带来的超凡能力,也进行了广泛的医疗活动。受膏过的国王,作为奇迹的创造者,地位高于主教,并且由于其神圣的能力而与圣人们并列。国王神奇的医疗能力是绝对主义神圣王权伪神秘主义真正的标志。这种神

---

　　①　在 15 世纪的法国走上前台的这些观念,在拿破仑一世退位时所开的一个玩笑当中得到了史无前例的充分表述。古尔戈将军(General Gourgaud)曾经写道:"陛下拿我的信仰开玩笑:请你忏悔吧,好吧,我是受膏者,你是可以向我忏悔的。"(Sa Majesté me plaisante sur ma croyance, vous vous confessez! Eh bien, moi, je suis oint, vous pouvez vous confesser à moi.)(Sainte-Hélène, journal inédit de 1815 à 1818, II,143)

　　②　关于这个主题,参见 Marc Bloch, Les Rois Thaumaturges (Strassbourg, 1924)。

秘主义尽管具有宗教上的亲缘性,但被教会否认了。神圣权利的追随者们试图将君主变成神或至少是半神。因此,虽然统治者的授职礼在基督教刚刚被引入西方时是公开或默示地反对日耳曼血亲权的,但是最终它却被作为统治王朝最重要的特权之一,并且作为神圣权利的象征被包含在加冕仪式之内,它甚至取得了比国王的世袭继承权还要高的地位。在这方面,王权的利益大获全胜;教会对新王登基程序的影响因此被完全中立化了。教会的这种影响隐含在将君主视为官职的君主制概念之中。

　　这就是神圣权利中的圣礼因素的历史。在异教时代,国王的血亲权和他从诸神那儿获得的支持并没有区别;因为统治权所依据的特殊品质就体现于国王血管里流动的鲜血。在基督教的影响下,国王的神圣色彩同他从先祖那儿继承的权利分离开了,而教会对君主权利进行确认的引入使日耳曼王朝正统主义观念的价值发生了变动。但是,一方面,世俗的习俗成功地抵制了教会试图使统治的合法性完全或部分地依赖于涂油礼授予的趋势;另一方面,一旦教会的权力与理论得到充分的发展,教会就将君主授职礼排除在圣礼之外。在这两方面的影响下,就发生了一个巨大的变革。西欧世袭君主制成功地将教会的授职礼整合进王位继承仪式中;由此经由受膏而获得的神圣权利就只能提升通过出生而获得的神圣权利,并强化它,使其带上了宗教特征。在这方面,国王神圣的授职礼与世袭的权利又一次地在民众的眼中联合在一起,正如在异教时代它们曾经紧密地联合着一样。普世教会持续不断地敌视君主授职礼的圣礼解释。但是,如果教会拒绝赋予授职礼更多的含义,而仅仅将其视为对国王的祝福,那么国家也知道该如何利用授职礼来证明并强化教会对国家的服从。法兰克和英格兰的人民从未忘记环绕在他们世代相传的、受膏并得到加冕的君主头上的光环。确实,他们对国王的尊敬在一个世纪一个世纪地增长。在王位继承权发生争议的时候,授职礼以某种方式联合着合法的血亲权,总是证明自身有权作为一项宪法因素,决定统治者的统治权。回想一下圣女贞德顽强的信念就足够了:在查理七世继位之后很久,直到查理七世被在适当的地方的圣油瓶中取出的圣油膏过之前,圣女贞德一直都仅仅将查理七世称为王太子(Dauphin)。查理在兰斯(Rheims)的授职礼向这位奥尔良少女和法国人民表明,他的统治是合法的,因为授职礼表达了上帝的判断。

　　在中世纪早期的历史进程中,原始的日耳曼王权观念通过许多方式得到了提升与丰富,其中最重要但并非唯一的方式就是通过"蒙上帝恩典的国王"(king by divine grace)的形式而美化国王,这是教会观念影响的结果。使日耳曼王权观念变得丰富的另一源泉则是古典时期流传下来的君主制传统;这些传统同样深化了基督教王权的发展。

第四节　前基督教时期君主崇拜的影响

　　就目前的研究状况而言,这一节内容是很难适当地完成的,下文所做的评论暗示了本节的内容只是对问题的某些方面进行的考察,而没有就这个问题进行全面的研究。不过,至少我们可以有把握地得出一些一般性的结论。古代世界异教君主制留下来的遗产直到 12 世纪还有待于同基督教、德意志的观念相融合与中和。然而后来,在霍亨斯陶芬王朝时期开始了一项人文主义的过程,将这些古代因素从统一的基督教思想中分离,而人们又再一次地感受到需要美化君主制,尽管这是同教会的观点完全相违背的。

近东以及东地中海地区的古代文明孕育了神圣化君主制或将君主制神化的传统,并广泛地流传开。当古希腊人以及之后的古罗马人征服了这些地方后,他们都逐渐地从这些被征服的民族中学会了将君主崇拜为"神之子""救世主"等等的做法。在西方,尽管哲学启蒙和对巅峰时期的城邦的记忆都能强力地抵制此类将君主神化的做法,但古典时代后期文化中普遍存在的东方化所导致的一个后果就是,新的"宗教"渗透进那些理性思想主导的领域;而西方的皇帝崇拜迅速变得像在东方那样毫不受限制了。一旦基督教同皇帝崇拜发生冲突,基督教就产生了无数的殉道者同皇帝崇拜做斗争。但是,尽管殉道圣徒的传奇故事时刻警醒着基督教,将崇拜行为视为令人厌恶的、异教的信仰(所有的人都被迫服从这种信仰),但是,基督教会并不能完全消灭皇帝崇拜。同古代妥协的那个基督教即 ελληνίζων χριστιανισμός (根据教会史学家苏格拉底的看法,这个基督教在君士坦丁之后埋没了真正的基督教),使君主崇拜行为奇怪地复活了。行省中推行皇帝崇拜的祭司们在皇帝接受基督教之后并没有被马上镇压。神(Divi)的庙宇以及牺牲献祭的做法都消失了,但是"神圣的"(Divus)这一头衔被保留下来,用来称呼死去的皇帝。荣耀皇帝陛下的竞技活动以及古代皇帝崇拜中的其他一些因素都存留了下来。罗马帝国皇帝的法律地位已经彻底地渗透着异教祭司的观念和形式，罗马帝国的法律术语只能遗留给 4 世纪基督教化的帝国以及中世纪的拜占庭帝国一大堆完全异教或半异教的观念。东罗马帝国的皇帝们虽然通过洗礼而成为名义上的基督徒，不再是"神圣的"（divine），但几乎变成了"神"（sacred）。此外，甚至教会的教父们也禁不住使用起"皇帝崇拜"这样的表达。而"神一般的"查士丁尼的法律全书《民法大全》（*Corpus Iuris Civilis*）则更不会限制人们在其中推崇君主的"神圣性"。因此，众所周知，拜占庭帝国最热衷于保持东方的皇帝崇拜。体现在言辞、形式、物品和仪式上的皇帝崇拜将宫廷包裹在僧侣的（priestly）神秘气氛中；"包裹在紫色丝绸中半神一样"的皇帝就藏在这神秘的气氛背后，避开了世人亵渎的眼睛；而且他所接触的一切东西几乎都被视为圣物。在帝国中提供服务的蛮族狂热地学会了这些活动，尽管一些哥特人和其他一些人在血脉的高贵性上能和出身禁卫军的罗马皇帝媲美。在一场拜占庭使者和匈人使者参加的宴会上，当匈人吹嘘他们的国王就像先前的王（*Basileus*）一样时，维吉尼亚（Wigilia）反驳他们说："将人和神相比是不合适的；阿提拉只是一个人，而狄奥多西则是一个神。"这些话使匈人非常生气，因此拜占庭使者不得不用礼物安抚他们，但并没有改变他们自己的观点。

　　在西方，拜占庭神圣而冗繁的帝国生活有时候会遭到拒绝或嘲讽地批判，但是在总体上它君临天下的傲慢姿态对中世纪早期的西方君主产生了深刻的印象。拜占庭君主拒绝给予西方的君主平等的地位，甚至拒绝他们穿着皇帝的紫袍。拜占庭古老而辉煌的宫廷文明牢牢地扎根在传统中，而在当时日耳曼人的国家中并没有与之对应的事物。对于他们来说,拜占庭必定成为典范,尤其是当拜占庭对整个古老的罗马世界(*Orbis Romanus*)仍然保留着统治地位时,即便仅仅只是名义上的(这种观点在 8 世纪之前从来不会引起争议)。而一旦西方的统治者也意识到了他们独立的地位和荣耀,并且在 800 年,其中最强大的那位最终采用了迄今为止一直为拜占庭人占有的皇帝的称号,那么,夸耀的皇帝崇拜定然不可避免地从东方被带到了拉丁世界。罗马的主教教廷同样也大量地模仿了拜占庭帝国宫廷中的仪式。这样,古代东方的统治者崇拜就用经过改造的、基督教化的形式通过拜占庭而第二次征服了世界。它得到人们的容忍是因为它同基督教文化相互协调,并且事实上也确实如此;因为这个宫廷仪式并未将君主个人推崇到高于人类的等级,将其置于神中间;西方的教会从未学会阿谀君主,并且自由人靠近他们的统治者(*dominus*)就像奴隶靠近他们的主人(δεοπότης)——这种情况违背了日耳曼人的传统。

　　因此,这并不意味着部分地源自拜占庭及其法律全书,部分地源自西方未中断的罗马传统的对君主的一系列称号如"神圣的"(*sacer*)、"崇高的"(*sacratus*)、"神一般的"(*divus*)、"庄严的"(*sanctus*)、"威严的"(*sanctissimus*)等等,首先重现在墨洛温时期用野蛮的拉丁文写作的特许状中,随后又出现在加洛林宫廷文雅而形式化的神学语言中。古罗马与拜占庭的称号,例如上述提及的,都同教会中的一些术语结合在一起——例如"蒙上帝恩典"或"由上帝加冕"(*a Deo coronatus*)等等——形成了新的组合形式。在这个新的形式中,多种的《圣经》和异教的起源就都不那么明显,因为拜占庭已经预示了这种将神圣恩典同皇帝崇拜相混合的做法。环绕着查理大帝身边形成了一种引人注目的庄严的气氛,其中混杂着法律的、道德的、宗教的因素;查理大帝宫廷中的神学家们、人文主义者们通过他们的帝国观念为西方帝国的复兴铺平了道路,而这种复兴又反过来强化了人们崇拜皇帝的冲动。然而,在加洛林王朝时期的诗人、学者和教士们赞颂他们的君主的颂歌中也存在一种纯真的热爱之情;这种真挚的情感部分地发自自由人对他们的领导者的热爱,部分地发自西方高级教士自给自足的独立精神。

此外,要让日耳曼的国王们脱去他们朴素的服装而换上浮夸、艳丽的帝王打扮着实不是一件容易的事情。在 10 世纪和 11 世纪,正如在 8 世纪和 9 世纪一样,西欧最重要的君主都反对君主崇拜的观念。当拜占庭的仪式和君主崇拜渗透进了西方,尤其在随着西部帝国的复兴之后,它几乎必然导致的结果就是削弱国王权力旧有的基础——例如在奥托三世的例子中。至 12 世纪中 ⁶⁵ 后期,德意志的皇帝们(略去奥托三世)都不再试图重复他们古老的"先祖"们所使用的陌生的语言。未及霍亨斯陶芬家族继位,人们就努力地模仿帝国的风尚以及古罗马的做法。腓特烈一世效仿古代导致的最显著(因为它最为持久)后果就是,在他的统治之下,帝国变成了"神圣"(holy)的帝国,或更准确地说是神的(sacred)帝国——这一称号一直延续到 1806 年。如果我们要准确地区分"神圣教会"(*sancta ecclesia*)和"神的帝国"(*sacrum imperium*),那么这些近似的词语就应当准确地被翻译出来。

但是,同时用来表述"君主崇拜"的词"*adoratio*"会令中世纪的人们感到不快,他们就为此更改了希腊文文本。尤其是从格里高利七世开始,教会开始强调,君主只是俗人,在生活中所有重要的精神或宗教方面,其地位甚至比最微不足道的教士或执事更低。拜占庭的"恺撒-教皇主义"这种表达是同西方的教会统治(hierocracy)不相容的;它将国家的起源归因于邪恶的欲望和恶魔的诡计,归因于 $\alpha\nu\theta\rho\omega\pi\iota\nu\eta\ \chi\tau\iota\sigma\iota\varsigma$ 。它同西方的宪制观念也是格格不入的,后者将"世俗的剑"同"精神的剑"区分开来;此外,它们同中世纪国家的法律的根本理念——效忠(fealty)——也是不相吻合的。效忠的理念通过个人的联系将双方联合在一起,而不是将臣民无条件地置于自己的统治之下。统治者或许可以通过教会的授职礼而获得超自然的裁可,但是这种裁可更多地适用于君主的官职而非君主个人;授职礼为君主施加了神学义务;并且为君主涂油的教会坚持认为(有几次甚至是十分直率地),必须区分官职的神圣性和不称职的官员的非神圣性。在这些观念强有力的影响下,西方的君主崇拜例如在诸恺撒统治的时代,依然落后于东方。

66　　　　然而,罗马皇帝们具有古老而庄严的风格,"神般的"(sacer)几乎和"帝国的"具有同样的含义,或至少"帝国的"就意味着"神般的"。这为巴巴罗萨提供了重要的武器,可以用来保卫他至高无上的权力不受任何攻击。正当罗马教廷准备通过模糊的暗示认为帝国只是教皇赐予的封赏(beneficium),而在1157年于贝桑松帝国议会掀起一场风暴时,并且当罗马城正努力地试图复兴将帝国理解为共和官职之观念时,罗马法在博洛尼亚的复兴给了巴巴罗萨天赐的良机,可以简单地通过复兴古罗马帝国皇帝的称号就能有效地反驳他们的蔑视——因为在日耳曼国家以及教皇神权统治出现之前这些称号就已经存在了；它们对于巴巴罗萨以及博洛尼亚的法学家们而言就像罗马法本身一样是不会因时效而消失的。根据一项合理的猜测，1156 年 5 月被任命为霍亨斯陶芬王朝文秘署首领的达塞尔的莱纳德（Rainald of Dassel）引入了神圣（sacrum 或 sanctissimum）帝国的称号，他的目的是为了强调帝国相对于教皇的独立性。皇帝又一次地获得了神灵的力量（Numen），使得他具有发布神谕的能力。帝国的宫殿、宫廷、国库、皇帝发布的法律以及以皇帝的名义签发的令状都是神圣的。共和国变成了女神（diva），而"神圣的皇帝陛下"（Sacra Maiestas Imperii）的称号不仅意味着死去的皇帝被敬奉为神（divi）或被当作神来回忆（divinae memoriae），同时还意味着在世的君主再次拥有"永恒的回忆"（perennitas nostra）。当教会授职礼使君主这一官职变得神圣的时候，君主个人——半神的统治者（Domnus Heros），如一位编年史家称呼的那样——也正沐浴在由复兴古代的习俗而产生的超自然的荣光中。

　　巴巴罗萨自己显然十分清楚，这种崇拜是与基督教的教义矛盾的。他甚至允许同时代人在官方文件中称其为"神圣的善者"（sanctissimum benignitas）；但是他自己谨慎地不轻易将圣徒（sanctus）这一称号用在自己身上。确实，据说他曾经指责拜占庭皇帝忽视了世俗权威的庄严性（sacredness）同宗教权力的神圣性（holiness）之间的差别。然而，皇帝的追随者们经常越过庄严（sacrum）和神圣（sanctum）之间的差别；对他们来说，巴巴罗萨就是神圣的统治者（sanctissimus dominus）。君主自己的情感有意识地在君主 ⁶⁷

的傲慢与基督教的谦卑低微之间摇摆。因此,在他反对教皇的策略失败之后,他亲口承认:"罗马皇帝的尊荣并未剥夺我们作为人类的本性,作为皇帝陛下,我也无法不犯错。"但是,在另外一个时候,他在官方的文件中将自己称为是"受圣灵指引的"。霍亨斯陶芬王朝的诗人维泰博的戈弗雷(Godfrey of Viterbo)在献给亨利六世的诗中吟咏道:"你是从神的种族而来的一位神。"而埃波利的彼得(Peter of Eboli)则称之为"伟大的朱庇特,神之子"。在所有的这些情形中,几乎没有任何新的事物,只是对在墨洛温王朝时期和加洛林王朝时期就已经开始了的复兴古代传统的模仿而已;只是它第一次被当作是对基督教的社会概念的公开决裂。可以理解的是,帝国文秘署的官员们、编年史家们以及赞美诗作者们用并不总是十分熟练或准确的表达加以复兴的古老帝国的术语,对于那些有着虔诚宗教思想的同时代人来说,就纯粹是新的异教主义。索尔兹伯里的约翰就已经清楚地意识到,新的"神"(*divi*)的源头是古代的君主崇拜,并且他看到了这股罪恶的异端思想甚至也体现在著名的、虔诚的君主身上。他所说的这种情况在人们对腓特烈二世的崇拜中又更加深了一步,人们将腓特烈二世的出生地与伯利恒联系在一起,他的大法官被比作是使徒,而日月在他的面前都会变得黯淡无光!

　　中世纪的人们不断地采纳古代君主崇拜的做法似乎越来越被人们有意地同绝对主义的发展趋势联系起来。绝对主义是文艺复兴初期时的一个术语。几乎在整个西方,正当13世纪见证了似乎有着伟大前途的等级代表制观念的发展的同时,君主制的发展以及体现在君主制中的国家生活的统一与集中从罗马法及其观念中获得了巨大的帮助。在当时等级会议的斗争中,德意志君主完成了向以神圣权利为基础的绝对主义君主的转变,转变成了一位不仅在尘世间人们无法接近,而且死后也是神明(*diva*)的至高存在。

在国王权利的这个发展过程中,西方的其他地区并未长久地允许皇帝一开始在 12 世纪所赢得的一切。德意志边境之外的那些王国以如下格言的形式从罗马法中吸取了罗马人的"元首"(*princeps*)这一象征:"国王就是其王国之内的皇帝。"在腓特烈二世去世之后一个世纪,查理四世的《金玺诏书》(Golden Bull)授予每一位选帝侯至高的权威,"因为他们也是我们这个整体的一部分"。

因此,当教会正在贬损、反对教会授职礼的圣礼特征(它曾经是中世纪早期的特征)时,西方的君主制赋予了自己一项新的、非教会的神圣性;皇帝们复兴了他们的古代"先驱们"的传统名号,而其他的君主们也继承并分享了他们的遗产。君主个人越来越不同于普通民众。但是,中世纪对于社会的理解,只要它还存在,就会强有力地反对这种发展。中世纪并非适合任何太阳王(*Roi Soleil*)生长的乐土;它并未给予狂热的恺撒主义生长的空间。在中世纪时期,不仅大部分君主制实际存在的弱点在制约着绝对主义政府的发展,同时当时普遍的法律观念也反对任何允许君主无视每个人都必须承担的责任与法律义务。因此,我们现在必须更加仔细地考察我们主题的这个方面。

第二章　法律对君主的限制

在 17 世纪得以最终完善的神圣恩典理论(Divine Grace)中,不负责任(irresponsibility)似乎是君主最基本的权利。它确实是君主的基本权利,并且绝对主义被视为是神圣权利不可或缺的一个组成部分。

我们上文对于这个问题的研究已经表明,神圣恩典理论就其涉及王位继承权这个方面而言,在中世纪早期是不为人知的。不可动摇的世袭性王位继承权并不存在;人民的意志在统治的基础中是一项重要的因素。并且因此,在这个时期,神圣权利的概念不可能像后来发生的情况那样依照王朝正统主义的原则仅仅依靠出生的权利就得以建立。在这个时期,将统治追溯至上帝的做法并没有排除它同时起源于人类行动的可能性。

但是在广义上,无论其神学的地位被提高得多高,中世纪早期的君主总是同时受到世俗力量的束缚,这也是事实。无论在确立权力还是行使权力的过程中,除了上帝之外,君主还必须依赖于其他一些事物。并不存在合法的绝对君主,甚至绝对主义理论的萌芽几乎都还未产生。

因此,接下来我们就要描述,根据中世纪早期的法律观念,统治者在自由地行使其君主的意志时,在多大程度上受到限制,在多大程度上他必须尊重不受其控制的法律限制。在这之后,我们

会证明,臣民个人、整个共同体或者某些由其建立的权威对君主
无视法律限制的行为会作何反应,以及他们抵抗、反对君主的肆 70
意妄为时能采取哪些措施。之后,我们才能对绝对主义理论的首
次出现进行考察。绝对主义理论是因人民行使抵抗权而导致的
一系列恶果而产生的,它反对抵抗权的合法性,认为统治者不受
法律限制在现实中的危害反而更轻。但是,中世纪早期的尾声阶
段同样也见证了宪制观念的萌芽;这种宪制观念试图在革命与反
革命中间保持平衡,试图实现中世纪早期关于君主的理念,即虽
然君主受到法律的限制,但在权利上他是独立的,并且他不仅依
赖于神圣恩典而进行统治,同时还需要获得共同体的同意。

第一节　君主与法律

日耳曼的观念和教会的观念在一项原则上是能够达到完全
一致的,即国家的存在是为了将法律付诸实施;国家的权力只是
手段,法律本身才是目的;君主必须依赖高于他并且作为其存在
基础的法律。直到马基雅维利的时代,这项原则才遭到反对。塔
西伦的话典型地表达了日耳曼国家初期的形态:没有任何一位君主
拥有无限或不受限制的权力(*Nec regibus infinita aut libera potestas*)。
教会文学为这种观念的进一步发展提供了丰富的养分——尽管当
日耳曼观念和基督教在论述法律是唯一的主权者①,并且能够约束

---

①　Cf. Cicero, *De Legibus*, 3, I, 2: "ut enim magistratibus leges, ita populo prae-sunt magistratus, vereque dici potest, magistratum legem esse loquentem, legem autem magistratum."

国家中所有的权力时,他们所谈论的法律具有不同的含义。

在日耳曼国家中,法律指的是习惯法,"某人父辈的法律";指的是在先存在的、客观的法律状况,它是由无数的主观权利组成的复杂复合体。所有具有充分依据的私人权利都受到保护,不被肆意改变;在这点上,它同君主自身拥有的权威一样具有客观的法律结构。根据日耳曼的政治观念,国家的目的是为了确定、维持和保存既存的秩序,即古老而良善的法律(good old law)。在本质上,日耳曼的共同体是为了维护法律与秩序的组织。①

71

但是根据基督教的观念,国家具有更加积极、活跃和雄心勃勃的目的。国家不是为了尊重和实施既存、传统的法律,而应当是为了尊重与实施上帝的或自然的法律、理性的法律,并且在一定程度上也是教会的法律,尤其是在《圣经》和神学的前提下。这些法律永远无法得到完全实现,却应当是人们所追求的。中世纪的基督教国家不仅仅是一个司法机构,同时还表达了积极的社会进步与文明的观念。因此,它要求君主遵循另外一些法律,不仅仅是为了保存现存的秩序,还要创造一个有待实现的秩序。②

因此,教会期待国家实现的神法同"民众"的习惯法在目的上

---

① 从巴巴罗萨所发布的一项令状(1152 年)中可以看到这种典型的态度:"Patrem patriae decet veneranda priscorum instituta regum vigilanter observare et sacris eorum disciplinis tenaci studio inherere, ut noverit regnum sibi a Deo collatum legibus ac moribus non minus adornare quam armis et bello defensare."(MGH. , Const. , 1, 191, 12 sq. , no. 137.)

② 作为君主有义务使世俗法律同教会法律相适应的例子,参见 Isidore, Sentt. 3, 51, 4:"Principes saeculi nonnumquam intra ecclesiam potestatis adeptae culmina tenent, ut per eamdem potestatem disciplinam ecclesiasticam muniant. Caeterum intra ecclesiam potestates necessarie non essent, nisi ut, quod non praevalet sacerdos efficere per doctrinae sermonem, potestas hoc imperet per disciplinae terrorem."(Migne, PL. , 83, 723B.)

并不必然一致。相反,恰恰因为教会的神法是一种新的法律,具有革命、革新以及文明的特征,人们发现神法经常同习惯法相矛盾。因此,教会经常劝诱日耳曼国家的基督教国王或者扩大早期的日耳曼国家概念,使其不再仅仅作为维护法律的制度;或者用教会的国家义务理念来取代日耳曼的国家概念,以提升臣民的福利。这是教会法学取得的永不可磨灭的伟大成就之一,它使国家的执行权不再受习惯法的约束。根据教会的思想,只要基督教的官员是为了实施教会提倡与阐释的神法,他们就可以不受实证法的约束。从罗马皈依基督教一直到18世纪,政府为反对习惯法 ⁷² 而同神法或理性法结成的联盟是法学发展中一股十分强大的力量。这一联盟导致的后果就是将君主从习惯法的束缚中解放出来。因此,作为改革实证法的标准的自然法以及不受民众控制的绝对主义二者是携手共同合作的。即便到了中世纪晚期,教会法和民法学家们还在用这样的格言来表述这一事实:"君主处于自然法之下,却在实证法之上。"

然而,国王在实证法上的义务以及他在理性法上的义务之间的差异在政治生活中并不像这两种法律在理论上的差别那么强烈。首先,习惯法和自然法常常被视为是一致的。因此,一方面,习惯法也被视为理性和公正的法律,而另一方面,理性法被认为是共同体在无法追忆的遥远古代(time immemorial)形成的法律传统的重要组成部分。其次,国王对于正义(*iustitia*)和公正(*aequitas*)的义务由习惯法与自然法二者组成,因此就使这两大体系合二为一了。这两大体系中每一项体系都通过不同的方式盛行于基督教的日耳曼国家中。再次,理性法也只能通过实证法得以表达,而根据教会的观点,君主首先必须服从实证法,因为实证法体现了神法。然而最重要的是,作为中世纪早期教会与国家之间紧密联系的后果之一,宗教与世俗权力以同样的方式公布并维护法律,而且世俗法和教会法的目标非常相似,教会在习惯法中也有巨大的利益,因此通常也会尊重习惯法。与此同时,日耳曼的法律观念和神圣授予的国家的法律之间达成了一定程度的一致。

73 因为教会政府和世俗政府之间共同的基础意味着教会的权力和政治权力一样都受到现实存在的法律的约束。信徒的共同体和人民的共同体都在国家的议会(assemblies)中一同得到了代表。在议会中,宗教权威与世俗权威在制定法律上共同合作。

"法律"是共同体鲜活的信念。尽管离开了国王,法律也会没有效力,但它依然远高于国王;如果国王无视共同体的信念,他的统治就会堕落成无法无天的"暴政"(tyranny)。即便"共同的信念"也许会不可避免地伤害少数人的利益,甚至也许仅仅代表了少数强大的阶层的观点和利益,甚至还有可能掩盖实质上的不正义,然而,"任何个人的意志(即使是国王个人的意志)都不应当违背法律"这项原则还是牢固地确立了起来。事实上,法兰克的国王们在他们的敕令集(Capitularies)中创设了许多新的法律。但是这些新的法律严格说来仍然是习惯法,它们是共同体"发现",并由君主同意的。

尽管中世纪日耳曼的法律观念偏好古老的法律,但是它并未最终确立任何明确不可动摇的规则;它只是要求不得在没有取得权利受到影响的人们同意的情况下,单方面地改变现状。君主不得肆意地干涉确立已久的主观权利;根据当时的观点,整个客观的法律秩序(objective legal order)体系都是建立在主观权利之上的。此外,除非在紧急以及确实必要的情况下,否则君主必须维护人民中的每一个人其原初适当的法律地位,不得随意加以改变。但是在另外一方面,如果国王要干涉共同体的利益,他就必须依据忠诚的同意而制定法令(ordinance)。在任何一部重要的法律中,君主无不会声称他的法律经过了人民的建议与同意,即他的法律同共同体的法律信念相一致。即使在无数的相对不重要的法令中,这项原则也得到了正式的表述。正是通过民众的同意,每一项新的立法与法律才能够同习惯法保守的原则保持一致。同意的理念暗示了一项确切的观念,即制定法(无论其实质是古老的还是新颖的)是生长于共同体的法律意识之中,并且被共同体的法律意识所接受的,因而它才成为人民的法律的组成部分。因为严格说来,只存在一种法律,即共同体通过习惯或明确的宣布而承认并经由君主认可的法律。

在中世纪早期,关于如何获得"忠诚的同意"的方法当然仅仅存在一些宽松的规则。一般说来,在那些更大的共同体中发展出了以最优秀者与最伟大者(*meliores et maiores*)作为民众代表的代表机构,但是无论在何种情况下都没有任何一个特定的个人有权成为代表机构的成员。因此,任何单独的个人或确定的法人,甚或特定的大多数人的同意都并非制定一部法律、作出一项法律判决或作出一项政治决定的先决条件。统治者并未受到任何议会(assembly)的正式同意的约束。他能够通过其他一些方式保证他的法律制定程序都同人民的法律一致,即便根本并未获得任何大臣的建议——只要人们不会对国王的行动的合法性产生怀疑。

在中世纪关于确保获得同意与一致意见的不确定、不稳定的规则
和习惯中,只有一项决定性的原则被确立了下来,即只要君主的
命令同人民的自由意志相一致,君主的命令就能创立真正的法
律。君主自身如何来满足这一条件,这无论如何都只是君主自己
的事情;但是没有任何事情能够免除君主以某种方式获得人民同
意的必要性。①

75　　　在日耳曼君主国中,普遍适用的重要的法律规则都得到国王
命令的保证。君主的"禁令"使它们具有最高的效力,并且如果君
主的禁令遭到违反,人们就会遭到最严厉的惩罚。然而,没有任
何一项法律会仅仅因为它是以王室法律的形式加以公布而具有
效力,除非其实质性内涵与我们上文论述过的法律理论相一致。
如果王室法令背离了共同体中通行的有生命力的法律,那么国王
的权力可以强制人民将其作为实证法加以接受。但是,这样的法
律会被视为"不正当"的法律,人民有权利废除它。历史上并不

---

①　这一基本观点在接下来的章节中还会继续被讨论。这里只需要引用一个
十字军国家中的法律的例子即可:如果一位骑士或市民(burgher)从法庭得到一项
判决,并且国王或王后试图阻止该项判决,那么他们就做了不正当的事情。"et si
vait contre Dieu et contre son sairement; et il meysmes se fauce, et ne peut ce faire par
droit. Car le roi jure tout premier, sur sains, de mantenir tous les dons des autres rois;
après jure de maintenir les bons hus et les bones coustumes dou reaume; après jure de ma-
intenir et de garder à dreit, contre tous homes, à son poer, auci le povre comme le riche
et le grant coume le petit; après jure de maintenir ces homes liges à dreit contre toutes per-
sounes, segont l'us de sa cort, per ces homes liges. Etc'il avient puis, en aucune maniere,
que il vaise contre ses sairemens, il fait tout premier tort et reneé Dieu, puis que il fauce
ce que il a juré. Et ne l'deivent soufrir ces homes ni le peuple; car la dame ne le sire n'en
est seigneur se non dou droit, et de ces homes faire son coumandement, et de reseivre ses
rentes par tout et ces dreitures. Mais bien sachiés qu'il n'est mie seignor de faire tort; car
se il le faiseit, donc n'i avereit il desous lui nul home qui droit deust faire ne dire, puis
que le sire meyme se fauce par faire tort."(*Ass. Bourg.*, I, 26: *Recueil des Historiens des
Croisades*, *Lois*, II, 33 sq.)这里所述的是典型的中世纪的观点。

缺少这类事例,甚至是君主自己制定的一项法令,由于违背了法律,君主随后也会将其宣布为无效;或者此类的法令被君主的继承人废除。

因此,我们就会面临这么一个问题,即中世纪早期的国王在多大程度上承认自身有义务尊重法律,不得无视"忠诚的同意"而进行统治。

第二节　君主个人遵守法律的义务

中世纪的君主常常承认自己受到法律的约束。而在中世纪,伦理、习俗和法律之间并没有实质性的区别,因此我们可以说,对君主的这种约束不仅具有道德与自然的效力,同时还具有实证法上的效力。历史上有许多事例能够说明,君主庄严的誓约是登上王位或者被允许继续已经开始了的统治的基本条件。

早在民族大迁移时代,君主在统治之初许下庄严的誓约就是普遍存在的习俗。但是在教会的影响下,它才变成一项确定的传统,而在此之前关于此类的誓约行为显然并不存在确定的规则。教会的影响似乎首先是在西哥特王国中产生的。当时在 9 世纪,法兰克王国国王的就职仪式受到了教会的影响,君主在加冕之前要进行庄严的宣誓。这种形式经过适当的修正后变成了西方君主制的标准。10 世纪德意志的加冕仪式为我们提供了一个例证,君主的誓言是以讯问的形式进行的:

大主教讯问了君主以下一些问题：

"你会始终坚持由天主教徒们传布给你的神圣信仰，并正确地坚守它吗？"

他回答说："我会的。"

"你会根据你父亲的那些正当做法来统治和保卫上帝所赐予你的这个王国吗？"

他回答说："在上帝的福佑下，在所有信徒的帮助下，我发誓，我会尽我所能，在所有事情上都依照信仰行事（*fideliter acturum esse*）。"

此后，大主教就对民众大声说："你们愿意服从这位君主和统治者，并且确定地支持他的统治，服从他的命令吗？"之后，底下站着的教士和民众都异口同声地高呼："愿意，愿意，阿门！"

此类国王誓约的形式和内容各不相同；尤其是，国王遵守习惯法的义务、保证个人的合法权利、保卫国家的安全这些内容通常会被规定得更加详细和确定。但是誓约的实际措辞并不是头等重要的，尽管人们经常仔细地通过具体的条款来规定统治者的义务。决定性的事实是，在每一次的加冕仪式上，君主都必须庄77 严地将自己置于法律之下。虽然对君主提出的义务通常都不会十分详细与具体，但是必须进行加冕宣誓的习俗本身就能证明人们拒斥绝对主义的诉求。并且，人们通常通过赋予加冕过程中的誓言重要的意义来强调这一目的。

只有进行宣誓之后，国王才能通过集会的民众的欢呼而被"选举"为国王。这仅仅是形式上的选举。当它同誓约联系在一起的时候,它就表明,君主服从法律是人民接受君主的前提条件。这种观念产生了十分长久的影响力,近现代的宪法仍然规定了类似的规则,即只有当君主对宪法宣誓之后,人们才能对君主宣誓效忠。这种做法只不过是中世纪加冕誓约在现代的复兴而已。中世纪的加冕宣誓使人民意识到,君主必须服从法律。不过,誓约不仅仅是国王义务的标志,同时也是重新确认国王义务的法律行动。

加冕誓约包含的内容并非君主必须遵守的全部义务。它们只不过重新确认了君主最基本的义务即维护法律的义务,是君主其他义务的基础。然而,加冕誓约起到了无可估量的作用,它是某位具体的国王必须遵守法律限制的具体而庄严的证据,也是君主个人必须履行的、施加在自己身上的各种义务的基础。通过宣誓,国王就以其荣耀来保证自身遵守誓约。

因此,加冕誓约通常都先于民众的欢呼、受膏、加冕、登基以及其他一些使国王能够获得合法的统治权利的程序。这么做的目的是为了使国王必须以宣誓作为获得认可的先决条件而获得全部的君主权利。人们很容易会认为,誓约对国王进行的限制以及人民的效忠是契约的构成要素。并且,这种观点在很早的时候就有人提出。在这项契约中,双方明示或暗示地规定,只要双方都坚守契约,双方就必须相互承担义务。但是,即便是日耳曼人关于臣民与国王之间关系的观点也只是轻微地带上了契约论的观念,并且在这点上得到了封建制发展的强化。事实上,臣民与君主的法律纽带反映的并非是统治契约的观念。君主与人民的关系与私法契约中缔约双方的关系是不同的。相反,君主与人民

78

是在客观的法律秩序中被联系在一起的,他们二者都对上帝与"法律"负有义务,而上帝和"法律"并非出自契约观念。

因此,人们就无法直接推导出,如果一方没有遵守义务,那么,在任何情况下都会导致另外一方无须遵守义务。一般说来,这点确实是中世纪普遍流行的观念。但是,我们应当看到,这种观念无须引入任何契约论的观点就能够成立,并且在 11 世纪才第一次被明确提出的原始的契约理论为日耳曼的政治理论带来了一些新颖的事物。相反,中世纪早期的观念承认,即便对于不遵守义务的统治者,服从也是臣民的一项义务——并非源自契约的义务,而是对上帝和法律承担的义务。而另外一方面,当人们意识到抵抗邪恶统治者的权利时,这项权利也并未被理解为是契约一方在另一方已违反契约之后所获得的权利;当然也没有被排他地理解为是臣民反抗统治者的个人权利;而主要地被视为是公民对于客观的法律秩序被统治者破坏之后为了恢复这一秩序而拥有的抵抗的权利。① 因此,在任何一种情况下,单单契约的观念是不充分的;这项观念既无法为服从也无法为抵抗提供充足的基础。

79　　　　这些思考将我们带到了另一个问题面前,即是否具有某种权力,能够迫使君主履行其义务,并能对君主违反义务的行为进行惩罚,使臣民不再效忠于他。中世纪早期的共同体拥有何种手段能保证君主遵守法律对他的权力提出的限制呢?

---

① 一个典型的、反讽性的关于君主不尊重法律的例子,参见 *MGH.*, *Script.* IX, 72: "Regibus hic mos est, semper aliquid novi legi addere anteriori ... Nam qui regunt leges, non reguntur legibus, quia lex, ut aiunt vulgo, cereum habet nasum et rex ferream manum et longam, ut eam flectere queat, quo sibi placeat ... "这里所描述的是德意志皇帝,作者想要把他谴责为"僭主"。

第三章　抵抗权

　　如果君主无需对任何人负责,并且他违反义务的行为不会导致任何法律后果,那么对君主的法律限制就仅仅是一种理论,而在现实中,他是肆意妄为、不受约束的。中世纪的加冕誓约是立宪君主制最为重要的先例。但是,即使将应当成为一名正义的君主(*rex iustus*)的要求作为承认新的君主的前提条件,也无法保证,国王一旦获得承认,就能严格遵循法律的正道。

　　事实上,中世纪那些精力充沛、实力强大的国王们或多或少都是绝对地统治着的。历史上没有任何一个时期像中世纪早期这样,政府采取的积极政策以及进取措施如此强烈地依赖于国王的个性。这些国王缺乏行政官僚体系,并且在等级会议上也没有创制权。国家不论在内政还是外交方面都被认为是被动的、防御性的。建立国家是为了维持既存的法律秩序,而不是为了追求作为近现代国家标志的积极、进取的政策。典型地代表了中世纪理念的国王并非是渴望着开疆拓土的国王,而是虔诚与正义的君主,他不仅公正无私地统治,同时还适当地尊重国家活动的界限。确实,在王公贵族的同意下,君主也可能开疆拓土,增强国家的实力,并且扩大他自己的合法权威。但是,一旦君主采取中央集权的政策,他的贵族们以及咨议员们(counsellors)便成了君主天然的敌人;因为贵族的地位取决于其对君主特权(*regalia*)的分享,

取决于中央权力的弱点。因此,国王一旦在内政中采取了激进的
82 行动,必然会侵害确立已久的"权利",并且将往专制统治的方向
前进。在中世纪早期,中央权力的命运随着权力是被贵族们掌握
还是有一位强有力的国王能排除贵族们强力的反对得以大权在
握而沉浮。因此,即便在中世纪最早的时期,积极的政策总是同
残酷无情的君主联系在一起,他或多或少都具有绝对主义君主的
特点。国家扩大权威与增强实力的唯一可能性取决于君主独断
的意志。

　　如果君主计划在国外进行耗资巨大的冒险活动,他就不得不
启动同他的贵族们展开的笨拙的研讨与谈判机制。并非从悠久
传统出发的外交政策被视为国王或王朝的私人事务,它和整个民
族(nation)或者完全没有关系,或者仅仅是需要获得它的同意。
人们认为,一切不合常规的行动通常都不在国家行动的范围之
内。在这个时期中,无数有着鲜明个性以及强大实力的君主无不
发现对国家目的这种狭隘的解释对其行动自由进行了令人无
法忍受的约束,除非他们打算谨慎地无视这些限制。结果,他们
通常都会被同时代人和后人们谴责为"暴君",具有绝对主义倾向
的君主常常会使其继承人不得不面对一批遭受到伤害、不可信任
的贵族大臣们。然而,激进的统治者们采取的无情的手段通常能
够为国家奠定新的、能够持续数代人之久的基础。当英格兰的亨
利一世继承专制的威廉·鲁弗斯成为英格兰统治者时,他在登基
开始统治的时候不得不发下庄严的誓约,放弃绝对主义,而支持
古老而良善的法律。但是,丕平与查理曼作为专断的查理·马特
的继承人,却能够像绝对主义的君主那样延续强有力的个人统

治,而不会像他们之前的一些君主那样遭受人们的谴责。

然而,在中世纪早期,实际存在的绝对主义统治并未发展出绝对主义的理论;并且在我们看来,这一点是具有决定性意义的。在理论上,君主们总是必须寻求民众的同意,而法律限制君主的理论也是永远具有效力的。在中世纪,无论是君权神授还是臣民的服从义务,都并未暗示君主具有不受限制的发号施令的权利,尽管他有权利或义务对臣民的罪行进行"蛇蝎般毒辣的惩罚"(chastise with scorpions)。无论在何处,只要君主在现实中采取了专断的行动,他的行动都无法获得理论上的支持,并且毫无疑问会招致理论上的谴责。因此,我们在强大政府的支持者们中间从未听闻绝对主义者的声音,"僭主"(*tyrannus*)和"正义的君主"(*rex iustus*)的理论不仅在教士的布道以及学者的论文中广泛传播,甚至也出现在王室文秘署起草的官方文件中。因此,绝对主义的理论并非源于中世纪的神圣权利理论,而是源于将政府建立在契约基础之上的罗马法理论。

即便最强大的君主通常也会避免使他们个人的决定显得肆意妄为,并且努力通过获得"忠诚的同意"以及尽可能地以传统的形式起草令状而使他们个人的决定合法化。在这些方面,罗马法的知识一开始的时候并未带来改变;诸如巴巴罗萨等皇帝庄严地承认当时流行的限制君主权威的理论。但是,当一位君主公开地试图废除习惯法的约束,并且在同时代人以及之后的数代人的法律情感中都无法获得认可时,那么遭到正式的谴责就是其行动导致的后果。中世纪的一些统治者的行动和当时的人们的观念相出入,这一点在我们看来是完全能够理解的,是有益地利用权力

83

的体现;但是当时的人们只看到君主缺乏采取这些行动的权利。

　　根据中世纪普遍的法律观念,反对国王滥用权力不仅是被允许的,甚至在某些情况下是必须的。有人认为:"需要特殊的手段限制国王的滥权。"①《萨克森明镜》谈道,当权者采取不合法行动之时,人民有进行反抗的权利或义务:"如果国王或法官为非作歹,人们就必须进行抵抗,必须以一切方式阻止他,即便他是你的亲属或封建领主。人们并不会因此而破坏效忠。"就在艾克·冯·雷普高(Eike von Repgow)写下上述这些文字之前几年,有一位英格兰的君主就已经亲自承认,在国王为非的时候,共同体有权利通过一切可能的手段包括收回(withdrawal)其统治权,强制国王改正并进行赔偿。

　　但是,关于抵抗权的这些观点并非完全不遭受反对。例如,在14世纪有一位作者在罗马法的影响下对《萨克森明镜》进行评注;这位评注者发现艾克关于抵抗权的理论必须进行修正。他认为,艾克提出的国王为非作歹时人们有权进行抵抗的"国王"应当被理解为是"地区性的国王",例如波西米亚或丹麦的国王,而不是具有最高权威的"罗马人的国王"(rex Romanorum);没有人能够反对罗马人的国王,除非他放弃自己的王国。

　　这三个例子就为我们阐述了三种不同类型的抵抗权理论。一方面,艾克·冯·雷普高提出了个人具有的、反抗为非作歹的当权者的抵抗权。另一方面,英格兰的国王约翰不仅承认臣民个人,同时还承认有组织的共同体有权通过武力强迫国王遵守法

----

　　① Matthew Paris, *Chron. Maior.* (*RBS.*, 57, 5, 689): "excessus regis tractatus exigit speciales."

律,并且即使不能推翻国王,也可以在一段时间内中止国王的统治权。最后,《萨克森明镜》的评注者承认,抵抗权只存在于对次级权威的抵抗中,而不适用于帝国皇帝本身;不过,另一方面,这位作者也考虑到了皇帝通过适当的法律程序放弃其王国的问题,因而存在被合法废黜的可能性。

如果对这些理论以及它们之间的不同点进行了考察,我们马上就能清晰地看到,一方面正是日耳曼观念与教会观念这一对反题(antithesis),另一方面也正是这对合题(synthesis)促进了历史的发展。

第一节　日耳曼的抵抗权

抵抗权是中世纪日耳曼宪法观念的有机组成部分。我们能 85 够在民族迁移时期的国家和在斯堪的纳维亚的国家中发现纯正的日耳曼式的抵抗权,当时它还没有同教会的理论混合在一起。北欧的王室传奇以司各特国王奥拉夫(Olaf Scotkonning,944?—1042)历史上一段生动有趣的故事向我们展示了纯正的日耳曼式的抵抗权。

当国王试图违背人民的意愿,不愿意同挪威人缔结和平时,提翁达兰(Tiundaland)的裁判官(doomsman)就对国王说:"这位国王不允许任何人向他提出意见,他只能听进取悦他的话……他试图统治挪威人,而这是在他之前任何的瑞典国王都不敢想的事情,并且许多人会因此而生活在不安之中。因此,作为你的同胞(countrymen),我们希望你,奥拉夫国王,同挪威国王缔结和平,并

且将你的女儿许配给他做妻子。……如果你不按照我们的要求
做，我们就会推翻并杀死你，不再忍受不安和无法无天的状态。
我们的先人们就曾经这么做过，他们曾经将五位国王丢进穆拉辛
（Mulathing）附近的井里，那些国王就像你一样使我们感到异常的
愤怒。"这位编年史作者继续写道，人们以携带的武器的撞击声对
这些话表示欢迎，并使其带上了不祥的预兆。国王意识到了人民
的意愿，他表示愿意遵循所有瑞典国王的习俗。

如果我们忽略这个故事中那些别具北欧风格的特点，裁判官
的话在两个方面诉诸了习惯法，这点依然保留了鲜明的日耳曼特
征。首先，裁判官诉诸王室传统，即在决定影响到每一位民众的
和平生活的问题上，国王不应当依循个人内心固执的偏见，而应
当听从人民的意见。在这点上，在位的这位国王采取的做法破坏
了王室的传统。其次，裁判官还诉诸同样值得尊敬的人民的传
统，即当国王违背法律行动的时候，人民便会抛弃并处死国王。

86   日耳曼民族频繁地主张废除国王的权利，这些国王总是因为
某个原因而不再适合担任国王。西哥特人、伦巴第人和盎格鲁-
撒克逊人，以及法兰克王国的历史中充满了各种反叛与武力推翻
国王的事例，但是这些推翻国王的武力行动在法律理论上并非完
全缺乏正当性。君主"无视法律"（lawlessness）是最重要的理由，
但是此外还包括身体或智力上的缺陷、懦弱或政治上的愚蠢、血
亲权上的缺陷或者缺乏其他合法的理由，甚至体现在粮食歉收或
者军事失败带来的诸神的愤怒。在当时人们的信念中，所有这些
缺陷都足以证明国王退位是合法的，甚至可以要求国王退位。

当时并不存在对君主进行正式弹劾的法律程序。人民只是

单纯地抛弃了他们的国王,不再服从国王,而另立了一位新的统治者。选举新君主是决定性的一步,并且通常也是唯一的正式法律程序,标志着被剥夺王位的国王的统治结束了。但是,因为被抛弃的国王从来不缺少追随者,例如墨洛温王朝的末代国王就是如此;因此王位变迁的过程通常总是伴随着新选举出的国王作为僭王(anti-king)与旧的国王进行的战争。因此,那些公开宣布反对当前国王的王位继承权的派别就会同时选择僭王作为其军事领袖,并且在这种情况下,必须宣誓同旧的国王战斗到底;这是向新王效忠宣誓的重要组成部分。① 抵抗无视法律的国王当然并不必然要求剥夺国王王位,但是事物发展的必然逻辑常常会导致要求剥夺王位,即便在一开始的时候反叛者们并未谋划着要推翻国王。人们为了自保,抵抗国王的派别通常都别无选择,只能跨过改革与推翻国王之间原本就微不足道的区别。因此,抵抗国王的行动常常就发展成为国王与反叛者之间生死存亡的斗争。反叛者们试图推翻的君主很可能会丧失生命,尤其是如果他使用了武力或者其他可能威胁到新秩序的手段。但是,在抵抗国王的过程中,从未有任何人曾经实际地宣判国王死刑,正如并不存在任何正式的推翻国王的法律程序一样。

在这些非正式的程序中,要区分暴力行为与实施习惯法上的权利的行为,或者区分叛乱行为与合法的情感宣泄行为,是非

① 例如,1215 年考文垂的沃尔特顺带提到的:"Hii (the English barons) itaque etsi multi essent, tamen in se ipsis parum confisi confugerunt ad regem Francorum Philippum, elegeruntque Lodowicum primogenitum eius in dominum, petentes et obsecrantes, ut in manu robusta veniens eos de manu tyranni huius (King John) eriperet; sic enim iam habebatur."(RBS. 58, 2, 225)

常困难的。然而,正如在行使抵抗权的许多事例中,人们的动机值得怀疑一样,普遍的观念认为共同体的服从义务也并非无条件的;并且这种观念深深地扎根于人们的心中;没有任何人会怀疑,"民众"中的任何一员在权利受到君主不公正对待的时候,都有权利反抗与报复。甚至在欧洲罗马化的地区,人们依据罗马帝国的传统也拥有类似的观念;但是人们无法找到任何证据,证明这种晚近的罗马法的抵抗观念影响到了日耳曼国家。① 相反,中世纪抵抗权的理念根植于日耳曼人民最基本的法律观念,即效忠(Fealty)。

根据中世纪早期的理论,臣民对于统治者最根本的义务就是效忠。但是,效忠不同于服从,它具有相互性的特点,并且包含了一个暗示性的条件,即只有在双方都保持诚信的情况下,一方才对另一方负有义务。正如我们所见,这种关系不能被简单地称之为契约。相反,其根本的观念是,无论统治者还是被统治者都必须受法律约束;双方的忠诚实际上是对法律的忠诚;法律即是双方义务的交汇点。因此,如果国王违反了法律,他便自动地放弃了要求臣民服从的权利。劳滕巴赫的曼涅戈尔德评论道:除非按88 照某些条件进行宣誓,否则效忠誓约不会有任何效力。这一点是和日耳曼法的精神完全一致的。② 只有"忠诚的"国王才会有忠

---

① Cf. John of Salisbury, *Policraticus*, 3, 10: "Suos quoque imperatores, quos de more Romanus populus fideliter iugulabat, deificavit fidelius."

② *Lib. ad Gebeh.* c. 47, 48 (*MGH.*, *Lib. de Lite*. I. 392 sqq.). And cf. Bruno, *Bell. Sax.*, 25: "Fortasse quia christiani estis, sacramenta regi facta violare timetis. Optime. sed regi. Dum michi rex erat, et ea quae sunt regis faciebat, fidelitatem quam ei iuravi, integram et impollutam servavi; postquam vero rex esse desivit, cui fidem servare deberem, non fuit."

实的臣民。

在 14 世纪,英格兰的贵族们认为,他们的效忠誓约是向王权(Crown)而非王权实际的拥有者作出的,即效忠誓约是向永不改变的合法官职(magistracy)而非向多变的某个特定的国王作出的。英格兰贵族们的这种观点已经使效忠的观念具有了近现代的形式。因此,如此定义的效忠在许多情况下有可能以对王权的效忠来反对国王。中世纪人们对于权利的感受可以从一位皇帝的一桩轶事中体现出来。这位易怒的皇帝威胁一位正义凛然的官员说:"我不再将你视为贵族(senator)。"这位受到威胁的官员则针锋相对地回应说:"我也不再将你视为皇帝。"①另一方面,君主糟糕的统治也有可能是由于受到了诌媚之人和奸邪谋臣的欺瞒。因此,就产生了忠实的反对派,他们"忠实于国王和国家,目的并不在于推翻国王",而是为了使国王不再受欺瞒,并使王国不再受到奸邪的大臣们的奴役。在这种情况下,人民勇敢地"为了国王而反对国王"。

许多反叛者都知道该如何使自己为了争取权利而展开的斗争符合崇高的道德要求。当 1233 年,国王亨利三世训斥彭布鲁克伯爵理查德·马歇尔侵占王室领地时,伯爵回答说,他并非侵

---

① Matthew Paris, *Chron. Maior*, a. 1240 (*RBS.*, 57. 4, 59). Cf. *ibid.*, 57, 5, 339 (a. 1252),国王亨利三世威胁说:"' infringam hanc etalias cartas, quas praedecessores mei et ego temere concessimus.' Cui magister Hospitalis ... respondit alacriter vultu elevato:' Quid est quod dicis, domine rex? Absit, ut in ore tuo recitetur hoc verbum illepidum et absurdum. Quamdiu iustitiam observas, rex esse poteris; et quam cito hanc infregeris, rex esse desine.' Ad quod rex nimis incircumspecte respondit:' O quid sibi vult istud, vos Anglici? Vultisne me, sicut quondam patrem meum, a regno praecipitare, atque necare praecipitatum?'"

占者,因为是国王无视了他的权利并首先侵占了他的领地。因
此,他不再受到效忠誓约的约束,有权使用武力反对国王谋臣们
的为非作歹。马修·帕里斯(Matthew Paris)让他说了下面一段
话:"如果我违背理性服从了国王的意志,这丝毫不能为国王增添
荣耀;相反,我既会伤害国王,同时也会伤害到正义,因为国王必
须正义地对待他的人民。如果我只考虑满足国王邪恶的意志而
抛弃法律和正义,那么我就为所有人树立了一个坏的榜样。这就
将表明,我们热爱尘世之物甚于正义。"根据世俗法律,自由人与
奴隶之间的区别恰恰在于,后者必须毫无条件地服从主人的意
志,而自由人则用法律的标准审视主人的行动,并视情况决定自
己的行动。

　　当教会法发展出了服从概念之后,效忠具有的条件性特征就
显得更加鲜明。列日主教瓦佐(1042—1048)直截了当地表达了
在授职权之争之前的一代人中,服从与效忠具有的区别。他对国
王说:"对于教皇我们必须服从,而对于你,我们必须效忠。"事实
上,在教会等级体制内部,人们同样提出了在多大程度上必须服
从更高级权威的不合法决定的问题。但是,在总体上,教会权威
与世俗权威之间的区别在于,前者在根本上是永远不会犯错的,
因此必须无条件地服从,而后者是会犯错的,因此不能无条件地
加以接受。

　　在自私自利的斗争与无政府的混乱背后还存在一种模糊而
混乱的法律信念,即任何人只要权利受到国王不公正的对待,就
有权将法律握在自己手中,夺回被国王否认的权利。除非我们意
识到这一点,否则中世纪的反叛历史——例如在 10 世纪和 11 世

纪德意志的地方王公几乎从未停止过反叛国王——就不可能得
到适当的理解。这是多么奇怪、不合常规和界定模糊的权利啊，
它是任何其他一项宪法权利都无法比拟的！抵抗权是必要性的
最高法则，当共同体的一切权利之源——国王的正义（king's jus-
tice）——受到玷污之后，它就登上了舞台；只有当客观的法律秩 90
序已经被颠覆和推翻时，主观性的权利才会出场。因此，正是由
于这个原因，抵抗权才被中世纪的人们视为真正而必要的
"权利"。

　　在中世纪，某个贵族或者整个派别放弃效忠的行为会得到人
们更加温和的对待，并且更加容易获得支持；这点可能是现代人
所无法理解的，因为在现代的共同体中，臣民的服从义务具有更
加严格的定义。而在日耳曼的诸民族中，自助的权利（right of
self-help）是习以为常概念，血亲复仇（blood-feud）甚至私人间一
般的仇恨都并不会止于或开始于王座前。无论是新仇还是旧恨
都取决于，国家的强制性权力被认为不充分或不可靠，被否认或
规避。由此便导致，作为唯一的替代手段，人们只能依靠自力救
济来主张法律权利。

　　作为权利与暴力的混合体，自力救济拥有自身的程序规则，
例如不同宗族间的相互仇杀就有自身的程序规则，但是自力救济
不承认任何高级的司法权威。从中世纪之初开始，中央政府就试
图清除或限制私人权利的行动。在整个中世纪，武力的自力救济
行为从未消失——至少在德意志。还未及中央集权化，作为合法
报复机构的官僚国家就被连根拔除了。在法律秩序遭到完全破
坏的时期，封建主义不可能清除自力救济，它被认为具有必要的

安全保障。当领主与封臣、国王与骑士之间的信任被无可挽回地破坏时,自力救济的权利将双方最终放在了一个平等的地位,并将争议之事交由武力裁决。为法官的不公正行为寻求救济,自古以来在日耳曼民族中间就是一项最基本的权利。但是,如果尘世间最高的法官即国王也拒绝给予权利,那么,便只有唯一合法的途径获得救济,即决斗。国王也不能例外。正如我们所见,雷普高的艾克将国王与法官放在同等的地位上,他们双方都由于自己的过失而使臣民拥有了自卫的权利。

91　　　当然,事实上,在中世纪也和现在一样,只有最终的胜利才能决定一场叛乱到底是邪恶的还是光荣的;而编年史家们也只会根据反叛者胜利与否以及他自己的党派偏见而将反叛者描写成英雄或是恶棍。而上帝的最终裁决即叛乱者顺应天命民意,这证明了叛乱者是正当的。而无论个人能否合理化他的反叛以令后代们满意,当时的人们几乎总是期许着,反叛者都是出于善意,都是被逼无奈的。中世纪曾经涌现出多少为国王而战的英雄,同时又涌现出多少同样勇敢地为了捍卫某项"权利"而向国王开战的好汉啊!

在近现代的君主制将新的国家概念引入之前,在服从被确定为是一项至高无上的义务之前,中世纪的君主如果采取了积极的侵略性的政策,他就不得不考虑自己的政策有可能突破对自身个人权威的限制,并摧毁自己曾经许诺加以遵守的"习俗"。每一次对稳固的个人主观权利的侵害都有可能使受到伤害的一方中产生一位米歇尔·科尔哈斯(Michael Kohlhaas),不惜以王国的和平为代价为自己的权利遭到侵害而进行"报复"。在1215年,即在克伦威尔四个半世纪之前,英格兰的贵族们就作为"上帝派来的军队"(army of God)而走上战场,向国王开战。① 早在 9 世纪,就有统治者明确允许民众对自己的不法行为进行抵抗。在很多时候,贵族们向国王效忠时都作了明确保留,即如果将来国王不依据正义行动,那么他们就有权不服从国王。确实,将这些保留诉诸文字是极其罕见的,这有损尊严与信任。但是这种保留默示地包含在每一次效忠的行动中。因为一旦国王的不法行为被证实,被视为罪大恶极之人的就不是反叛者,而是国王,他的行动已经破坏了统治权:

> 让他知道,人们无需服从那个
>
> 否弃自身对神之义务的人。
>
> (Sciat quod obsequium sibi non debetur,
>
> Qui negat servicium, quo Deo tenetur.)②

　　然而,在受到教会观念的影响之前,古老的日耳曼法从未创设出一项正式的谴责国王的程序作为惩罚国王或者推翻国王的必要前提。同时,也不存在对国王不法行为定罪的司法程序。这

---

　　①　参见,例如 Ralph Coggeshall (*RBS.*, 66), 171: "exercitus Domini et sanctae ecclesiae"; Walter of Coventry (*RBS.*, 58), 2, 220: "Constitutis autem ducibus exercitus quos vocabant marescallos exercitua Dei"; Matthew Paris, *op. cit.*, 2, 586: "constituerunt Robertum ... principem militiae suae appellantes eum marescallum exercitus Dei et sanctae ecclesiae."

　　②　*Song of Lewes*, v. 707 sq. ; cf. *ibid.*, v. 731 sq. :
Si princeps erraverit, debet revocari,
Ab hiis, quos gravaverit iniuste, negari,
Nisi velit corrigi.

种情况既有优点也有缺陷。一方面,只有国王犯下的臭名昭著的
不法行为和公然违背法律的行为,才能使反叛者有权以法律的名
义进行反叛。另一方面,公众的舆论很快就会认可对国王不法行
为的谴责。萨克森人曾经将许多流传甚广的流言当成他们反抗
亨利四世的庄严的法律根据,而这些流言甚至比普通法庭中被告
面对指控而作出的强词夺理的辩护更不足信。在这点上,"民众"
中的每一位成员事实上都被允许依据他们自己的良心对国王进
行审判。

由于被抛弃的国王是并未经过任何正式的判决而被推翻的,
因此所失去的仅仅是统治权,而不包括君主的荣耀;故而,通过一
项和剥夺统治权一样非正式的单纯的重新认可,国王就可以恢复
统治。在这种情况下,正式的复辟程序就和先前正式的剥夺统治
权的行为一样是完全没有必要的。

在后法兰克时期的德意志,相比于西欧其他国家,推翻君主
的行动几乎都没能取得成功。在奥托和萨利安王朝时期发生的
许多次叛乱虽然导致君主放弃王位(repudiation of the monarch),
却并未导致君主被推翻(deposition)。这些叛乱中最严重的是反
对亨利四世的叛乱,它导致人们拥立了一位僭王(anti-kingship),
但并未成功。

在 11 世纪 60 年代和 70 年代,萨克森是反叛者的温床;正如
13 世纪的英格兰一样。历史学家例如赫斯菲尔德的兰佩特
(Lampert of Hersfeld)、布鲁诺等都曾经绘声绘色地描写了人们武
力反抗国王的权利。这是在教皇的干涉以及教会影响之前,德意
志所理解的抵抗权。

按照兰佩特的记述,反对亨利四世的第一次叛乱行动发生在亨利七岁的时候,即 1057 年亨利三世去世之后不久。萨克森的王侯们认为,他们在亨利三世统治时期遭受了不公正对待,因而希望通过叛乱活动获得救济。他们试图将统治权从亨利四世手中夺走。作为他们谋划的反叛行动的基础,他们宣称亨利四世完全有可能(!)效仿其父的做法。他们拥立了一位僭王,对其宣誓效忠,并且承诺为反对亨利四世提供军事支持。他们希望能够将亨利四世一举推翻。但是由于选定的僭王——"起义的领袖"去世,第一次萨克森起义就结束了。

不过在 1066 年,当亨利四世成年并且亲自执掌政府之后,王侯们又策划了一场阴谋。在特里布尔(Tribur),亨利四世被逼迫着要么放弃统治权,要么驱逐宫廷谋士不来梅的阿达尔贝特(Adalbert of Bremen)大主教。王侯们的这个要求最终成功地"驱逐"了阿达尔贝特。在兰佩特看来,这次行动不仅仅是一次宫廷革命,更是一场有着明确的合法基础的广泛运动。因为王侯们都有权在王室的议事会中获得一个位置,并且某个王侯如果在王室议事会中获得了至高无上的地位,他就会被认为是"僭越与篡夺了君主的权力"。因此,在他们看来,国王并没有权利自由地挑选自己的谋臣,而对某位谋臣宠信有加在其他人看来就会使被宠信者获得取代国王的不法权力。因此阻止这种情况的发生是合法的,并且共同体有义务阻止这种情况发生。

当我们谈到 1073 年萨克森发生的第三次叛乱时,我们发现 94 赫斯菲尔德的兰佩特又一次为这次叛乱提出坚实的法律基础。他提到,国王对萨克森人世代相传的自由产生了威胁,国王试图将萨克森人当成奴隶;并且在这种公开的理由(*publica gentis causa*)之外,他还暗示说,国王违背法律,非法地对待个别的贵族。因此叛乱者就是在为他们的祖国的自由以及他们的"法律"而战斗。他们发现,神圣的天意——这是他们的抵抗权的明证——在召唤他们"打破无法无天的统治的枷锁"。阴谋叛乱者提出的众多要求之一就是,国王应当驱逐他那些腐败的、出身卑贱的谋臣,并将政府的事务交到有权掌管这些事务的王侯手中。萨克森人据说还要求国王澄清个人私生活中的丑闻,因为这些行为违背了教会法,并有损国王尊严。如果国王不能公正地平复这些一般性的不满,尤其是萨克森人的不满,他们就将采取暴力手段。他们曾经确实向国王宣誓效忠过,但是效忠的条件是国王应当利用至高无上的地位去建设而不是摧毁上帝之家(*House of God*);国王必须公正、合法地依照习俗而统治;他应当确保每个人的地位、尊严和权利,保证每个人安全和不受侵害。如果国王破坏了这些前提条件,那么他们就不再受效忠誓约的约束;相反,他们可以正当地对国王发动战争。

这里兰佩特正在引入源自教会抵抗权理论中的观念;不过兰佩特的观点在本质上依然源自日耳曼。兰佩特只是以一种更加现代的不同形式表达了北欧传说中提翁达兰的裁判官口中说出的同样的观念。

兰佩特笔下国王的大使所说的话也十分值得注意。大使们说,萨克森人树立了恶劣的榜样;帝国的其他王侯一定不会赞同他们的行动方式,日耳曼民族中任何一员,"无论是在他们自己还是在他们先辈的记忆中都不曾敢冒险进行叛乱"。叛乱者们没有

权利干涉涉及国王权威的问题,因为国王的至尊权威"即便在野 95
蛮人之中也总是稳固而不受侵犯的"。但是,即便是国王的代
表——他们挑战了人们实施抵抗权的通常做法,并且主张国王神
圣不可侵犯——也坦诚地承认,萨克森人以"非常勇敢的精神"拿
起武器进行反抗,他们的理由是正当的。因此,他们建议召开全
国性会议,国王在会议上可以回应对他的指责,可以根据参会的
王侯们的判决废除滥用权力的行为。因此,根据兰佩特的叙述,
大使们与萨克森人唯一的不同点在于,他们认为,和平地从国王
那里获得救济的手段并未被穷尽。我们在这里并不关心兰佩特
的叙述是否准确,他的叙述本身就是当时流行的观念的有力
证据。

德意志的抵抗权具有形式多变(amorphous)的典型特征。甚
至在这个非常晚近的时期,萨克森人也没有想过要像大使们建议
的那样对国王进行审判。在他们看来,由国王以及共同体的代表
们组成的会议作出的一般性判决并不能解决他们与国王之间的
问题。因为他们与国王发生的争执是个人性的不满,因此他们必
须通过"私人性的手段"(private virtue)实现各自的意愿。他们反
对利用法庭或其他诸如此类的方式对国王进行审判,面对遭受的
不公,他们依赖古老的、形式多变的自力救济的权利。国王必须
立刻满足他们,否则他们不会"坐等其他德意志民族或王侯的裁
判",而直接用武力反抗国王。尽管兰佩特是一名僧侣,但是如果
他自己不认为德意志关于法律之外的自力救济的观念即"反叛的
必要性"是现实的政治,那么他就不会让自己笔下的萨克森人发
表这一通宣言。此外,当兰佩特提到反对亨利四世的叛乱者们准

备拥立一位僭王时，并没有要求采取正式的废黜行动，而仅仅是进行了新的选举。

96　　　在另一方面，兰佩特的叙述揭露了一个事实，即随着抵抗权在授职权之争中获得了前所未有的力量之后，它立马在亨利四世的追随者中激起了一阵反动。王室权利的理论重新获得了强调。在兰佩特的叙述中，不仅可以找到绝对君主的敌人的观点，同时也可以找到绝对君主的捍卫者的观点。当抵抗权被频繁地付诸实施并且得到了理论上的定义时，它就变成"民俗法"（folk-law）中永恒的元素，因此它就不可避免地遭到亨利追随者们的攻击，并且被他们剥夺了法律特征，被称为"非法的"。

不过，现在不论是抵抗权的朋友还是敌人，他们都从教会的理论武库中获得了大量的支持。格里高利七世卷入了德意志反叛者和国王之间的斗争，并且在 1076 年发挥了主导性的作用。教皇尽管只具有精神上的权力，但仍然正式而庄严地宣布，国王不适合统治。在这之后，在实践中要将日耳曼的抵抗权理论同教会的理论区分开来就越发地困难了。更糟的是，世俗的思想方式和教会的思想方式在此前的一些情况下已经尽可能地结合在一起，对国王进行谴责。然而，能够将世俗的抵抗权理论同教会的抵抗权理论结合在一起，这本身就说明了一个事实，即在授职权之争之前，人们强调这两种理论无论在起源还是在方式上都存在差别。我们之前已经提到过一个此类的例子，即在法兰克王国和封建国家中，世俗的抵抗权的支持者们通常更多地考虑血亲权。正如我们所见，教会的抵抗权理论是不会考虑血亲权的。我们下文将会讨论世俗抵抗权和教会抵抗权之间更加重要的一些区别,这里我们只关注在授职权之争时,两种抵抗权的相互结合。

这种结合并不仅是教会思想逐渐地渗透进日耳曼思想的结果。相反,由于日耳曼抵抗权缺乏确定的法律形式与方法,同时又由于它介于权利与暴力之间一个模糊的位置;这些都不可避免地导致人们试图使反叛君主的行动与暴力活动的法律基础具有更加严格、更加规则的程序。因此,在这点上,教会的抵抗理论是十分有价值的;同时教会还提供了一种更加高级与成熟的政治理论,以及精神权力领域内一个拥有至高无上权威的法庭。世俗理论与教会理论的结合将原始的自卫的法律以及日耳曼人抛弃君主的做法转变成了由教会法明确定义的实证的不服从义务,并且建立起了公正的法庭以及规范的法律程序。

第二节　教会的抵抗权以及被动服从理论

以宗教为基础的抵抗权,根源于在一个冷漠的或有敌意的社会中,以教会的形式(ecclesiastically)组织起来的少数人的需求。他们意识到,教会坚持更高的伦理标准,并承担着更高的责任感。这种意识指引了早期基督教社团同异教国家之间的关系;它产生了一种特殊的抵抗义务。这种抵抗义务在早先类似的情况下曾经激起了犹太民族中的法利赛人对罗马人统治的反抗。

基督教的抵抗权是以两段已经被提升为基督徒生活标准的经文为基础的:"恺撒的物当归给恺撒,神的物当归给神"以及"顺从神,不顺从人,是应当的"。① 对于早期的基督徒来说,政治服从的界限是明确标示出来的。当国家的法律与上帝的法律相冲突时,基督徒就应当拒绝服从。国家是身体的主人,但并非灵魂的主人,而人不能事二主。如果国家要求偶像崇拜,基督徒必须抵抗。基督徒可以为上帝献出生命,但不能以国家要求的方式为皇帝献身。当皇帝崇拜作为一项世俗义务(civic duty)被提倡时,结果就导致了许多殉道者以鲜血见证了宗教的不服从义务。

98　　　　但是,在另一方面,被动服从的理论最为根深蒂固地扎根于早期基督教教义中,它禁止人们实际地反叛受任命的权威。保罗说:"在上有权柄的,人人当顺服他;因为没有权柄不是出于神的,凡掌权的都是神所命的。所以抗拒掌权的,就是抗拒神的命。"②保罗的这些话从原则上确立了基督徒对于异教国家的态度。③ 但是,正如法利赛人建立了宗教的抵抗权理论一样,他们同样也已经以本质上同基督徒一样的方式将被动服从理论同抵抗权进行了对比。被动服从的原则与抵抗的原则被视为具有同等的价值,而在一神教共同体发现自己受异教统治者统治的那一刻起,服从理论和抵抗理论之间的冲突就不可避免地产生了。殉道者们实际地解决了这一矛盾,他们一方面拒绝服从皇帝崇拜,但是与此同时又允许皇帝将他们处死,因为虽然他们拒绝将皇帝作为神来崇拜,但皇帝是神圣授权的权威。通过这种圣徒式的妥协方式,

---

　　① *Mark*, xii, 17；*Acts*, v, 29.(译文引自《圣经》和合本。——译注)
　　② 《新约·罗马书》,13-1。——译注
　　③ 关于被动服从,《圣经》中主要的权威经文出自 *Matthew*, v, 21 sq., 38-48；xxii, 17-21；*Mark*, xii, 14-17；*Luke*, vi, 27-36；xx, 21-25；*Romans*, xiii, 1-7；*Titus*, iii, 1, 2；1 *Timothy*, ii, 2；1 *Peter*, ii, 13-18。

他们促进了基督教精神的传播；"殉道者的每一滴鲜血都是一颗种子"。但是，这种解决方式只适用于基督徒是少数人的国家。德尔图良忠实地宣称，即便基督徒有权力进行积极的抵抗，他们根据自身的原则，也只会被动地忍受权威们造成的伤害。但是，一旦国家本身被基督教化，这项政策或毋宁说是否定任何政策的消极态度就不再适用了。毫无疑问，消极抵抗一直以来都是那些虔诚的基督徒们如基督般谦卑的最崇高表达；对于教会而言，殉道的圣徒就是教会消极抵抗的英雄，他们一直以来都是教徒们的榜样，表明抵抗的义务应当以何种方式限制对国家的服从，并且表明抵抗本身应当受到服从义务的限制。但是在 4 世纪之后，殉 99 道者的态度再也无法为基督徒与国家之间的关系提供合理的解释了。

　　当皇帝们自己成为基督徒，并且基督教迅速地发展成为国家的宗教之时，基督教在国家层面就拥有了利益。因此，邪恶的统治者就不能被简单地当作是上帝之鞭，如瘟疫或饥荒一般必须加以忍受。消极忍受的态度并未消亡，但是在它的旁边另外一种态度现在变得更加必要了；这种态度就产生了积极的抵抗权——或毋宁说是积极的抵抗义务——问题。因为教会从未首要地关注抵抗权，而抵抗权是每一个期待获得利益的人都会诉诸的；它更多地关注道德与宗教义务，每一个人甚至必须牺牲自己的生命接受这些义务。在理论上有待解决的是，应当如何坚守与人类命令相违背的神圣命令。如果作为上帝的代牧的官员犯下了违背神法的罪行，问题不在于臣民可以作何种反应，而在于他们应当如何反应。

支持臣民行使积极的抵抗义务来反抗统治者的一个重要而明确的理由就是国家被基督教化这一事实。在基督教共同体中，如果只有基督徒本身才能担任国家官职，并且如果从4世纪起，能否拥有充分的公民权取决于是否接受了洗礼，那么，这些条件也特别地适用于作为所有官职之源头的统治者。异教徒或者异端都不能统治基督教国家。异端事实上（*ipso facto*）将不再能够行使不受限制的发号施令的权力。基督徒不能作为臣民效忠于这样的君主，即便已经对君主发下了神圣的誓约；这样的誓约也是无效的，因为效忠誓约是对基督徒统治者作出的，一旦统治者变成了异端，他就不能再主张效忠誓约的效力了。这项原则在中世纪几乎没有受到争议。即便最坚定地捍卫君主不可侵犯性的人也不会直接反对这项原则；而在一份宣告自身地位牢固不可动摇的宣言中，亨利四世明确地承认，如果他变成了异端，他就应当或必须被推翻。

100   这项原则尤其重要，因为它限制了在理论上无法轻易否定的服从之义务。因此，这就承认了存在正当的反叛之可能性。但是，如果看到要将一名君主合法地宣告为异端有多么困难，其他能证明抵抗权的事项就变得更加重要。即便是一位信仰正统宗教的国王也有可能在别的方面违背上帝的命令，违背自然法。臣民是应当被动地默许呢，还是可以强迫国王进行救济？这个问题的答案事关重大。这个问题本质上就是，基督教国家的状况是否应当在任何时候都单独地取决于统治者个人多变、肆意的看法。是否应当将对良好政府的关注都完全交由天意裁决？或者人民是否有权利与义务执行基督教上帝之城的计划，甚至违抗放纵之政府？哪一个是更高的善：是不惜一切代价地服从与保持和平，长久地辜负上帝的信托，只能不断地祈祷，作为对邪恶统治的唯一救赎，还是依从良心的反叛，并通过人民或教会对不公正的权威进行改革？

从《新约》中并不能获得对这些基督教政治中基本问题的确切答案。确实，两种可能性都能从《圣经》中获得支持。问题仅可以归结为，"上帝的命令"——它是人们即便违背世俗官员的命令也必须无条件遵守的——应当在教会法或习惯法的实质性内容中获得更高还是更低的地位？教会的领导者们会根据他们自己不同的性格和不同的时代情况而作出不同的选择。① 但是，在总体上，教会依据自身朝着世俗统治发展的逻辑，越来越倾向于支 101 持积极的抵抗义务。

教会的这种观点可以毫不费力地同日耳曼的抵抗权结合在一起。正如我们所见，尽管它在重要的一点上超越了后者，但是它同日耳曼法共同分享了一项原则，即邪恶的国王会剥夺自身的统治权，并且他的不法行为或愚蠢举措都会事实上使自身丧失君主权利。在上帝的眼中，不公正的国王就不再是一位国王；因为国王和权利是不可分割的概念。统治者会因为自身的不法行为而丧失王位；他会变成僭主（tyrannus）、篡位者，一个缺乏权威单

---

　　① 　被动抵抗的权利一直以来都被毫无保留地视为是一种永恒的自然法，它以如下两项原则为基础："不应当被迫为恶"和"不应当服从非法的上级"。Honorius Augustod. , *Summa Gloria*, 27 (*MGH.* , *Lib. de Lite*, 3, 75, 23). 可以将《路加福音》(*Luke*, xx, 25)中的话同下面的话进行对比："（国王）认为，属于国王权利范围之内的事就应当服从；但是如果国王命令你做那些违背基督宗教的事情，那么就应当抵抗。"但是，哪些事情是有违宗教的呢？正是在这点上产生了根本性的分歧。并且，抵抗是积极的抵抗或仅仅是消极的抵抗？ 在这点上，存在非常激烈的争论。

凭武力统治的人。有两种不同类型的僭主,一种是由于名号
(quod titulum),即通过不合法的即位;一种是由于施政(quod exe-
cutionem),即通过不合法的统治。统治者即使通过合法的途径继
承了王位,也可能因为后一种情况而被视为仅仅是依靠武力统治
的人。正如人们通常所说的,他的统治不再是为了上帝的利益,
不再蒙上帝恩典,其暂时的存在仅仅是由于上帝的容忍,将其视
为对人民犯下的罪孽的惩罚。① 对于这种统治犯下的任何一种严
重罪行,上帝保留了进行审判的权利。

　　教会与自然法的僭政理论中最根本的观念是,君主通过自身的
行动对自己进行了判决。这点和日耳曼的丧失统治权的观念是一
样的。其他人作出的认为统治者已经丧失了王位或无论如何可以
抵抗国王的裁决都只具有宣告性质,而不具有宪法特征。不合法的
统治本身就是无效的,其他人的裁判只是揭露了这个事实。

　　但是,在作出宣告性裁决的方法方面,教会的抵抗权理论对
日耳曼的实践作出了重要的改进。在日耳曼的抵抗权理论中,宣
告性裁决并不存在确定的形式,并且裁决是依据共同体的法律信
102　念,或者毋宁说是依据共同体中每个人的法律信念而作出的。相
反,在教会中,存在一个既定的司法权威,它有资格确认统治者的
罪行,因此有可能对国王采取正式的司法程序。

　　因为像所有基督徒一样,统治者也必须服从教会的惩罚与惩
戒性权力。这个事实在教会与国家之间产生斗争之前的时期就

---

　　① 参见奥古斯丁的话:"除了上帝的权力,再没有别的权力,无论是命令的权
力还是裁判的权力。"教会法学家鲁菲努斯利用这段话作为自己阐发良善之统治者
与邪恶之统治者之间差别的重要理论的出发点。参见 Carlyle, *Mediaeval Political
Theory*, II, 150 sq。

得到了广泛的承认,并且即便在教会与国家交恶的时期,它也只受到一些王权派人士半心半意的反对。那些声称自己是基督徒的派别不可能真正地怀疑,如果国王采取了非法的行动,教会是否被允许审判国王并对其施加宗教上的惩罚。唯一的问题是,宗教上的惩戒是否应当导致政治或法律上的后果,以及臣民自身是否能够作出上帝的教会的裁决,并由他们自己对僭主施行正义。

在这个问题上,人们的意见存在严重的分歧,并且因而产生了大量的争论。

更加古老的观点延续了殉道圣徒的传统,否认人们能够对权威的拥有者采取武力与强制手段。即便对于尼禄,它也给予了适当的认可,将其视为合法授权的官员。它只允许在良心事务上抵抗僭主,但仅此而已,并且即便在良心事务上也只允许被动的抵抗。其他所有的都留给上帝裁判。"主说:'伸冤在我。我必报应。'"①

但是另外一种观点获得了坚定的支持,并且代表了中世纪真正普遍的思想。它以建立基督教共同体的共同责任为基础,确立了阻止僭主暴君的义务。因为后者为非作歹,破坏了上帝的共同体。它确立了通过实证法推翻统治者早已被自然法剥夺了的统治权的义务,并且,它无视统治者个人命运这种次要问题,而宣扬要改革统治者的权威,在一位真正的基督国王(*rex christus*)的领导下帮助建立上帝之城。人们认为,有可能将这项理论同保罗必须服从所有权威的箴言结合起来;但如果不花费一些脑筋,这种结合事实上是不可能的。对于中世纪的思想而言,由于唯名论

---

① 《新约·罗马书》,12:19。——译注

者对观念真实性的信念,人们认为,统治者的不法行为会损害自身的统治权威,这就使统治者自动地从国王(rex)这一范畴跌落到了僭主(tyrannus)这一范畴,因此他就不再拥有权威。依照这种方式,对合法权威的无条件尊重依然能够在理论上同对僭主的抵抗相协调。唯名论使积极的抵抗在表面上同《圣经》相吻合,并使之表面上具有合法性。然而,这种典型的中世纪的观念游戏在当时的实际斗争中只不过是一个笑柄罢了;例如在授职权之争中,人们曾经将其用来掩饰当时的无政府状态。

依照这种方式,从早期基督教消极的放弃改善国家的观念中就产生了一种积极的改革热情。它不受必须无条件服从国家的命令的限制,相反,常常提倡人们有反叛统治者的神圣义务。

早在4世纪,这些新的思想就曾经回荡在主教卡利亚里的路西法(Lucifer of Cagliari)的话语中,并传到了罗马皇帝的耳中。但是,只有经过了500年之后,西方的皇帝虔敬者路易才由于向基督教忏悔,而被剥夺了官职的徽章,因为忏悔者是不能成为一名统治者的。因此,教会对个人的惩罚显然就会使君主不再具备担任君主的资格。他的统治能力被暂时中止了,只有在完成了基督教要求的忏悔之后,君主才能够重新获得统治的能力。所有这一切是如何发生的呢?主要的原因是神学的君主制观念的提出。它将君主制作为上帝授予的天命,此外还提出了其他许多关于君主法律地位的暗示。随着这种观念的发展,君主就变成了负责任的官职承担者,他必须对上帝负责,同时尤其是在王室授职礼出现之后,在许多方面还必须对教会负责。根据法兰克主教的观点,国王要求人们服从的命令必须证明自身是内在地"合理的"。① 这一要求事实上同世俗法的要求相差无几。但是新颖之处在于,主教作为"上帝的君主"(thrones of God)应当组建一个审判国王的法庭。统治者的世俗义务与宗教义务的结合在查理大帝时期就已经被准备就绪了,在他的儿子统治时期又得到充分的加强,以致国王官职的首要特征就是国王必须对自己的非法行动负责。在虔敬者路易及其儿子们的统治时期内,王权在教会面前变得异常谦卑,甚于之前任何一个时期。

首先,817 年由教士起草的法令(Ordinance)为惩罚"残暴的国王"设立了正式的程序。如果一位亲王(under-kings)做了非法行为,他会被私下地训诫三次——用福音书里的箴言就足够了。但是,如果这没有产生效果,他就会被召集到其兄长皇帝面前,并在作为见证人的第三位兄长在场的情况下由皇帝对他进行父亲般的和兄长般的警告与责备。如果皇帝的责备还无法产生效果,那么,就要召集王国的公共的大会作为法庭对他进行审判。尽管法令并未实际提到要剥夺其封号,但是毫无疑问这是可以预见到的。② 法令

---

① *Conc. Laur.* (853), c. 3: "Si quis potestati regiae ... contumaci ac inflato spiritu contra auctoritatem et rationem pertinaciter contradicere praesumpserit et eius iustis et rationabilibus imperiis secundum Deum et auctoritatem ecclesiasticam ac ius civile obtemperare irrefragabiliter noluerit anathematizetur."

② *Ordinatio Imperii* (817) c. 10 (*MGH.*, *Capit.*, I, 270, 20 sq., no. 136): "Si autem, et quod Deus avertat et quod nos minime obtamus, evenerit, ut aliquis illorum (the under-kings) propter cupiditatem rerum terrenarum ... aut divisor aut obpressor ecclesiarum vel pauperum extiterit aut tyrannidem ... exercuerit, primo secreto secundum Domini praeceptum (*Matthew*, xviii, 15) per fideles legatos semel, bis et ter de sua emendatione commoneatur, ut, si his renisus fuerit, accersitus a fratre coram altero fratre paterno et fraterno amore moneatur et castigetur. Et si hanc salubrem admonitionem penitus spreverit, communi omnium sententia, quid de illo agendum sit, decernatur; ut, quem salubris ammonitio a nefandis actibus revocare non potuit, imperialis potentia communisque omnium sententia coherceat."

105 没有谈到剥夺残暴的皇帝帝位的可能性,它关注的只是亲王。但是,它依然提到了对国王进行惩罚的程序的原则,只是程序仍有待发展。

虔敬者路易还有他的儿子秃头查理庄严地承认了他们服从教会司法权,而他们的承认极大地提升了教会的抵抗理论的权威。此后833年爆发的反对虔敬者路易的叛乱尤其具有说服力,因为虽然皇帝是按照日耳曼的习俗宣布弃位的,但是对他的谴责是依据教会法作出的,而这两者都导致了同一结果,即皇帝被推翻。因此,这两大传统虽然在方法上截然不同,但是它们的目标是一致的。在政治上,教会的态度与世俗贵族的态度是一致的,尽管在法律上它们各不相同。

王侯们(其中也有一些具有贵族身份的主教)不考虑任何法律形式,只是单纯地抛弃了皇帝,撤回了他们的服从,并且将帝位视为空缺;他们承认了一个新的统治者,而这也仅是他们采取的唯一的法律手段。但是,接下来作为教会统治者的主教们通过一个正式的刑事程序而剥夺了皇帝的帝位,因为皇帝犯下了罪恶,并且"因为他没能履行托付给他的义务";主教们提到皇帝先前非正式的弃位,将其视为上帝对皇帝不再具有统治资格的裁决。作为一名忏悔者,路易本人在苏瓦松的圣美达大教堂(Church of St. Medard at Soissons)中摘下了自己的皇帝徽章。这并非教会第一次以训诫与惩罚性权力剥夺一位君主的统治权,但在重要性上是其他各次事例无法企及的。

路易在834年和835年恢复帝位的程序也具有类似的特点。并不需要任何正式的法律程序撤销世俗贵族行使抵抗权而导致的后果。路易只是简单地又获得了服从，并继续进行统治。在路易倒台的关键时刻曾经"像汹涌的河水"一样离开他的人民，现在又重新回到了他身边，而同样无需任何重要的法律形式。另一方 106 面，为了撤销教会裁决的法律效果就需要一项正式的教会行动。这项行动采取的是正式地终结忏悔的形式，使路易重新获得了之前被剥夺的对国家的合法统治权；而主教们也重新将早先"被正当地剥夺了的"帝位授予他。因此，路易"又重新获得了上帝的恩典，成了皇帝"。①

　　教会抵抗权与世俗抵抗权的政治联盟在 9 世纪混乱的秩序中随处可见。二者的联盟是由于世俗的权贵们渴望以上帝的裁决的名义来清除对手。但是，在和平时期，情况就完全不是这样了。相反，虽然教会依然在坚持并发展自身正式与合法的抵抗权理论，但它能够同君主制合作，以限制人们零零星星地行使的、源于普遍的日耳曼传统的抵抗权。

　　一方面，教会开始收集历史上教会惩罚国王的所有事例，并以之警戒后世。查理大帝的孙子和玄孙遭到了教会多次的责备与训诫，而诸如尼古拉一世和兰斯的兴克马尔（Hincmar of Rheims）等教会领袖们（尽管在其他方面教皇的政策与大主教的政策存在分歧）都一致地要求加强教会权利以反对不公正统治者。而另一方面，保卫"受膏的国王"（Lord's Anointed），反对那些自力救济者也是教会的原则之一。因为那些反叛者以所谓的国王做出了不公正行为为理由而反抗国王，但是他们的理由并未得到教会

---

　　① "Divina repropitiante clementia imperator augustus"; cf. Simson, *Jahrbücher des fränkischen Reichs unter Ludwig d. Frommen*, II, 91.

的认可。从王权与教会的联盟中就产生了诸如 859 年支持秃头查理的宣言;它认为,世俗权力再也无法推翻受膏过的国王,只有为国王行膏礼的主教们作出的正式裁决才能推翻国王。

因此,10 世纪和 11 世纪德意志和法国的国王们通常能够在主教中获得可靠的支持,反对桀骜不驯的贵族。这部分是由于教会需要政治支持导致的后果,同时也是教会的一项原则的结果,即未得到教会授权就对国王进行的攻击是不合法的叛逆行为,教会应当确保统治权威不受自力救济的威胁。因此,在国家教会(national Churches)时期,强大的政府通常无需冒很大风险就能够同教会的抵抗权理论达成一致。但是,随着教会很快摆脱了国家的控制,它又一次地同世俗抵抗权的支持者们缔结了联盟,而且这一次的联合比 9 世纪时的联盟更加有效。

教会只有在世俗统治者的权力十分虚弱,在一定程度上被孤立的情况下才会用严厉的宗教纪律对待统治者。这是教会政策现实智慧的体现。确实,伪伊斯多尔和格里高利七世都认为,早在 4 世纪教会法就已经授权教会对国家事务进行干预;但是,也许除了 9 世纪之外,在 4 世纪到 11 世纪期间,这种观点都只是一种理论而已。大格里高利对待皇帝的态度中明确表达了放弃对不公正的皇帝的命令的抵抗;他拒绝教会与国家之间的任何冲突——这些在很长的时间里都被视为典范。随着加洛林帝国的分崩瓦解,教皇制也陷入昏沉无生机的状态,直到 11 世纪初的改革运动才使之得以复兴。第一批克吕尼的改革家们在国家的庇护下展开工作,直到亨利三世时代,复苏后的教廷才开始激励抵抗权的发展。但是,格里高利七世是第一个敢于对君主采取极端严厉措施的教皇。他之所以敢如此胆大妄为,是因为当时的国王正遭到大部分臣民的反对。萨克森人以及王侯们针对亨利四世 108 的反叛和暴动使得教皇不仅有机会可以将最激进的教会抵抗权理论付诸实施,同时还有机会通过实际的运用而对其进行改善。

在这个基础上,格里高利七世带来了一些新的发展,尽管事实上他同世俗抵抗权的支持者们缔结了政治联盟。对于混乱而含混不清的日耳曼抵抗传统,格里高利反对一项重要即便陌生(alien)的原则,即君主与人民都臣服于教皇君主制,臣服于至高无上的、超越于人类的司法权威作出的绝无错误的判决。他为这个世界带来了史无前例的由教皇推翻君主的先例。他庄严地使臣民们不再有义务服从于他们的国王。因此,抵抗权就必须得到严格的实施;在基督的代牧的号召之下,人民都同他们的君主展开了斗争。在这种令人困惑不解的事态中,每个没有得到国王公正对待的人都可以自己通过武力寻求救济。这种状态必将让位于更高级的秩序。即便在这种情况下,上帝的法庭依然对人们具有约束力;人民在教皇的号召之下进行反叛,就仿佛是在执行一项普遍有效的判决。世俗权力与臣民之间的宪法联系在更高级的教会权威的命令之下必须被解除;在教皇的命令下,效忠誓约不再有效。正如英诺森三世所说:"因为人们做出誓约并不是要使其成为非法的纽带。"然而,即便如此,教皇的裁决也不能被视为具有真正的宪法特征,而仅仅是宣示性的。它仅仅宣告了事实;它对那些心存疑虑的人们保证,亨利国王事实上不再是国王了,因为由于他的罪孽,他已经自动地放弃了统治权。

一旦基督教世界拥有了一个确定的权威,能够对民众的良心产生影响力，并谴责僭主，那么，甚至诛杀僭主的行为（tyranni-cide）（正如卡利亚里的路西法曾经玩弄过的［toyed］）在 12 世纪
109　最伟大的政治思想家索尔兹伯里的约翰那里也得到了热情的歌颂。这一点也不值得奇怪。教会领袖们审判那些他们曾经加冕过的国王的权利——秃头查理曾经将这项权利授予给他的主教们——在 12 世纪又一次地得到了强调。在评论亨利四世的垮台（1105 年）时，黑尔莫德（Helmold）让美因茨大主教对沃尔姆斯和科隆的主教们说："兄弟们，我们还要等待多久？难道不正是我们的职分为国王加了冕，为他涂了圣油吗？难道君主通过法令授予的东西，他不是同样有权收回吗？我们授予其权利那是因为他配得上这些权利，那么当他配不上这些权利时，我们为什么不剥夺他的权利呢？"这些观念对选侯审判国王的权利产生了影响。这种权利在 13 世纪德意志的法律理论中得到了充分的发展，我们下文将对其进行论述。① 以这种方式，主教们古老而过时的审判他们曾经加冕过的国王的权利在教皇推翻君主的权利的影响下得到了直接的复兴。

与此同时，希尔布兰德（Hildebrand）及其追随者们的好战的教会距离早期消极被动的基督教多么遥远了啊！教会如今受到帕塔利亚（Pataria）的精神和伦巴第的革命运动的精神的影响——这大大出乎贵族式的、苛刻的改革者们的意料。他们中最著名的一位将格里高利七世称为"神圣的撒旦"，并且格里高利对抵抗权激烈的宣扬也被从基督福音中分离开，似乎二者之间具有

---

① *Infra*, p. 124.

不可弥合的鸿沟。教会教阶体制向人们发出的对国家开战的号召并未获得足够的响应与同情,不足以取得完全的胜利。在激烈的党派斗争中,11 世纪的教会虽然并未完全丧失其动机的纯粹性和目标的崇高性,但是在手段和方式的选择上却失之审慎。由于教皇政策,对国家权力行使者的谨慎态度(明智地维持了一千年之久)、尊重和敬畏全部都烟消云散了。

面对着这种政治传统的瓦解,王权的捍卫者们强化了君主制 110 的壁垒。他们发展出了一套并非源于日耳曼民族的理论:国家君主不负责任(irresponsibility)的理论。在基督教世界,被动服从理论从未消亡过;如今由于响应了政治共同体迫切的需求,它便在一个新的基础上发展起来。虽然在神学和道德文学中长久以来都限于消极被动的作用,这项古老的基督教理论如今在王权保卫者们的著作中得到复兴,成为反对希尔布兰德的政治理论。他们将希尔布兰德称为"邪恶的僧侣",认为他远远地背离了福音书,完全变成了一个无廉耻的战争贩子。

世俗的革命者和教会的革命者越发肆无忌惮地强调他们的"权利",君主制的原则——无论面临何种煽动与蛊惑,必须依赖并对世袭的君主保持忠诚——就越发地在人民中间扎根,而不论抵抗权理论得到多么广泛的传播。9 世纪的民众将虔敬者路易丧失统治权的地方称为"谎言之地"(lügenfeld);11 世纪的人们将僭王鲁道夫的手被砍断视为是上帝的裁决,因为他曾经用这只手向亨利四世表示效忠。尽管人们并不否认一般性的抵抗权,但是在某些情况下,他们甚至会深深地怀疑那些获得教会许可的反叛。民众真正的权威主义情感通常会怀疑贵族们反叛受膏和加冕过的国王的行动,认为这些反叛活动只不过是可憎的党派阴谋。即便在诸如 887 年废黜无能的胖子查理的行动中,依然有相当一部分的公共舆论支持被推翻的皇帝,尽管推翻这位国王对于国家显然是有利的。

至此,日耳曼抵抗权会在某些具体的情况中遭到反对,尽管从纯粹的日耳曼视角来看,其无法从原则上被否定。因为日耳曼抵抗权的全部理论基础是要求国王依据法律和贵族们的建议进行统治的义务;这种义务不断被重申并且得到国王接受。另一方面,教会的抵抗权是建立在一个文学性的、半神学、半司法性的基础之上;它会遭到自身的武器的反对——通过成文的观点和权威,通过宗教和理性。每一项得到论证的观点都会引发反题(antithesis);君主不负责任的新颖理论就是由与之相对立的抵抗权理论,尤其是由于抵抗权理论的滥用而引发的。这项新颖的理论第一次使神圣权利理论变得完整,并且不仅反对教会的抵抗权理论,同时还反对所有的抵抗权理论。这项新颖的理论不同于被动服从理论,但是与之相关;它们就像一枚硬币的正反两面。被动服从理论的目标是每一位臣民灵魂的福利,而君主的不可侵犯性仅仅是其中一个推论。相反,君主不负责任的理论强调的是政治权威及其拥有者的至高无上性;君主不会遭受任何批评。事实上,即便在这种理论中,君主也必须是一个正义的人,是一位教士,如果他希望获得祝福;他所有的行为仍然必须在上帝面前接受审判。但是国家尊严、共同体秩序的需求,以及除此之外人民所受到的道德教育都要求人们不得对君主采取强制手段,即便他是不公正的。因此,这种理论尽管不同于被动服从理论,但绝对离不开被动服从理论。因为其首要的目的不仅是为国家的最高权力确立宪法保障,同时更是为了保证臣民个人的道德义务。确实,在神学家们的著作中,他们同时强调了个人的道德义务,而君主的不可侵犯性仅仅是近现代才产生的一项纯粹的政治要求。但是,为了正确地理解历史的发展,我们必须关注一些变革,正是通过这些变革,在 9 世纪之后,法律因素被从混杂的宪制与宗教动机中挑选出来,并被摆在突出的位置。

从基督教被动服从的义务以及君主神圣授职礼的观念中产生了一种理论,它将所有针对僭政理论得出的暴力结论都视 112 为违反基督教教义。当然,还有一些神学家,他们采取了中间的立场;他们相信,殉道者们的被动服从能够与教皇提出的臣民应当和被开除教籍的君主斩断联系的主张相调和。根据这种观点,至少君主的生命必须受到保证;但是禁止臣民同君主联系的禁令如何可能与“恺撒之物当归恺撒”的律令协调一致呢? 任何人只要被怀疑同被革除教籍的君主有联系,那么他就会被剥夺统治的可能性。因此,中间立场在实际中是无法维系的;人们必须决定是支持还是反对国王是否需要承担责任。君主不负责任的理论确实有可能在一个方面——在反对不受约束的抵抗权方面——同教皇的理论结合在一起。并且教会与君主制联合起来反对日耳曼抵抗权正是 9 世纪的特征。但是,王权的捍卫者并没有在这点上止步,他们认为,上帝膏过的人是完全不受侵犯的。甚至这种理论在 9 世纪的宫廷中就已经被提出来了,也许是那些谄媚的主教们提出的。这些宫廷大臣们宣称,国王自己可以依据自己的意愿选择他是否在世俗或教会法庭中接受审判;国王不得被起诉,除非他自愿屈尊对诉讼进行答辩。并且无论国王做了什么,他都绝对不能被他自己的主教或外国的主教革除教籍。

尽管中世纪的君主并非绝对主义君主,不能随心所欲地做任何事情或不做任何事情,但是,显然就其行为无需对尘世间的任何法庭负责而言,他实际上就是绝对的君主。因此,这就已经预示了后来的国王神圣权利的理论;在后来充分发展的神圣权利中,绝对主义是其不可或缺的一个组成部分。世俗权威因此获得的地位仿效的是至高无上的精神权力所具有的地位。在教会中,人们主张教皇是永不犯错的,他不受任何司法裁判权的管辖,并113 且要求俗人(laity)必须无条件地服从他。然而此后,教会就逐渐地发现,它不得不和一个同它一样主张具有至高权威绝对不可触犯的国家打交道。因此,早期基督教被动服从的义务就被转变成国家反对革命(counter-revolutionary)的权利。

这种新颖的理论,正如它水火不容的对手——教会的抵抗权理论一样,是在 9 世纪人们对政治观念的广泛讨论中产生出来的。并且正如教会的抵抗权理论一样,它在 11 世纪实现了暂时的完成。正如梅瑟伯格的提特玛尔(Thietmar of Merseburg)所表明的那样,即便在过渡时期(intervening period),这一理论也没有被完全遗忘。① 但是,诸如温里奇(Wenrich)等亨利四世的保卫者们,最为积极地倡导应当绝对地尊敬国家的首领,并且正是他们提出的观点比罗马教会宣扬的抵抗义务的观点更多地得到了《圣

---

① 参见 1003 年,他对斯维因福特(Schweinfurt)的亨利的叛乱进行的评价(v. 32):"Dicat aliquis, non ignorans causam tantae presumptionis, necessario eum hoc fecisse ... Quibus reciproco non ullam in hoc seculo esse dominationem nisi a Deo; et qui se contra eam erigat, divinae maiestatis offensam incurrat."

经》和宗教的保证。① 他们将自己的对手格里高利七世同古代教
会最虔诚的教皇格里高利一世对比,并且认为,教皇推翻君主这
种新颖的做法触怒了上帝的律令。② 双方各自指责对方是异端。
因为从 9 世纪到 11 世纪,天主教会一直都是反对国家权威的抵
抗权理论的支持者;出于自己的利益,它一直都在激烈地、愤怒地
反对无需承担责任的神圣权利理论。兰斯的兴克马尔就已经明
白,除非君主自愿,君主不受精神权力的裁判这种理论是邪恶的、
亵渎神明的学说。

　　甚至对于民众的思想来说,认为无论君主如何行事都不受 114
惩罚、不可侵犯的理论也是荒诞不经的,在某种程度上是不可忍
受的。基督教的民主学说认为,所有人都没有差别地服从于教
会;这种学说以令人信服的简朴方式更好地符合了普通人的正
义观念。民众也许会不信任某个反叛者,但是将一切抵抗权从
原则上全部根除,这不符合民众的心理状态。难道共同体(com-
monwealth)仅仅为了一个人的利益就应当被毁灭吗? 难道人们
就应当忍受难以形容的苦难而不得反抗吗? 在这种情况下,有
什么能保证人们不遭受独夫残暴无情的专制统治,保证人们不

----

　　① *MGH.*, *Lib. de Lite*, I, 290:"Porro de ordinatis a Deo potestatibus omni studio
suscipiendis, omni amore diligendis, omni honore reverendis, omni patientia tolerandis,
tanta ubique sapientia disputat, ut vel pro eorum inportunitate vel perversitate seu etiam
infidelitate occasionem forsitan querentibus omnem ubique hesitationis locum omnino ex-
cludat."
　　② *Ibid.*, II, 540:"Veteris ... et novi actus historias relegentes et bonos principes
invenimus et malos, sed nunquam repperimus conscripto iudicio ab aliquo sanctorum fuisse
condempnatos. De ipsis enim sapientia, quae Christus est, dicit: Per me reges regnant
Per ipsum ergo solum condemnandi sunt, per quem solum regnare noscuntur. Siquis vero
id, quod soli Deo reservandum est, voluerit condemnare, numquam evadet punitionem."

被当成奴隶一样看待?

　　只有复杂的思辨过程以及反抗所带来的痛苦经历才能向民众们证实梅瑟伯格的提特玛尔或温里奇的绝对主义理论的合理性。只有在授职权之争中教皇与王侯们傲慢的联合及其同君主的痛苦斗争所导致的无政府状态才产生了出乎意料的效果,使抵抗权理论的对手们在一定程度上受到民众的欢迎。在当时,绝对主义代表了更加成熟的政治观念。但是,因为他们没能提出替代抵抗权的选择,并且不能为人们提供抵御王室专制侵害的保护,因此,他们并未真正地赢得未来。当然,亨利四世的追随者们对主权观念的阐发比起中世纪早期的作家们来说已经是精细、微妙得多了。君主受到的羞辱对他们来说已经不再是"不可弥补的伤害"(*reparabile damnum*)。历史的发展证明了他们观点的正当性;随着时间的推移,君主不负责任的特征成为一项不证自明的公理,而与此同时,抵抗权甚至不再是习惯法的组成部分了。亨利的一位追随者有一句格言,在当时也显得十分露骨,但最终广泛流行:"上帝赋予的权力至高无上,不受任何约束。"国家的实证法如今不再被认为是绝对的,而只具有相对的价值,而革命也已经多次证明自身是必要的解放力量。但是,只有当革命被剥夺了合法特征之后情况才变成这样;因为在革命依然是合法的,并且同法律处于相当的地位时,革命就会将所有的法律重新放入熔炉中。因此,如果没有君主不负责任与不可侵犯这项预设,近现代强大的国家就绝不可能产生。

　　但是,经过了很长的时间,权利与力量才出现分离,而抵抗权的混合特征才被人们抛弃。在中世纪晚期具有代表议会的国家中,体现在著名的阿拉贡法律习语中的精神曾经兴盛了几代人,即只有当国王遵守自己的义务,臣民才有义务服从国王,"反则,反之"。① 在很长的一段时间里,如果贵族只是默默地忍受国王对他的不公,那么他会被认为是一个懦夫。但是,能够使古老的观念保持活力的最重要的因素还是教会不知疲倦地反对不负责任的王权,并且在几个世纪中,教会的反对都取得了明显的效果。西蒙·德·蒙特福德(Simon de Montfort)在同亨利三世的宪法斗争中依然能够通过引用格罗塞斯特主教的《论王权与诛杀暴君》(*De Principatu regni et tyrannicidis*)来加强自身的力量。这不仅仅是由于教会渴望权力,同时教会对于义务的感受也起到了很大的作用。而且,教会可以坚持一项不证自明的真理,即君主同样也只是人。没人会反对,只要国家依然缺乏适当的宪制,教会就能满足一定的政治需求,并且通过呼吁君主承担责任而呼应了民众对自由的热爱。此外,如果人们能将教会对国王的审判权进行对比,例如将其同墨洛温王朝时期粗野的专制统治对比,那么教会还代表了一种更高级的文明。在中世纪教会与国家的斗争中,动机是非常复杂的;斗争双方谁是正义的,谁是非正义的,几乎很难辨别。正如双方都能在圣奥古斯丁中找到依据;正如温里奇能够为国家的存在寻找到神圣的基础,而与此同时格里高利七世却将其谴责为罪恶的渊薮;双方都没有违背基督教传 116

---

① Balaguer, *Institueiones y reyes de Aragón* (1896), 43 用"反则,反之"(y si no, no)这一短语来形容阿拉贡政治体系的核心与内容。它很可能以西哥特人的格言"国王如果正当行事,你就当服从,如果不是,就无须服从"为基础。(Cf. Balaguer, *op. cit.*, 48)

统,因此几乎很难说哪一方更加正义。在教权(sacerdotium)和王权(regnum)的斗争中,双方都为现代主权国家的产生铺平了道路;而授职权之争在现代国家得以立基的观念的历史中扮演了极其重要的角色。

　　然而,还有一种历史情况决定了在中世纪早期,绝对主权的观念比君主应当负责的观念更不受人支持。当时,人们还没有能力将现实政治(realpolitik)当成最重要的因素来考虑。13世纪亚里士多德的《政治学》被重新发现,它在这方面第一次稍微地解放了人们的思想。事实上,像国家主权这种异常重要的理论起源于许多不同的根源;我们甚至发现了一些证据表明,甚至在中世纪早期,人们似乎并未完全忽视用功利理性来为君主的不负责任辩护。但是,道德上或衡平公正上的论证仍然比功利的考虑重要得多。甚至亨利四世的追随者们也依赖于个人伦理的观念,依赖于效忠誓约的有效性,依赖于基督教的忍耐义务,等等。

　　王权派作家们的这种立场的弱点是,它遭到了教会的反对,并且教会比其对手更加清楚地了解基督教的义务是什么。格里高利一派的人们可以主张,他们同样尊重世俗权威,并且他们的尊重更加纯粹,因为他们剥夺了那些不具有统治资格的君主们行使作为上帝代牧的统治职能。正是为了准确地阐述不受侵犯的职位与可能犯错的统治者个人之间的区别,人们才创造了僭主理论。如果不具有统治资格的君主事实上(ipso facto)不再是统治者了,那么谁敢禁止教会权威地宣布这个事实呢?

　　亨利四世的捍卫者们十分清楚自己立场的弱点。正是由于这个原因,他们宁愿坚持认为,教皇罢黜亨利四世的程序并未遵守适当的形式——但是,如果教会的程序全部都被排除在外,那么这种观点显然就是多余的。因此由于这种不可避免的缺陷,国王的支持者们的观点就必定会留下一道后门,即只要教皇废黜国王的行动遵守了适当的形式,那么它就是合法的,并且具有法律效力。

第三节　抵抗权及其与人民主权以及统治契约之间的关系

从上文已经讨论过的内容中,我们可以清楚地看出,君主权利的胜利并不能避免自身在面对神学的反对观点时处于不利地位。神学的反对观点围绕着教会抵抗权而汇集在一起。在这种情况下,一些反对格里高利七世的意大利人试图通过将战场从神学领域转移到司法领域而争取胜利。这些人也许可以被归为主张裂教的红衣主教们。因此,大约在1080年,某个有法律知识的人就在伪造的列奥八世的教令中插入了一句话:"权力从人民转交给君主是不可撤销的",并且"一旦君主的权力得以确立,人民就不得将其夺走"。即便国王获得王位是由于共同体自由行动的结果,一旦共同体的行动完成,自由就让位于必要性了。教令的伪造者试图通过引用查士丁尼的《法学阶梯》(*Institutes*)来证明这种观点。结果,他们发现了所谓的《君王法》(*Lex Regia*),据说古罗马人民正是通过这项法律将他们的权力转交给君主的。①

在之后的几个世纪中,罗马法成为绝对主义同日耳曼习惯法进行斗争的取之不尽的武器库。在中世纪授职权之争的宪法斗争之初,它就起到了类似的作用——这种作用虽然常常被人夸大,但不可否认依然发挥了重要作用。对查士丁尼的法律的研究刚刚被唤醒,正焕发生机,并且似乎得到了格里高利七世要求搜集有关古代法律权威的作品的命令的刺激。因此,对查士丁尼法律的研究就成为君主与人民之间关系的
118 斗争中一股潜在的力量。确实,长久以来,它都没有像日耳曼的观念或教会的观念那样获得重要的地位。然而,人们已经发现了一条道路,通过这条道路,将来绝对君主制的捍卫者们可以通过对所谓的原初的统治契约的合法解释而剥夺人民全部的抵抗权。

利用《君王法》为王权派的主张辩护的做法就使争论进入了一个新的领域,并因而脱离了之前的辩论通常所依循的道德、自然法和神学的思想框架。如果人们不把这种做法顶多视为是一种逃避的话,那么它确实开辟了一个新的领域。因为 11 世纪的政论家们从未想过要以这种方式击败其对手的神学观点。即使假设人民将统治权转移给国王的行动仅就人民单方面而言是不可撤销的,那么,上帝及其代牧——教皇也并不会因此就不得剥夺不具有统治资格的统治者的统治权;因为统治既来源于世俗的

---

① *Inst.* I, 2;参见列奥八世所谓的"更大的特权"(Privilegium maius):"因为,我们曾经将罗马人民所有的权利和权力全部授予给了皇帝。"(*MGH.*, *Const.*, I, 667, no. 449, § 4)

授权,也来源于神圣的授权。《君王法》并没有摧毁教会对不公正的权威进行干涉的权利;神法(*Lex divina*)依旧高于最神圣不可侵犯的人法(human *Lex*)。

此外,即便在实证法的领域内,王权派作家的理论也并非无懈可击。在这里,一个观点同样会引发与其对立的观点(antithesis);并且,由于在这场争论中,争辩双方的目的更多地是为了批驳对方的观点,而不是说服对方,因此,《君王法》的主张很快就被敌视君主制的人们用于完全相反的目的。绝对主义的捍卫者们所提出的观点由此就产生了人民主权的观念——它被视为君主制原则不共戴天的敌人。这种观念是作为一种异质的观念而进入中世纪德意志公法中的——正如绝对主义理论对于中世纪德意志公法而言是陌生的一样。在11世纪,这些观念只出现了一次,之后再次被掩埋在浓厚的神学观念之下。只有到了中世纪晚期,司法性的辩论方式才能够与神学的辩论方式匹敌;并且由于罗马法日渐变得重要,关于统治契约的争论才日渐成为人们关于君主与人民权利之间争论的焦点。这就是关于《君王法》的争论在11世纪所具有的重要性。虽然仅就授职权之争而论,它并未产生重要的影响,但是在12世纪到19世纪之间从未中断过的宪法斗争中,它应有的价值得到了证明。

在11世纪80年代,正是一位德意志僧侣劳滕巴赫的曼涅戈尔德最早发现了绝对主义者所利用的《君王法》存在着容易遭受攻击的地方。因此,他力挽狂澜,扭转了败局,并以人民主权的理论为武器走上了与国王斗争的战场。

如果人们是为了特定的统治目的而将权力转交给君主,而如果君主又无法实现这些目的,那么又有什么能够阻止人民收回权力,将它交给更优秀的统治者呢? 将权力移交给君主为什么必须是不可撤销的呢?① 似乎正是为了准确地预示这种观念在后来几代人中所具有的煽动性的、民主的力量,曼涅戈尔德举出一个精妙无比的比喻,用来说明事实上单单共同体就能够废除蒙神圣恩典之国王的王位。有谁能阻止人民这一主权者像农场主赶走不忠诚的牧猪人那样对付君主呢? 人民非但无需供养不忠诚的牧猪人终身,反而应当不支付任何报酬而将他从农场驱逐。②

120

然而,在这个时期人们并未准备好接受这种狂放的思想;它们只是远处风暴的第一道闪电。在这方面,曼涅戈尔德的对手温

---

① Manegold *ad. Gebeh.* 30 (*MGH.*, *Lib. de Lite*, I, 365): "Neque enim populus ideo eum super se exaltat, ut liberum in se exercendae tyrannidis facultatem concedat, sed ut a tyrannide ceterorum et improbitate defendat. Atqui, cum ille qui pro coercendis pravis ... eligitur, ... pravitatem in se fovere, ... tyrannidem, quam debuit propulsare, in subiectos ceperit ipse ... exercere, nonne clarum est, merito illum a concessa dignitate cadere, populum ab eius dominio et subiectione liberum existere, cum pactum, pro quo constitutus est, constet illum prius irrupisse." *Ibid.*, cap. 47, 391: "Cum enim nullus se inperatorem vel regem creare possit, ad hoc unum aliquem super se populus exaltat, ut iusti ratione inperii se gubernet et regat ... At vero si quando pactum, quo eligitur, infringit ..., iuste rationis consideratione populum subiectionis debito absolvit, quippe cum fidem prior ipse deseruerit, que alterutrum altero fidelitate colligavit." *Ibid.*, cap. 48, 392: "At vero, si ille non regnum gubernare, sed regni occasione tyrannidem exercere ... exarserit, adiuratus iuramenti necessitate absolutus existit, liberumque est populo illum deponere, alterum elevare, quem constat alterutre obligationis rationem prius deseruisse."

② Manegold, *op. cit.*, cap. 30, 365: "Ut enim de rebus vilioribus exemplum trahamus, si quis alicui digne mercede porcos suos pascendos committeret ipsumque postmodo eos non pascere, sed furari, mactare et perdere cognosceret, nonne, promissa mercede etiam sibi retenta, a porcis pascendis cum contumelia illum amoveret? ... tanto dignius iusta et probabili ratione omnis, qui non homines regere, sed in errorem mittere conatur, omni potentia et dignitate, quam in homines accepit, privatur, quanto conditio hominum a natura distat porcorum."

里奇的观点——受膏的国王就像一位执法官（bailiff）——比曼涅
戈尔德粗俗、狂热的观点更加接近 11 世纪普通民众的信念。君
主可能由于其暴政而丧失要求民众服从的权利；但是他并不仅仅
是共同体可以随时解职的雇员；相反，只要他还在合法地统治着，
他就是上帝的代理人，共同体的守护者，并且是所有臣民的主人。
他就是民众的首领（*maior populo*），而民众（*populous*）并非君主的
首领（*maior rege*）。甚至同样激烈地反对亨利四世的人也并未像
曼涅戈尔德一样坚持激进的人民主权原则。例如贝恩里德的保
罗（Paul of Bernried）尤其坚定地强调抵抗权的有效性，但是他坚
持的是古老的日耳曼抵抗权，是封臣抛弃领主之后采取的合法暴
动，而并非真正的主人——人民反对他们的官员和国王而采取的
行动。

　　然而，比起《君王法》所论证的统治权转移后不可撤销的理论
来说，曼涅戈尔德的理论更加接近中世纪反抗权行使的实际情
况。并且在很重要的一点上，曼涅戈尔德使自身经典的形象带上
了中世纪的特征；他将《君王法》变成了一项契约（*pactum*），这点
大大出乎我们的意料。在曼涅戈尔德看来，君主只要履行了自己
的义务，他就拥有自足的、不可侵犯的契约性统治权，正如仆役有
权获得报酬一样。因此，这项契约的有效性就使共同体的主权意 121
志黯然失色；人民不可以单方面地撤回他们对统治者的服从；只
有当君主没能履行其契约义务，人民才能自由地撤回对君主的服
从。因此，甚至在曼涅戈尔德看来，君主个人的统治权也能够得
到保障。甚至在这里也并非人民的主权意志，而是统治者违反合
法的义务才为抵抗权的实施提供了理由。并非共同体的权利而

是法律所强加的普遍的限制约束了国王的行动自由。因此,虽然曼涅戈尔德提出了人民主权的观念,但他还是保存了中世纪关于国家的普遍观念的全部要素。不过,与此同时,统治权威也因此被纳入契约的轨道之中。

契约论的观念所强调的一项要素事实上在中世纪的公法中得到了广泛的承认,但是正如上文所述①,我们不能过于夸大这一要素而忽视了其他要素。统治者在登基伊始同人民缔结的默示的契约——国王与人民分别承诺提供保护与承诺服从——至少从 11 世纪开始就得到了以下事实的强调,即臣民的效忠被拿来同封臣的效忠对比,甚至被等同于封臣的效忠。尽管这并不意味着,君主与人民之间的关系完全地封建化了,但是在王国的法律中,二者的相互关系已经被等同于领主与封臣之间的契约。②

但是,封建法对君主与人民之间关系的影响不应当被过分夸大。君主与臣民之间相互的义务以及反抗权都根植于效忠的观念;并且效忠的观念确实在封建法中得到了最为充分的表达。但是,效忠的观念在封建法之前、之外就已经存在了。不过,契约论观念的某些发展是由于封建主义的影响。在安全保障的契约(se-curity-pact)中,例如在秃头查理和他强大的臣民之间缔结的《基尔希法令》(Capitulary of Kiersy)中,抵抗权理所当然地被放在契约的基础之上。此外,在封建法中,诸如领主违反了效忠誓约而封臣拥有了抵抗权的观念都由于契约的存在而具有了明确的法

---

① Cf. , *supra*, p. 78.
② 参见例如向英格兰的埃德蒙一世(940—946)进行的效忠宣誓:"所有人……都宣誓效忠埃德蒙国王,正如每个人都要效忠于自己的主人一样。"(Lieber-mann, *Gesetze der Angelsachsen*, I, 190.)

律形式。由于受到侵害的封臣放弃效忠的权利具有明确的法律形式,因此王国的法律所规定的不明确的抵抗权也就变得更加清晰,并且得到了强化。领主不正义的行为使封臣有权对他进行战争,并且使交战双方都成为独立的力量。这场正义战争(*bellum iustum*)通常会以一份新的契约结束,而契约条款则反映了战争的结果。相比于在更加宽广的政治领域,在这种封建的生活中,从属的一方更加无可置疑地有权强迫地位更高的一方遵守法律,遵守最初建立在契约基础之上的法律。因此,在十字军建立的国家中,公法是严格依据封建法而制定的;在这些法律中,抵抗权具有尤其清晰的法律形式。① 甚至在英格兰,虽然血亲复仇的权利(right of feud)很早就已经被精力充沛的盎格鲁-诺曼国王根除了,但是在1215年贵族们还是将中世纪的抵抗权发展到了顶峰;他们为了保护公共的自由免受国王侵害,运用了针对封建领主的大规模报复的观念(the idea of large-scale reprisals)。

依据同样的方式,在授职权之争中,亨利四世的反对者们认为亨利四世违反了自己订立的契约,因此他的臣民就不再受效忠义务的约束。他们的这种观点也是以契约的观念为基础。但是当曼涅戈尔德将人民主权的观念引入当时的争论中时,他将契约论的观点同历史背景分离开来。他不是将其与封臣契约相对比,而是将其同雇佣契约相对比;并且在他的理论中,统治者退化成了雇员,而人民则被提升为雇主。

123

---

① 　Cf. *Ass. Haute Cour*, Ibelin, 206 (*Recueil des Historiens des Croisades*, Lois, I, 331): "Et se l'ome attaint son seignor en court, que il a mespris vers lui de sa fei, et il en requiert à aveir droit par esgart ou par conoissance de court, je cuit que la court esgardera ou conoistra, que l'ome est quitte vers lui de sa fei, e a son fié sans servise tote sa vie."

第四节　从压制到预防的转变

因此,从 9 世纪起,民众的抵抗权就被卷入教会的抵抗权理论与被动服从理论之间的论战中。中世纪公法的贫乏既清晰地体现在政治斗争中,同时也同样清晰地体现在这些宪法的理论斗争中。君主缺乏明确的限制,虽然存在一些约束,但是一方面过于含混与宽泛,另一方面却狭隘、琐碎地将君主限于法律。这种状况既鼓励了统治者的绝对主义倾向,也同样鼓励了纷乱的抵抗权导致的无政府状态。无论是赞成还是反对统治者责任的政论家们在两方面最终都只能陷入法律的迷惘中;正如我们在萨克森人的反叛史中所看到的那样,当时的斗争在盲目地摧毁王权与无根据地废除人民的权利之间摇摆。这些斗争毫无成果,而抵抗权虽然具有内在固有的危险,却是同绝对主义斗争不可或缺的武器;所有这些随着历史的进展都变得越发清晰。随着欧洲的国家的发展,既有的、用于最终调整君主与人民之间关系的观念显得越发的无效。

在中世纪晚期,对历史的兴趣已经不再关注君主是否应当负责任,不再关注抵抗权,而转向西欧国家所形成的一些新的制度。西欧国家发展出这些制度是为了通过更加明确地界定国家自由行动的领域以及国家的义务而确保建设一个功能更加完善的中央权力,即创建王国的等级会议(Estates)组织。但即使在那些发展出了代议性议会制度的地方,抵抗权也并未被废除;代议制度的创建最重要的是意味着从单纯地、压制性地限制君主权

力转变成采取预防性措施。虽然在此我们的任务并非是追溯等级 124
会议组织的起源,但是我们还是不得不阐明预防性措施的萌芽是如
何从中世纪早期的抵抗权中产生出来的。确实,最初的时候,压制
性的抵抗权似乎能够成功地限制王权,并实现进一步的发展。正如
我们所见,教会曾经帮助难以捉摸、纷乱和不成熟的民众的抵抗权
转变成一个更加高级与持久的体系。教会创立了常规的法官审判
国王,创立了对国王进行惩罚并推翻王位的程序。日耳曼的血亲权
和异教的王室授职仪式都经过了教会观念的过滤,其中一部分遭到
了攻击,一部分则通过教会将国王视为官职的王权观念得以修正,
并且最终在很大程度上保留下了自身根本的形式。同样,日耳曼的
民众抵抗权也从教会理论中获益颇丰,它得到了教会的帮助而使自
身得以加强,并且最终在很大程度上打败了那些试图将其限制在确
定的法律形式中的外来影响。

在德意志,根源于教会、运用正式的程序惩罚与废黜国王的观
念在很长的时间里都战胜了根源于日耳曼传统的观念,后者缺乏正
式的程序惩罚与废黜国王。当然,在中世纪早期,人们并没有以教
会的思路作为抵抗权的基础,对其进行道德解释与辩护,尽管当时
也有人主张了教会的立场。然而,尽管和教会的观念联手,日耳曼
人还是在正式的废黜程序面前退缩了,他们宁愿像先辈那样只是
单纯地抛弃在政治上不再合适或者不受人们欢迎的国王。不过,在
授职权之争之后,在教会的废黜理论旁边产生了帝国的废黜理论,
它是在帝国宪制内部生长出来的,模仿了教会的废黜理论,同时也
反对教会的废黜理论。对于中世纪晚期的这种发展,我们只能最为
简洁地进行论述。13世纪日耳曼的法学著作认为存在着审判国王

的法官,并将其视为确切的事实。他们宣称,帝国的王侯法庭(court
125 of princes)在巴拉丁伯爵(Count Palatine)的主持之下可以废黜国
王,甚至可以对国王宣判死刑。类似的理论在 13 世纪的英格兰并
不为人所知。人们更倾向于将加冕仪式上"巴拉丁伯爵"在英格兰
国王面前举着的剑视为巴拉丁伯爵司法权力的象征;如果国王为
非,他便可以对其行使司法权。① 在当时的人们对布拉克顿著名的
法学著作的若干文段进行的增补中,甚至提到了一个由大贵族组
成的用以审判国王的法庭。②

　　在君主与人民之间存在一个居中裁判官(*judex medius*),这种
精巧的政治观念在阿拉贡的宪法中比在其他地方得到了更加充分
的发展。而在墨洛温王朝时期,大贵族们还从未被召集对敌对的国
王们进行裁决;在 13 世纪的英格兰,一旦国王和人民之间产生了宪
法冲突,他们就寻求外国君主作为公正的裁判者;而与此同时,在阿
拉贡,已经创设出来一个独立的司法官职,在国王和人民之间进行
居中裁判。另一方面,在德意志,法学著作中的理论从未在现实中

---

① Matthew Paris, *Chron. Maior.* (1236), III, 337 sq. : "Comite Cestriae gladi-
um sancti Aedwardi, qui Curtein dicitur, ante regem baiulante, in signum quod comes est
palatii, et regem si oberret, habeat de iure potestatem cohibendi, suo sibi, scilicet Ces-
trensi, constabulario ministrante, et virga populum, cum se inordinate ingereret, subtra-
hente. "

② "Rex autem habet superiorem, Deum scilicet. Item legem, per quam factus est
rex. Item curiam suam , videlicet comites et barones, quia comites dicuntur quasi socii re-
gis, et qui habet socium, habet magistrum, et ideo si rex fuerit sine fraeno, id est sine le-
ge, debent ei fraenum ponere. "在谈到反对国王没有其他任何补救措施,只能提出请
愿"要求改正与补偿"之后,又加上了一条"除非有人认为,在王国之内还有某个由
贵族组成的法庭应当也能够这么做"。然而,布拉克顿自己知道不存在对国王进行
审判的法庭,"不存在针对国王的令状"。关于这两处著名的增补的真实性问题,参
见 Pollock and Maitland, *History of England Law*, I (2nd ed.), 516,以及 Bracton, ed.
Woodbine, I, 333。

得到完全应用,没有任何一位君主是被他们所提出的(prescribe)
"金斧"所处决的。但是,在精神上,13 世纪、14 世纪和 15 世纪的实
践并未完全偏离这项理论。虽然帝国的全体王侯们在巴拉丁伯爵
的领导下事实上并未主张审判国王的权利,也没有实施该项权利,
但仍有一小部分王侯确实这么做了,他们就是选帝侯。在 1298 年 126
和 1400 年,他们都正式地推翻了德意志皇帝;他们主张,选举皇帝
的人就有权废黜皇帝。当然,选帝侯们最初并不具有如此危险的一
项权力。但是,选帝侯们的主张复兴了我们在 9 世纪到 12 世纪便
有所了解的古老观念:使君主获得统治国家之权力的王侯们保留了
监督君主合法行动的权利,并在必要的时候有资格推翻君主。同样
在英格兰,理查二世也是被一项正式法律程序推翻的;而这项法律
程序在之前的时期还不为人所知。①

　　然而,建立宪法程序以取代教会程序被证明是一场错误。在
德意志,选帝侯篡夺了司法权,这意味着选举的原则被推向了极
端,而皇帝的主权被摧毁了;而在 15 世纪中叶,古老的、司法之外
抛弃国王的做法又重新走上前台。甚至在英格兰,在法律上未得
到界定的抵抗权也并未消亡。建立审判国王的法庭的观念被证
明毫无成果,并且是无政府主义的。无政府的反叛活动在许多情

---

　　① 甚至在 1327 年废黜爱德华二世的过程中,唯一正式的法律行动就是选举
爱德华三世,并且只是后来在斯特拉福德的六规条中才提出了爱德华二世的不适
格,而与此同时,人们试图迫使爱德华二世"自愿地"放弃王位。相反,在 1399 年,人
们引入了一项正式的废黜程序,并且,推选亨利四世为国王发生在废黜理查二世及
其"自愿"弃位之后。参见 Lapsley, *The Parliamentary Title of Henry IV, EHR.*, XLIX
(1934), 423 – 449, 577 – 606; Richardson, *Richard II's Last Parliament, ibid.*, LII
(1937), 37 – 47; Lapsley, *ibid.*, LIII(1938), 53 – 78; Clarke, *Mediaeval Representa-
tion and Consent* (1936), cap. 9; and *Fourteenth Century Studies* (1937), nos. 3 and
7; Chrimes, *English Constitutional Ideas in the Fifteenth Century*, 106 – 114。

况下是一种必要的自力救济手段,但是当它用各种形式性的法律与程序将自己装扮起来时,它就变成了令人厌恶的伪善。中世纪早期的抵抗权无法以这种方式恢复活力;它总是不断地回归到古老的、毫不掩饰的混沌状态(formlessness)。

但是,还有另外一条道路能使抵抗权获得相对有序的法律形式,并且更有成功的希望。正如我们所知,中世纪的国王几乎都 127 承认以下的观点:当国王违反了法律,臣民的反抗是被允许的。但是由于国王的义务与承诺往往都不明确、不具体,因此国王的承认在实际的个案判决中就没有任何价值。但是,如果国王能够明确地承认自己受某些明确的义务约束,如有违犯,他就将丧失臣民的服从,那么国王的法律地位就完全不同了。这种情况在法兰克王国时期就已经发生了;秃头查理孱弱却法令浩繁的统治时期在这方面具有划时代的意义。例如,在856年,国王承认自己受某些明确的义务的约束,并且向他的臣民承认,如果他没能履行自己的承诺,臣民就有权拒绝服从他。因此,抵抗权就变成了契约性的惩罚,并且正是由于这个原因,它具有了一些预防性(preventive)的特征。在13世纪,随着代议性的等级会议在匈牙利、阿拉贡以及最重要地在英格兰的出现,这项法律观念更加频繁地得到表达。我们将更加详细地论述抵抗权在英格兰的这种转变,因为在英格兰这种转变得到了最为充分的发展。

《大宪章》具有哪些本质性特征,使其能够成为历史的里程碑呢?这并非由于国王像往常一样又一次地承认了某些法律义务,并承诺遵守这些义务。这同样也并非由于大贵族们又一次地用手中的武器逼迫国王不情愿地承认了自己的义务。失地王约翰

(John Lackland)和贵族们在兰尼米德(Runnymede)签订的这份条约中最为重要与新颖的地方在于,它创建了一个权威机构监督国王履行义务的情况,并在国王未能履行义务的情况下,强制其履行。不过,对国王的强制并未采取直接针对国王人身的刑事司法程序,也不会作出推翻国王的判决,而是采取超司法的(extra-judicial)请愿的形式,同时保证国王人身以及统治权不受侵害。这种强制行为既依据了日耳曼的自力救济规则,也依据了封建法的自力救济规则;而这一宪制经验最伟大的成果就在于它将这两种因素结合在一起。即使遭受到君主非法行动的扰乱,公共生活依然尽可能和平地继续下去;人们既没有诉诸推翻国王的做法,也没有诉诸诛杀暴君的义举;但是,人们绝不会容忍不正义的事情,也不会容忍绝对主义。人们成立了一个临时政府在国王为非期间监护(tutelage)国王,并且通过强制手段迫使其回归正道,使其再次适合统治。但是,所有这些都并非像历史上屡见不鲜的那样,通过突然的革命手段实现的,而是作为有文字记载证实并有执行手段为基础的宪制的一部分。因为当国王承认,臣民在国王违反义务的情况下有权反抗国王时,他的承诺被记载进具体而非一般性的条款中。他自己颁布了一个强制性的机制——在必要的情况下,他的臣民可以启动这个机制反对国王。这一机制具体地体现在 1215 年《大宪章》的第 61 条:

　　因此,为了上帝的荣耀,为了改善王国,为了更好地平息国王与贵族之间产生的争执,国王同意作出这些妥协,并且希望达成的这些妥协能够永远完整、稳固地存在下去。国王

提出并承认以下内容,并且签名以确保其真实性:

贵族们应当从王国中选出 25 位贵族……他们应当尽其全力遵守、维护并促使其他人遵守……我们在当前这部宪章中授予的和平与自由。如果我们……或我们的官员中的任何人在任何情况下对其他人为非,或者破坏了这项和约中任何一项条款,非法行为应当被通告于上述 25 位贵族中的 4 位……上述 4 位贵族应当来到国王这里……并且向国王提出请愿以使违法行为毫无拖延地得到补救。如果在 40 天内……国王没能纠正违法行为……上述 4 位贵族应当将事务提交给上述 25 位贵族中的其他人,而这 25 位贵族应当同王国共同体一起用尽一切办法扣押国王的财产以使国王感到悲痛,即可以夺取国王的城堡、土地和财产,并且可以采取他们能够采取的一些手段,直到他们认为已经获得了适当的赔偿,但是不得伤害国王、王后及其子女的人身;而在人们得到适当的赔偿之后,他们还应当恢复同国王过去的关系。王国中希望照此行事的人都应当宣誓服从上述 25 位贵族对前述事务的处理,并且可以同他们一道阻止国王行使其最高权力;国王公开并且自愿地同意任何愿意宣誓的人,并且国王绝不会禁止任何人进行宣誓。此外,王国中所有人,如果他们自己或他们的扈从不愿意对上述 25 位贵族宣誓,而擅自违抗与阻碍国王,国王就可以通过其命令强制他们进行同样的宣誓,以达到上述之效果。①

---

① Cf. McKechnie, *Maga Carta*, 577.

这里，《大宪章》不仅通过一道王室法令确立了限制君主权力的典范；并且，它还建立起了一个权威机构用以保证国王遵守具体的限制：这是一个被赋予了全部国家权力的机构。中央委员会得到了地方权威的支持，并且提供了一个灵活的程序方法。违法的国王被一个25人组成的执行权威中止了权力。这25人（其中包括伦敦市长）以及整个王国（*communa terre*）不用耐心地等待复辟一位守法的国王，而可以强迫国王遵守法律。正是因为这种强制性权力，就没有必要另立新君。《大宪章》确立的宪制结构排除了对国王采取任何极端程序；它使国王不再被废黜，同时它也保证人民不受暴政统治。

《大宪章》的第61条确实配得上数个世纪以来人们对它的称颂，并且它的名声并未被最近有人试图贬低它的努力所动摇。它将抵抗权写进了国家的公法之中，并且抵抗委员会的创立赋予其生命力，使其能够在宪制上得到发展。无论是教会的法律理论，还是人民主权的理论，抑或是统治契约的理论都没能取得这种成就。正是具有民主或德意志以及封建起源的抵抗权本身产生了这种新的发展。并且，我们在上文已经看到，习惯法与封建法在这个方面可以被视为是等同的。用宪制的方法确保国家不受君主专制统治的观念在英格兰一直保持着生命力。在后来的半个世纪里，英格兰人以《大宪章》的作者们的方式理解这份保证书的实质内容，直到更加宽广的宪制观念从英格兰的斗争中产生出来，而抵抗委员会的位置则被议会所取代。130

抵抗权后来的历史表明，《大宪章》中最初所创设的这些宪法抵抗的规则是多么原始与粗陋。正是由于贵族们打算在国王为非期间通过另设执行机关的方式夺取统治权，因此他们没能在政府中通过等级会议创设出一个常规的合作体系，而仅仅是制定了一个在非常时期进行干预的方案。因此，这种初级的立宪君主制只不过是将自力救济进行宪法组织而已。这种自力救济一旦在"整个共同体"实施起来，必定会导致一种无法限制的、破坏性的武力统治（rule of force）。第 61 条的机制尽管设计精巧，却没能像设想中的那样运作起来；因为在实际中，它和革命几乎没有什么区别。它所想要实现的预防（prevention）只不过是表达了一个事实，即压制获得了宪法的形式。因此，外国评论者对这 25 位"王上之王"（over-kings）的嘲讽也并不是毫无道理的。半个世纪之后，在刘易斯（Lewes）被俘的亨利三世也只是被勉强地接受为国王。伦敦市长在他的效忠宣誓中是这么说的："国王陛下，只要您愿意成为一个好的国王和统治者，我们就将效忠您。"限制王权的观念就其内容而言取得了丰硕的成果，但是它的形式仍然是老套与低效的。总体上，它最多只能被视为是中世纪的抵抗权在权力发展到顶峰时遗留给现代宪制国家的一份遗产。①

131   只有到后来发展出王权与等级会议之间常规性合作的时候，

---

① 《大宪章》第 61 条的根本观念体现了王国未来宪制发展的一项"有创造性的原则"。但是，《大宪章》真正的签订者，那些贵族根本不知道该如何执行自己的计划，结果，就在当年，他们依靠过去非正式的叛乱的方式抛弃约翰。他们选举出了一位僭王（anti-king），并且试图将国王永远驱逐。他们很快就忘记了自己的成果，结果，在 1216 年，僭王宣称，签订《大宪章》的贵族用永远放弃服从之义务而威胁约翰国王。事实上，人们期望能够发挥"居中裁判官"之功能的"廿五委员会"既缺乏必要的权威，也带有派系色彩。由于这个原因，1263 年，国王与贵族双方都寻求路易九世的外部仲裁。

《大宪章》自身无法解决的困难才得以解决。王国等级会议的发展导致对君主的控制不再需要抵抗委员会;阁臣责任(ministerial responsibility)使国家无需承受绝对主义之重负而能够保证君主不负责任。虽然王国等级会议组织的开端只能追溯到 13 世纪末期,①但是在 1215 年当国王将人民的紧急权力(emergency-power)视为防范君主制在宪法上的安全保障(safety-value)时,并将其视为可允许的,甚至是必要的而加以接受时,人们就已经迈出了决定性的一步。

至此我们已经看到了整个发展方向了。抵抗权只是中世纪早期政治体器官病变而表现出的剧烈症状而已。国王的权利与人民的权利之间模糊的界限使得人们在绝对主义与过分限制国王权力之间剧烈地摇摆。在实践上主要是倒向绝对主义,而在理论上则倒向过分限制王权。只要人类的激情与蠢行继续存在,只要非常的政治境况与政治失策影响到了统治者与人民之间的关系,这种慢性疾病就会发作。个人的因素虽然在国家中常常导致冲突,并且无法根除,但是至少组织上的缺陷可以得到补救。

首先,正如我们所见,当混沌的、纷乱的日耳曼抵抗权穿上了法律形式的外衣,这看起来就是一种进步。教会试图以这种方式 132 来界定抵抗权,而同时也不乏其他一些人试图创设一位常规性的

---

① Cf. McKechnie, *op. cit.*, 549. 关于 1215 年的反对派同爱德华一世统治时期的反对派之间的差别:"贵族们没有利用国王自己的行政机构和国王自己的大臣去限制国王的不当行为(这种做法在后来不断获得成功),他们更倾向于(仿佛他们还有选择似的)建立一个属于他们自己的、对立的执行机构,这个执行机构拥有广泛却没有得到明确界定的权力,并且它同旧的执行机构之间也没有任何宪制上的联系。"

法官审判国王。但是,教会对国家中不合法权威的干涉只有在中世纪"地上的上帝之城"时期才被认为是可能的,并且随着国家自我意识的增长,它必然会排斥这种"外来的"审判法庭。而在国家内创设压制性权威的想法在实践中以失败告终;国家内压制性权威的存在羞辱并损害了国王的主权,并且仅仅产生了一种新形式的无政府状态。

因此,如果不能对压制性方法做实质性的改善,那些完全拒斥抵抗权的人的观点会具有更加美好的发展前途。然而,无条件服从理论的支持者们不可避免地动摇了日耳曼社会结构的支柱——对君主与人民均有约束力的普遍的法律秩序。无论是有意识还是无意识,他们都倒向创立绝对主义国家,并赋予了神圣权利最重要的理论前提:不负责任(irresponsibility)。他们摆脱了合法的反叛,但是取而代之的却是君主合法的意志,并且由此他们破坏了中世纪国家的整体结构。

不过还有第三条道路。这条道路虽然艰险,并且其理论最后才产生,但是正是因为这个原因,不论是相较于抵抗权还是相较于绝对主义,它都具有更加广阔的发展前景。这就是走向立宪君主制的道路。它并非致力于改善压制的方法,而只是使"忠诚的同意"具有确定的形式。只有在这里人们才能发现真正的进步。君主与人民共同构成了国家,并且"这个统一体自身就有融洽性"这种观念如果要被付诸实践,就必须保证抵抗权与绝对主义之间冲突的可能性被降至最低。一方面,对君主权力的限制必须更加清晰、更加具体;另一方面,宪法必须保证政府拥有比僵硬的、原始的日耳曼公法观念所允许的更加自由与宽广的活动空间。绝对主义试图摧毁压制行动在理论上的有效性,而宪制主义则试图通过将压制转变成预防而在实践上废除压制行动。在那些以代议制等级会议为基础而组织起来的共同体中,人们努力通过改造中世纪早期的国家而实现这一飞跃。不仅共同体或者其代表们能够从这一飞跃中获益匪浅,君主制也能够避免自身同自力救济之间恒久的张力——这种张力常常威胁到君主制的根基。英格兰议会的历史是等级会议发展过程中最重要的一章。我们已经看到在英格兰议会历史的开端之处矗立着《大宪章》以及英格兰人民将压制性的抵抗权转变成一种预防方式的宝贵经验。而如果英格兰人民没有遵循以等级会议或议会的形式来改善其获得"忠诚的同意"的方法,那么英格兰人的斗争经历也只能算是一种改进抵抗权的失败经验。

我们必须以对绝对君主制和立宪君主制的形式的粗略考察来结束我们的研究了。中世纪早期只是模糊地预示了此后这两种不同类型国家之间漫长的斗争——这场斗争成为近现代政治史中的一场大戏。不过,通过神圣权利观念和抵抗权观念的发展,中世纪早期锻造好了各种武器,供将来各个派别的人们在斗争中使用。

概　要

一

在德意志所有的共同体中,君主与臣民之间的关系都是通过相互的忠诚而不是通过单方面的服从来表达的(p.87)①。只要君主还履行其义务,臣民就还应当受到忠诚的约束(p.88)。在这方面,臣民的忠诚和封臣的忠诚是类似的(p.121)。

君主处于法律之下(p.70)。没有获得臣民的同意,就不得改变先前存在的法律秩序;保护每一位臣民合法获得的权利并且不肆意侵害这些权利,这是君主最基本的义务(p.73)。

如果君主没能遵守这些义务——并且君主是否遵守了义务这个问题是由共同体中每一位臣民的良心决定的——那么,每一位臣民,人民中的任何一部分,甚至整个共同体都可以抵抗国王(p.83),抛弃他,并寻找一位新的君主(p.86)。

但是国王并非像人民主权理论所宣扬的那样,是一位人民可以随意解除职务的仆役。人民主权理论最初是在1080年左右以被重新发现的罗马法为基础形成的(p.119)。事实上,君主的权

---

①　此处的页码指的是原书页码,即本书边码。——译注

利部分地通过选举或欢呼的形式受之于人民(p. 12)。但是还有其他一些因素或者具有同等效力或者具有更高的效力,它们都在统治权的创立过程中发挥了作用:(1) 源于血亲权的继承权(p. 13);(2) 神圣的授权——在异教时代,这几乎等同于血亲权(p. 14),但是在基督教时代,它不同于血亲权(p. 128),有时候甚至反对血亲权(p. 31)。

国王高于人民(p. 7)。即使人们在某些情况下可以收回他们对某个君主的服从,但是他们不得剥夺王权内在的独立的权利,以及废除君主制原则本身(p. 10)。并且,尽管共同体在紧急的情况下可以将血亲权弃之不顾,并剥夺整个王朝的统治权,即便在这种情况下,人们也会尽可能快地寻找与旧的世系有关联的王朝联系(p. 17),并且同样具有神圣的效力(p. 35)。

二

教会的官职理论被嫁接到中世纪王权的这种世俗元素之上。早期的教父们就已经预示到这种理论了(p. 28),而它在格里高利七世(p. 108)和英诺森三世(p. 31)时期获得了充分的发展。根据这种理论,君主是上帝的一位官职,是上帝的代理人,他必须服从上帝的命令,服从神法与自然法(p. 71)。人民只能被动地服从君主(p. 98)。违抗受膏的国王是最深重的罪孽(p. 44)。国王是无可争议的主权者,因为他蒙上帝的恩典而担任了官职(p. 43),并且作为主权者,他是人民的守护者,因此只对上帝和教会负责(pp. 106 - 107)。

　　这种官职的特点虽然使国王高于其臣民,但是在神圣的主人面前,国王变得更加谦卑,而国王对上帝承担的责任并非一件仅仅关乎来世的事情;教会有权宣布上帝的判决;教会拥有约束国王的权力(p.104)。因此,教会就可以决定,君主会由于不正义的行动而不再是上帝的代理人,因此他将不再是尘世间被赋予统治权的人(p.109)。它剥夺僭主的统治权,因为统治权只授予给正义的国王(p.101)。精神的权威能够解除人民对这样的国王的服从义务,并且否认人民有义务服从这样的国王(p.108)。

　　没有任何独立的个人权利能够使君主不受教会判决的约束(p.102)。人们希望通过宪制与王朝的主张来反击君主对教会的依赖,但都遭到了教会的挫败;教会的"合适性"(idoneity)原则尤其反137 对血亲权原则(p.30)。将国王视为官职的神学王权观念很快就同君主授职礼的圣礼意涵产生了冲突。人们认为,授职礼的圣礼性质授予受膏的国王准教士的地位,因此官职的观念就严重地与神圣权利的神秘倾向相背离。根据正统的教会观点,君主不得被授予统治教会的权力,并且也不得被超越精神权力之外的力量推翻(p.115)。

　　世俗的抵抗权理论与教会的抵抗权理论绝不是永远都协调一致的,因为它们立基于完全不同的概念之上(p.71)。但是,在某种特定的情况下,它们能够在政治上联合起来反对某个君主(pp.96,109,114)。

<h1 style="text-align:center">三</h1>

　　从民族大迁移时代以来的无数个世纪里,每个人都拥有非正

式的抵抗统治者的权利。但是随着封建法的发展,它由于同封臣的撤回效忠(*diffidatio*)的权利联系在一起而得到了加强。教会的抵抗权理论不同于日耳曼以及封建的抵抗权理论,后两者立基于相互效忠的观念(p. 87);而在前者中存在着对不公正的国王(*rex iniquus*)或僭主(*tyrannus*)进行正式法律谴责的观念。即使没有任何世俗法庭可以审判君主,由于君主作为一名基督徒也必须服从于精神的法庭,因此人们就逐渐地建立起了对国王进行审判的正式司法程序;而这项程序最初是建立在精神权力对罪恶的审判之上的。后来,对国王进行正式司法审判的观念在世俗领域也被采用了。我们在 13 世纪德意志的法学著作中发现了这种观念,例如"巴拉丁伯爵"的理论以及其他一些理论(p. 124)。

在中世纪早期,在发展出等级会议之前,当共同体需要抵制君主时,代表共同体的只是一个含混、不确定的由大贵族或者小贵族组成的机构。而在反对与反抗国王的过程中,人民的每一位组成成员都能够同等自由地参与其中,完全取决于其意志的自由。抵抗权和服从的权利一样仍然是不确定、不成熟的。个人的良心自由地决定;它是君主与臣民之间唯一的裁判法官。只是随 ¹³⁸ 着等级会议的发展,一个确定的共同体代表机构才开始在实施抵抗权方面发挥作用。但是对国王进行正式的司法裁判的程序依然不同于混沌、司法之外的抵抗权,后者是属于每一位臣民反抗各类权威——不论是国王还是领主——都具有的权利。因此,诸如巴拉丁伯爵的权利这类新颖的理论并不能取代古老的一般的抵抗权。

四

　　绝对的神圣权利的理论只有非常艰难地从日耳曼与教会的这些观念中产生出来。它将被动服从的道德义务(p. 98)转变成对国王无条件服从的法律主张(p. 110)。它将国王神圣的授职转变成一项神秘的禁忌,君主变成了不可侵犯的、准教会(quasi-spiritual)的人物(p. 59)。它使国王不再受教会的权威与惩戒权力约束(p. 112),并且同时对人民宣称国王是"尘世中名副其实的上帝化身"(p. 63),国王变成了半神(*vice-Deus*),因此反叛国王的行为都是亵渎的(p. 112)。它最终以王朝正统主义为根基——这种与生俱来的统治权使拥有统治权的人不再依赖于人类(p. 25)。

　　在中世纪,罗马法就已经被用于支持绝对主义的主张;一方面,因为罗马法被认为是支持统治权从人民转交给君主的过程不可撤销的证据;而另一方面,因为罗马法成了古代神化统治者的传统与新的君主崇拜之间的纽带(p. 66)。因此,罗马法进一步切断了国王的权利同神学与习惯法之间的联系;但是,罗马法的影响起初还是微弱的(p. 118)。

五

　　激进的民主理论的发展也并非一帆风顺。激进的民主理论最初是应绝对主义理论的浪潮而兴起的。这个事实表明,一个极

139

端必然会带来另一个极端,而它们双方都是和日耳曼与教会的观念背道而驰的。人民主权的理论认为,真正的主权者——人民同国王缔结了一项契约,国王成为人民的一名官员。在劳滕巴赫的曼涅戈尔德看来,人民可以解除不再适格的国王的职务(pp. 119-120)。

因此,国王绝对的神圣权利与人民主权是主流的中世纪政治思想的两个歧出,它们是截然不同的、并不完整的两种经验,在中世纪的观念世界的庇护下彼此对立。只有当中世纪整体的思想框架解体之后,它们才获得独立的地位。但是当时就已经很清楚,这些观念一旦从中世纪神学的监护之下解放出来,并且得到充分的发展,它们就将成为没有任何和解希望的死敌。只要哪里有人提倡绝对的神圣权利,哪里就会有人民主权的支持者,反之亦然。因为虽然这两种理论都是极端片面的,但是它们都毫无疑问地提出了反对另一方的主张,而且一方的观点不可避免地会引出另一方的观点。它们之间的冲突是不可化解的,因为双方都只是从中世纪早期的日耳曼和教会的宪法观念中选取了其中一种因素,并对之进行强化、夸大,将之推向极端。

六

立宪君主制最终战胜了这两种极端,获得了胜利。与绝对主义、人民主权一样,立宪君主制本身也是根源于中世纪早期,但是与他们不同的是,它并未单单夸大某一种思想潮流,而排除所有其他的思想潮流。相反,通过调和各种极端思想,它有力地、恒久

地强化了中世纪早期国家的核心观念。在这点上,它做得比日耳
140 曼与教会的神圣权利和抵抗权理论更加出色。立宪君主制暗含
了君主制原则与通过法律对君主制进行限制的综合。它只允许
国王通过与其臣民(例如通过人民的议员与大臣)的合作而完成
国家最重要的宪法;而立宪君主制使这些行动具有强有力的、不
可挑战的合法性,因而抵抗权不会再被认为合法。它将主权的独
立性与法律(或宪制)的崇高性结合在一起,并且将人民的权利作
为宪制的基础。这种结合非常难以实现,不过它潜在于日耳曼与
教会的政治思想中;并且当国家实现了向代议制的等级会议为组
织基础的转变之后,中世立宪君主制具有了更加确定与现实的形
式。在这方面,抵抗权从一种压制性力量转变成了预防性力量
(p.123)。确实,有效的宪制机制在代议性的等级会议期间第一
次产生了,但是当时在欧洲社会这种新的组织形式仍在孕育的过
程中,将国王的权利与人民的权利熔合的前景依然并不明朗。

从这点来看,对中世纪早期的宪制观念的基本要素必须从以
下几个方面进行阐述:

1. 君主的权利不仅源于国王独立、世袭的和神圣授予的权
利,同时还源自共同体的行动;即一方面源自血亲权与神圣授职
礼,另一方面源自人民的选举(pp.12,25-26)。

2. 君主高于共同体,但是法律高于君主。用日耳曼民族的语
言来说,这意味着,尽管颁布与实施法律是属于国王的权力,但是
决定法律内容的权力则属于共同体;而用教会的语言来说,这意
味着,官职是实证法的源头,但是实证法只有与神法和自然法相
141 一致时才是有效的。在这两种视角之下,君主都被视为是处于法

律之下的(p.72)。

3. 如果独裁的权力能够以这种方式进行理论上的限制,那么人民的主权也是应当被进行限制的。人民参与了任命国王的过程,但是君主的权利不仅仅是由共同体授予给君主的。人民参与了高于国王的法律的制定过程;但是在教会看来,人民同样要受到上帝之法和自然法的约束,只有它们才是最高的主权,拥有要求人们服从的至高权威;而在日耳曼法的视角看来,人民缺乏主权权力的基本构成要素——执行法律的能力(pp.73－75)。

对于中世纪的思想来说,国王与人民融合成一个在理论上无法分割的共同体,由此形成了国家。无论是权力受到法律制约的君主的统治,还是共同体通过忠诚的同意所表达的积极的立法合作,都不能被视为是现代意义上的"主权权力"。主权如果确实存在的话,它只存在于居于国王与共同体之上的法律之中。但是,将法律视为主权者这种表述最好是在它同后来的政治观念对比的时候使用,而在其他情况下最好还是避免使用。从中世纪早期的视角来看,后世所犯下的"二选一"的错误,即"要么国王是不受限制的,要么人民是至高的主权者"这种两难处境是不可能存在的。

我们已经在我们所探讨的时期之内找到了这两种假设的根源。不过,它们是大大超出中世纪早期的思想框架的。然而,在现代的环境中被采纳的现代立宪君主制所实现的均衡形式是对中世纪早期的原则的复归。虽然忠诚的同意即共同体参与统治通过宪制的组织形式而得到了极大的改善,但是中世纪存在的国王的权利与人民权利之间的基本关系被证明即便在现代最复杂

的政治组织形式中依然存在。现代的宪制体系比绝对主义或人

142 民主权单纯地否定二者关系的做法更加成功地调和了国王的权
利与人民的权利之间的关系;绝对主义与人民主权的冲突标志着
政治与宪制斗争的开始,并且这场斗争只有在极端对立的观点在
现代宪制中被调和之后才宣告终结。

　　因此,中世纪早期为我们提供了一个有利的视角,可以追溯
王权的历史进化过程。我们已经追溯了政治理论与政治生活之
间的相互关系,并且为了达到这一目的,我们发现,从方法论的角
度看,我们必须严格区分中世纪早期的国家与中世纪晚期以等级
会议为基础组织起来的国家,尽管后者是在前者的基础上发展出
来的。

　　还有其他一些重要的原因促使我们将 13 世纪初视为宪制观
念史上的转折点。亚里士多德的《政治学》的重新发现激励了那
个世纪中渊博的政治哲学的发展。古老的教会传统与习惯法传
统,连同新兴的评注法学家和教会法学家们的法学理论,一同被
经院主义哲学家们融合为一个新的统一体;中世纪政治理论的整
个视角都发生了改变。在考察中世纪晚期的政治思想时,我们再
次在其中发现了中世纪早期观念世界中各种熟识的特点;只不过
现在是以不同的组织形式存在,并且越来越披上了有意识的、博
学的理论与体系的外衣;而在中世纪早期,正式的法律理论只起
到次要的作用。正是从政治生活本身的进程中,从国王与教皇的
令状中,从王室和教会的法令中,从编年史和理论著作中,以及通
常从对人们思想的无意识解释之中,我们如其所是地对中世纪早
期的宪制观念进行了直接的、不带个人色彩的考察。尽管通过现

代的术语对这些观念进行明确的阐述与表达是极其困难的,但是,我们不能逃避这种困难;因为正是从这些资料中,我们获知了中世纪世界里人们普遍思想方式的可靠证据。

即使这一导致了后来几个世纪宪制冲突的宗教与智识上的 143 革命——这一革命在经历了 9 世纪一些前提性的刺激之后,在授职权之争中由于日耳曼观念与教会观念的相互作用而正式开启——在中世纪早期已经得到了研究;人们还是有可能对日耳曼的政治观念与教会的政治观念如何导致冲突进行研究,这两种观念具有完全不同的理论前提,并且两者都对神圣权利与抵抗权的形成产生了影响。这二者虽然是对立的,但两个传统之间通常更多的时候是相互合作的。最重要的是,教会的君主制概念显然一直都饱受着内在的自相矛盾之苦,并且这一矛盾遗留给了后世;在教会理论内部,积极的抵抗权和被动服从的义务彼此势均力敌地相互对抗着。

不过,最终我们必须承认,这种对立与对抗是必要的、永恒的和不可避免的,因为它深深地扎根于人性之中。即便现代立宪君主制的神奇力量也不能消除统治权与人民的权利之间冲突的可能性。无论人们多么精巧地设计统治者与共同体之间均衡的关系,这样的一天终将会到来,即在通常的情况下都能够得到尊重的制约与限制,在紧张与紧迫的情况下,必须让位于并非建立在法律规则与法律程序基础之上,而是建立在现实力量之上的最终决断。西方的政治历史中不止一页记载了这种暴力的时刻——在这个时刻,实证法虽然被废除了,但是取而代之的是新的、永恒的法律,它标志着更高级的、更具创造性的正义理想。

附　录

　　德文版第296—444页是对以下一些主题的注释。英译版没有将这些注释翻译过来,不过,为了方便想要对相关主题进行深入研究的读者,本附录将相关主题的标题列举如下:

　　1. 世袭权利与依据选举的权利

　　2. 教皇与751年的王朝更迭

　　3. 约克的无名氏

　　4. "蒙上帝恩典"(*Dei Gratia*)

　　5. 国王的授职礼与继承王位

　　6. 统治者与法律

　　7. 宣告性法律(Declaratory Law)与制定法

　　8. 忠诚的同意(*Consensus Fidelium*)

　　9. "最优秀者"(*Meliores*)与"最伟大者"(*Maiores*)

　　10. 君主获得民众同意的限度

　　11. 废除君主不合法的行为

　　12. 国王自己施加的限制

　　13. 加冕誓约,至加洛林王朝时期

　　14. 加冕誓约,加洛林王朝之后

　　15. 加冕誓约必须遵守的特征

　　16. 统治契约

17.《萨克森明镜》中的抵抗权

18. 德意志对君主的拒绝承认

19. 僭王（Anti-Kingship）

20. 效忠的有条件性

21. 效忠的相互性

22. 对君主发动的"正义战争"（*Bellum Justum*）

23. "国王"（*Rex*）与"僭主"（*Tyrannus*）

24. 教会惩罚君主的权力

25. 虔敬者路易在833年被推翻

26. 由于触犯了教会法而失去王位的资格

27. 对君主的神圣判决　　146

28. 教会支持惩罚君主

29. 教会与国王反对世俗的抵抗权

30. 推翻国王

31. 弑杀僭主

32. 9世纪国王的不负责任

33. 11世纪和12世纪的无条件服从理论

34. 封建的抵抗权

35. 世俗的推翻国王的法律程序的开端

36. 英格兰13世纪对国王的法律谴责

37. 抵抗权在宪法上被承认

38.《大宪章》

第二部分

中世纪的法律与宪法

第一章　法律

对我们来说,法律只需要一个特征便足以具有有效性;这就是法律必须直接或间接地获得国家的认可。但是在中世纪,法律还需要其他一些完全不同的基本要素;中世纪的法律必须是"古老的"(old)法律,必须是"良善的"(good)法律。中世纪的法律可以不需要国家的认可,但是必须具备古老与良善这两大性质。并且,正如我们所见,这两大性质也被视为是同一的。如果法律并非古老而良善的,那么它就根本不是法律,即便它是由国家正式制定的。

第一节　法律是古老的

在所有时代,对于主观性权利尤其是对于占有权来说,古老(age)都是最重要的特征;并且在某些情况下,时效本身就具有法律效力。但是,对于客观的法律的有效性而言,在当今的制定法时代,古老已经不再起作用了。对于我们来说,法律自制定颁布到被废除,都只是存在着而已,既不古老也不时新。在中世纪,情况则完全不同。在当时,古老甚至是客观法律最重要的性质。法律事实上就是习俗。客观的法律就是遥远而不可追忆的习俗,只有最年长的老者和最值得信任的人的回忆才能证实这些习俗的存在;客观的法律还是父辈们的法律(leges patrum);它的存在有时候并不需要外在的记忆载体例如令状、界碑、法典或其他比人类的寿命持续时间更长的事物加以证实。关于任何特定的主观权利产生了争议,如果某一方的主张同古老的习俗一致,那么,这一事实产生的效力就和现今某项主张符合国家有效法律是一样的。

150   事实上,法律之所以成为法律,不仅在于它是古老的,同时还在于它是良善的。对于中世纪的人们来说,现代法学家们争论的问题即年代久远是创造还是仅仅揭示了习惯法的约束力,是毫无意义的。因为年代久远并不能创造法律,一项习俗被长久地使用并不能证明该项习俗就是正当的。相反,"百年的不义举措还抵不上一个小时的正义",例如雷普高的艾克在《萨克森明镜》中强调指出的,奴隶制是一项古老的习俗,但是它根源于武力和不正当的权力,"它现在不再得到法律的认可",只不过是一项"不合法的习俗"。不合法的习俗或"恶俗"的长久存在表明,长久的使用并不能创设或揭示法律。在艾克看来,奴隶制虽然古老,但是同"人类最初所确立的法律中"普遍存在的普世的自由相比,是一种非法的行为。无论这种非法行为存续了多久,在它之前还有存续了几千年之久的法律,也许还有永恒的、永远不可变更的法律。正是通过这种永世不得变更的观念,教会的观念进入了日耳曼的法律概念中。黄金时代的自然法最终将所有以人类不平等为基础的法律打上了非法的印记。即使在这个例子中,中世纪流行的法律观念(在我们的研究中,我们只关注这个问题)得到了渊博的法理学的掩饰,事实依然是,法律在顽固地抵制某些制度——这些制度的合法性仅仅在于其被长久地使用;这一点依然是中世纪法律思想的总体特征。

并非国家,"上帝才是所有法律的源泉"。法律是整个世界秩序的一部分,它是不可变更的。它可能会遭受扭曲或被误解,但是法律终归会有正本清源的一日,或者至少能够挫败玷污法律的作奸犯科者。如果任何人——民众中的一员或国家的最高权威者——制定了一部与古老善良的习俗相冲突的"法律",并且该项习俗得到值得尊重的见证人的证明或者得到了王室令状的证明,那么,新制定的这部法律就根本不是法律,而是不义行为;它并非有益(usus),而是权利滥用(abusus)。在这种情况下,每一个守法的人,不管是普通人还是身居高位之人,都有义务恢复古老的良善之法。无论是宪法权威还是普通人都对法律负有义务,必须帮助恢复法律。不论是统治者还是臣民,不论是国家还是公民,统统都同等地具有保存神圣法律的权利。正如我们所见,这些事实能够推导出在宪法领域极其重要的结论;但是我们也应当看到,这种观念和中世纪的法律观念一样在范围上广泛,在内涵上含混,在实际生活中导致了极大的混乱。

但是,首先还是让我们更加仔细地关注一下,从"古老是法律的必备特征"这一事实中可以推导出哪些特殊的结论。

当产生一个无法依据有效的法律进行判决的案件时,守法的民众或者裁判官就会制定新的法律;他们依据的信念是,他们制定的是古老的良善之法——虽未明确地流传下来,却是默示地存在的古老良善之法。因此,他们并未创造法律,只是"发现法律"。在我们看来,法院每一项具体的判决是从既定的法律规则中作出的一项推导;但是对于中世纪的人们来说,它和共同体的立法活动是完全不可区分的。在这两种情况下,法律都已经存在,但隐藏了起来并有待被发现,而不是被创造出来。在中世纪,根本不存在所谓的"法律规则的首次适用"这种情况。法律是古老的,"新的法律"本身就是一个自相矛盾的术语;因为新的法律要么明示或暗示地源自古老的法律,要么与古老的法律相冲突;而在后一种情况下,它根本就不是法律。因此,最基本的观念就是:古老的法律是真正的法律,而真正的法律也是古老的法律。所以,根据中世纪的观念,制定新法是根本不可能的;而所有的立法活动和法律改革都被理解为是对已经被破坏了的古老的良善法律的复归。

在这里,我们必须关注法律的第二个特性,即法律是良善的。在中世纪,这一点即便不能等同于第一点,也是与其紧密地联系在一起的。

第二节　法律是良善的

至今,语言学家们还在喋喋不休地争论,古日耳曼语中,法律一词中的"ê"到底是同"公平"(aequus)一词相关联呢,还是同"永恒"(aevus)一词有关。对于中世纪的人们来说,这两个词可能几乎指的都是同样的事物;因为能够永恒存在的事物就是公平正义的,而公平正义的事物也必定可以以某种方式追溯到事物的永恒秩序之中。古老的法律就是合理的,而合理的法律也是古老的。

然而,存在更加有力的证据表明应当将"ê"同公平联系在一起。因为中世纪法律思想的根本特征是，根本不区分法律、公平、国家理由（*raison d'État*）和伦理。我们现代人为法律、政治和良心分别树立了三座独立的神坛，并使每一座都具有尊高无上的权威；而对于中世纪的人们来说，只有正义女神才是值得尊崇的神灵，仅次于上帝与信仰之后，没有任何神灵能和她并列。君主与人民都拜倒在她的脚下；正义女神在他们的头顶举着代表了永恒与神圣之公平的剑与天平。触怒女神，使女神震怒的是邪恶的、敌对的非正义之幽魂。

　　基督教教父们的法律哲学奠基于斯多亚学派之上。斯多亚学派将法律和伦理混淆在一起，它的自然法理论从古典世界一直流传到了中世纪。为什么斯多亚哲学在中世纪能获得如此广泛的同情；原因在于，中世纪的思想并未走到将法律与伦理相分离这一步。而在现代，尤其是在费希特那儿，法律与伦理的分离被推演到了二者辩证对立（dialectical contrast）的程度。

　　但是，虽然一方面古代的观念与中世纪世界中有生命力的习惯法之间形成了对照，另一方面对罗马法的研习教导中世纪的学者们发展出了与自然法完全不同的实证法的观念，以作为自然法的补充；然而，这种区分并未在民众的思想中产生影响。在民众看来，法律具有至高无上、不可侵犯的淳朴性（simplicity），它是一个伟大的整全；就好像正义本身一样，它也是"上帝的女仆"，"给予每个人所应得的"。我们这里只关注民众的信念——它普遍地存在于中世纪广泛而鲜活的法律中——而不是要关注经院学者和法学家们的各种观点。因此，我们就可以简单地确立一个事实，即塑造了现代普遍的法律实践的观念并未对中世纪的民众产生影响,他们并未将法律区分为实证法和理想的法。法律就是正当的、正义的与合理的。神法、自然法和道德并不高于,也不超越于法律,而毋宁说,一切法律同时既是神圣的、自然的、道德的,又是实证的。在中世纪的思想中,所有这些区别都是不存在的,它们都被包含在一个尚未区分、无所不包的法律观念中。

在中世纪的法律思想中,"正当与理性"(*juste et rationabiliter*)是深受人们欢迎的词语组合,反映了"实证法"与"道德法"之间的统一性。对于我们来说,实际存在的有效或实证的法律并非永恒的,并且是与道德无关的;它的根源不在于良心、上帝、自然、理想、观念、公平或诸如此类的,而仅仅在于国家的意志,并且其有效性的保证也是国家的强制力。另一方面,国家对于我们来说比对于中世纪的人们更加神圣——至少如果国家是我所认同并热爱的,是我们自身的组成部分,并且是我们的精神家园的话,确实如此。如果不是这样的话,那就另当别论了。例如,如果我们坚决不承认由外国统治者或暴民们所强加的法律,那么我们就变成反对国家的反抗者,是在行使真正意义上的中世纪的抵抗权。当然,我的意思是,法律与国家都深深地根植于比法律的或政治的更加深刻的情感之中——这对于我们今天来说也是如此。但是,我们能够区分实证法与道德法;对于今天的人们来说,甚至即便由最可憎的国家制定的最残暴的法律也是完全有效的实证法,直到有一天人们通过反抗将这样的国家和法律一同摧毁为止。对于作为经院法学之继承人的我们来说,法律仅仅是次要的,国家才是最重要的。而对于中世纪,法律就是目的本身,因为"法律"一词几乎同时代表了道德情感,代表了人类社会的精神基础,代表了善,并因而代表了国家不证自明的基础。因此对于中世纪,法律是首要的,而国家是次要的。换言之,国家仅仅是实施法律的工具;国家本身的存在根源于国家之上的法律。法律优先于国家,国家是为了法律并通过法律而存在,而不是法律通过国家而存在。 154

对于我们来说,在法律领域内,"道德的""自然的"和"理想的"法律根本不具有重要的地位。只有当实证法明确地违背了道德情感,伦理才被视为法律世界的一部分,被作为修正实证法的工具。由国家制定的实证法理论上应当涵盖现实生活的方方面面;并且只有当实证法被发现存在漏洞时,法官的衡平或道德判断才被允许介入,以弥补法律的漏洞;或者国家的首领才被授权通过特别的赦免而缓和严酷的法律。此刻,也只有此刻,在现代社会中,道德法才从良心的领域中涌现出来,在法庭上占据一席之地——它由实证法引发、授权、控制并监督。依照这种方式,道德法变成了实证法中的一部分,因此形式上国家中仍然只有唯一的一种法律,即实证法,而再无其他法律。但是,根据现代的宪制与法律观念,国家能够随时更改它的实证法。国家是主权者;因此它甚至能够决定道德权利在多大程度上可以转变成为法律。

根据现代的看法,理想的法律——安提戈涅的诸神之法——只有通过一种方式才能够战胜实证法、国家法,即通过制定新的实证法。这种情况发生在国家相信某些道德的观念虽然外在于法律,但是要求对实证法进行修订。但是,在这种情况下,道德法并未直接取代实证法的地位;相反,国家作为主权者能够随心所欲地重塑它的实证法。

　　我们根本无需探讨这种现代的法律理论中存在多大程度的拟制成分。我们只要看到这一点就足够了：以国家主权和国家所制定的法律即实证法的排他有效性为基础的概念，是一个统一而封闭的体系。

　　这与中世纪的概念体系形成了鲜明的对比。在中世纪，国家、共同体、官员、君主或其他任何能够同法律形成对比的人或组织都不是主权者；只有法律是主权者。国家不能变更法律。变更法律就好比犯下了弑母的罪行。在下一节中，我们将会开始考察这一有力的观念对中世纪的法律实践产生的影响；这里我们只需再次对这种法律的至高无上性的原因进行解释即可。原因在于人们缺乏对理想法与实证法之间的区分。被等同于善的法律很自然地就会被视为是优先于并高于国家的。中世纪的世界里充满了对法律至高无上性的理论上的尊重——并非对现代平淡、枯燥、易变、技术性，并且完全依赖于国家的实证法的尊敬，而是对被等同于具有道德法的至高无上性的法律的尊敬。读者大概很快就能够说服自己，不仅相信现代将法律同道德分离的做法在法律上是一种进步，是理智的、冷静的做法，同时还会说服自己，法律也正如其他领域一样因此获得了现代社会冰冷的、由法律强制的服从——并且这种服从比起中世纪时期带有强烈感情色彩的、温暖的、模糊的忠诚更加有力。因此，我们不能从中世纪无比崇高的法律观念中就推断出，法律在实践中也是极其神圣的。我们在此并不是试图从文明史的角度来描述中世纪崇高的法律观念所具有的价值和实际的影响；我们也不是要谈论它所具有的创造性的、文明的和精神的力量，更不是要讨论它蒙昧主义和伪善的有害倾向。我们只是想要证明,如此含混与模糊的一种观念具有现实上的不便性,而我们当前的目的只是想要描绘与阐释这一观念本身。

　　语言往往能够保存一个已经消逝了的时代的观念,并将它们以过时的形式呈现给后代。这点对于德语而言也是如此。它提醒我们法律与道德曾经具有的统一性,因为单单文字书写本身就区分了什么是"正义",什么是"法律"。①

　　现在我们能够理解为什么善好这一属性在中世纪是法律不 156 可或缺的要素。因此,我们接着讨论第三条格言。

第三节　古老而良善的法律不是制定的也不是成文的

　　我们现在已经更加充分地理解了,为什么古老的法律与良善的法律最终是相互联系在一起的,也就是说,它们是同一的。现代的法律总是以这种或那种方式由国家制定。而中世纪的法律仅仅只是存在着;中世纪的人们认为,法律并非由人制定的,而是将其作为永恒的正义与良善的一部分而加以接受。在上文中,我们已经注意到,现代的法律就是由国家所制定的,其存在开始于被制定的那一日,而终结于被废除的那一日。在这段时间之前,

---

　　①　Cf. Vinogradoff, *Common Sense in Law*, 61 : "……在大部分欧洲人的语言中,法律一词和正义(right)一词都是一样的。拉丁文的 *jus*,德语的 *Recht*,意大利语的 *diritto*,西班牙语的 *derecho* 和斯拉夫语的 *pravo*,它们都既指代能够约束人的法律规则,又指代每个人可以主张的法律权利。这种巧合不仅仅只是偶然,也并没有扭曲这些词,没有忽视其真实含义。相反,它们暗示了暗含的两种观念之间的深刻联系……"

它还只是未来的法律;而在这段时间之后,它就变成了过时的法律。而在这两种情况下,它们都根本不是法律。现代的实证法绝对没有古老与良善的特征,无论在被制定出来之前,还是在其有效期间,以及被废除之后都是如此。相反,中世纪的法律既不是被制定的,也无法被废除,因此它是永恒的而不是实证的。只有良善的法律才是真正的法律,无论它是否得到了人类立法者或法官们的认可,也无论它是实证的或者"仅仅"是理想的。立法者和法官们对待法律的态度就像笼罩在法律身上的阴影一样;它能将法律隐藏起来,却不能将其废弃。

但是,如果法律不能通过制定这一特点加以识别,并且由于长期存在的滥用法律的情况,也不能通过长久的使用这一特点加以识别;如果法律的主要特点是良善,并因而古老也成为其特征之一,那么,人们要如何才能准确地识别法律呢? 人们在哪里才能发现法律呢?

首先,人们能够在道德所在的地方——良心中发现法律。由于法律是由共同体的所有权利组成的,因此人们可以在人民的公共良心,在他们对合法性的感知中寻找法律;或者可以在民众的议员,民众所选择的裁判官的公共良知中寻找到法律。对于他们来说,渊博的知识或深奥的法典都是不必要的,只需要拥有共同体"正常的"法律感知,只需要他们是智者(*sapientes*),是审慎之人(*prud'hommes*),是守法之人(lawful men)即可。

其次,人们也可以在古老的传统中寻找到法律。根据人们普遍的信念,所有良善、真正的法律在一定程度上都包含在一位智慧的立法者,一位受人尊敬、绝顶聪明,并且强大的国王所创立的传奇性的法律之中。

因此,我们就发现法律具有双重的源头。从法理学的角度看,这种双重性值得更加详细地加以考察;但是中世纪并未对其产生质疑,人们天真地将其视为事实。也没有人会对疑问重重的民族精神(*Volksgeist*)理论产生疑问;人们都认为裁判官心中的法律和传统中的法律是同样的法律;裁判官只是在他们的记忆中发现了古人所立的法律罢了。因此,这些法律是吻合善好与真正的传统,而那个传统尽管可能非常朦胧不清,但它是鲜活的,从未中断与消失过。通过将对法律的感知与传统相融合,良善的法律与古老的法律就融合成了古老而良善的法律。

将法律同一位神奇的立法者相联系,这似乎同我们的观点——法律不是制定的,是不成文的——相矛盾。不过,这种矛盾只是表面的。因为,立法者并非肆意妄为的立法者,而是一位非常强大与智慧的立法者,他只是揭示了真实与良善的法律。也就是说,在非常久远的时期,法律向智慧的统治者揭示自身。甚至智慧的立法者们也并非创立法律,他们只是使法律重见天日,并使人们接受它的统治。甚至立法者们就像所有拥有权威的人一样,也是处于法律之下,而不能高于法律。但是由于他们在某种程度上是先知或者英雄,因此,他们能够比普通民众更加接近上帝;并且由于他们拥有超人的能力,他们自己就被尊崇为立法者。因此,这种信念不仅没有与我们认为法律并非由人的理智或意志所创设的观点相矛盾,它反而巩固了我们的上述观点。此外,甚至神秘的立法者发现的法律也不是成文的,相反,它是极其可塑与不明确的。所有的善都能在其中拥有自己的位置,而所有 ¹⁵⁸

的恶都是后来偏离了法律正道的结果,是对法律的腐化,必须加以根除。

另一方面,法律甚至在中世纪也可以被记录下来。没有成文法,但是有被记载的法律。这个事实值得仔细加以考察,因为在这一点上,我们能够发现习惯法和成文法之间的历史分界线。

为了弥补记忆之不足,为了稳固传统,使其明确,人们迟早是会将法律的某些片断记载下来的。例如,我们所谓的主观权利的拥有者拥有的权利可能需要统治者或公证人的公共凭证(*publica fides*)加以确证。共同体可能会庄严而正式地将某些法律规则记载下来,使其能够准确地流传给后人。或者有某个人突发奇想,将自己了解的"客观之法"——用一个严格属于现代的术语,中世纪的人们也许可能会单纯地称之为"古老而良善的法律"——记载下来。这就是中世纪人们所熟知的记载法律的三种方式:令状(charter)、民俗法(folk-right)即共同体真实的法律、法典(law-books)。这三种不同的法律渊源具有不同的效力,不过,在中世纪的人们看来,它们之间的效力差别并不像我们现代人所看到的那么大。

所有这些被记载下来的法律当然都被共同体鲜活的法律感知或者口耳相传的法律所围绕,并且从属于它们;而这个整体就包含了全部的法律。被记载下来的法律并非成文立法(除了一些私人契约的法律,它们当时显然和现在一样都是由立约双方的意志确定的),而只是被记载下来的习惯法;它只不过是鲜活地存在于共同体的心中或良心中的全部法律中的一小部分而已。

现代的成文立法具有完全不同的特点。现代的成文立法,就

其本质而言必须是成文的,因为全部的法律都包含在书面上确定
的权威的命令之中。它是一部法典,具有体系的完备性,因此这 159
部确定的法律之外的任何条款要想成为法律,就必须能够从这部
法典中推导出来。甚至从共同体的法律感知中鲜活地进化出来
的法律,例如我们的高级法院的判决,严格说来也只有当宪制或
法典在其权限内授予了解释法律的权威时,才是可能的。按照这
种方式,所有的法律发展都不过是法律的应用与具体化罢了。

因此,可以将习惯法与制定法之间的差别概括如下:对于制
定法而言,所有的法律都包含在成文法典中;而对于习惯法而言,
法律存在于人民鲜活的法律感知之中,被记载下来的习惯法只不
过是全部法律中的一部分而已。接下去那我们将考察这种差别
对中世纪法律实践的影响。

第四节　古老的法律优于新的法律

对于我们来说,新制定的实证法自然优先于旧的法律。制定
新法的原因与目的都是为了取代旧法。如果说更古老的法律由
于具有更高的善,可以无视新近制定的法律,依然主张有权存续
下去,那么这就显得十分荒谬。在我们看来,中世纪的原则就好
像我们的祖先继承我们一样荒诞。但是,中世纪的人们使用的是
不同的思维方式;他们会说,古老的法律优越于新的法律,这就好
比年轻人逊色于值得尊敬的长者一样;或者甚至可以比作是,擅
闯民宅者在合法的主人回来之后主动退出一样。

当然,甚至在现代的情况下,新制定的法律也可能包含法律

上的错误;在这种情况下,依然需要制定另外一部新的实证法,用这第三部法律恢复第一部法律。但是,在所有这些情况下,有效的法律就是当时由国家所制定的法律。相反,根据中世纪的观念,第一部法律在被第二部法律弄得含混不清的同时依然继续有效,而第三部法律只是恢复了第一部法律而已。

160　　　　"更加古老的法律"一般指的是什么? 在不成文的习俗占主导地位的时期,在大部分情况下,定义法律古老之特征的方式不同于在法典化、成文立法的时期。当一项法律被称为"古老的"时,人们描述的是它具有更高的品质,而不是严格地说它存在的历史更长。除非有相反的证明出现,否则,更加良善的法律总是会被认为更加古老。历史上有许许多多这样的例子,前文已经从《萨克森明镜》中引用过一个此类的例子。① 在另外一些例子中,人们将一位新近去世的并且不受民众欢迎的国王的法律同神秘的立法者的法律对比,谴责这位国王的法律是时新、邪恶的法律,并恢复神秘立法者的法律。但是,如果神秘立法者的法律和人们想要实现的一些革新相违背,那么,人们就会认为,神秘立法者的法律是被腐化的传统遮蔽与歪曲了,因此,需要进行改进。总之,只要不公开违反法律理论,所有的事情都是尽可能地为当时现实的需要服务。② 无论在何种情况下,人们总是尽可能地在他们想

---

　　① *V. supra*, p. 150.

　　② 关于这点,1100 年亨利一世的宣言是一个很好的例证:"Omnes malas consuetudines quibus regnum Angliae iniuste opprimebatur, inde aufero ... Legem Edwardi regis vobis reddo cum illis emendationibus quibus pater meus eam emendavit consilio baronum suorum."忏悔者爱德华的法律,即盎格鲁-撒克逊时期的良善习俗,通过诺曼人的修订或"改进"而被复兴起来了。

要利用的地方主张,法律具有令人敬畏的古老特征。

如果我们无法具体地确定"古老的"或"新的"法律的日期,那么,"中世纪在现实中也需要新的法律"这一事实同"古老的法律优越于新的法律"这种古怪的理论如何协调一致呢？这一问题非常容易解决。然而,还有其他一些困难的情况；不过即便在这些情况下,现实的需要也是占主导地位的,它绝不允许被理论上的考虑完全束缚。

例如在 819 年,在婚姻法问题上,法兰克人在习惯法规则与《萨利克法典》中确定的规则之间产生了争执。法兰克人会将流行的习俗视为是对古老的民俗法(folk-law)的邪恶创新,而批驳并推翻它吗？相反,法兰克人最终决定,应当"像我们的先辈们有史以来那样"对待婚姻的习俗,"而不应当由于它违背了成文的《萨利克法典》"就将其废弃。也许我们会从这项判决中推断出一项规则,即习惯法优越于制定法。但是,这种解释并不全然正确。事实上,这项法律原则带有过渡期的特点,它在历史和逻辑上都是介于纯粹的中世纪习惯法和纯粹的现代制定法之间。在现代的法律中,这样的原则是不可思议的,因为习惯法已经在理论上成为制定法的一部分,只有在制定法所确立的优先范围内才具有主导地位。另一方面,在中世纪早期的法律中,现代的原则是令人无法理解的,因为制定法只不过是记载下来的习惯法而已。

不过,即便《萨利克法典》也并未被视为制定法,它只能被视为是古老的、记载下来的法律,应当优越于更加晚近、未被记载下来的法律。然而,法兰克人显然并不是这样看的。他们并不认为当时不受约束的法律情感和记载下来的先辈们的习俗存在冲突。一项在鲜活的传统中具有现实生命力、能够被感知的古老习俗要优越于"死板的"拉丁文记载，优越于一项成文的法律准则。819年，法兰克人也许就已经意识到，这项准则被引进了《萨利克法典》——只有上帝才知道是如何被引进的——也许是由于誊抄时的笔误，也许是由于篡改，也许是由于《萨利克法典》的作者采纳了一项错误的习俗。《萨利克法典》的作者也有可能犯错，因为他并未总是遵循神圣灵感的启示。无论如何，似乎现实都知道如何在无需破坏理论的情况下找到出路。

但是，当被记载的法律比民俗法具有更加可靠的效力（例如作为王室令状的情况下）的时候，这种解释就行不通了。在这一点上，有时候理论事实上也优先于现实。

人们无法将一项被出乎意料地提出来的王室令状置之不理，只要令状的真实性不存在问题。即便这项令状有碍于通行的法律实践，并且否认了已然确立的法律事实，它依然是法律，并且否定了后来的王室令状，只要后者没有明确排除之前的令状。例如，人们可以想想，丕平国王之后的中世纪的国王们在面对诸如《君士坦丁的赠礼》这种文件时，他们依据必须复归古老的良善之法这种信念而被迫颁布与承认了什么。

这里必须区分两种法律规则。一种和个人事务相关，例如同拥有一块土地的权利相关；另一种同所有人的事务或至少大部分人的事务相关，即王位继承的规则或关于统治者义务的规则。在第一种类型中，法律地位是可以通过契约改变的；而在第二种类型中，根据中世纪的理论，法律地位是不变的，尽管在实践中共同

体可以自由地决定何为正当的。在争讼中,制定的令状几乎总是
由利益相关的各方提出的。在这些情况下,一项更加古老的令状
优先于后来的令状,除非后来的令状明确地表达了,该项令状是
在知晓先前令状的情况下颁发的。导致这种情况的原因之一是
由于缺乏适当的王室令状等级制度。统治者颁发令状作为公共
凭证,但是统治者并不比现代的土地登记员更加可靠,因此人们
可以相对容易地在国王不完全地、部分地了解事实的情况下就获
得一份令状。因此,在通过契约而变动法律关系的情况下,相对
一方就必须通过获取一份令状(并且该份令状明确地排除了先前
相反的令状)的形式确保自身的安全不受涉及先前法律地位的王
室令状的影响——谁能保证不存在或不会发现此类的令状呢?
即便这样,也无法可靠地保证,国王在签发令状的时候是完全了
解事实的;人们仍然可以提出理由证明更加古老的令状确认的法
律地位是合法有效的,而并非新的令状所确认的。但是,如果新 [163]
的令状没有废除旧的令状,那么新的令状的价值就会受到影响。
而且,如果并没有文件能够支持新的法律地位,而旧的法律地位
能够得到一份真实有效的令状的支持,那么新的权利就会变得无
效,必须复归到旧的法律状态。但是,当新旧令状产生冲突时,以
下格言便能适用:因此,事实上,产生得更早的,更加可靠和有效
(*ut praecepta facta* , *quae anteriora essent* , *firmiora et stabiliora*
essent)。

　　这些情况解释了中世纪法律生活的一个弱点:它存在巨大的
不安全性,就像在迷雾中摸索,而一份古老的令状突然就出现了,
并且通常导致粗暴地、轻蔑地公开质疑受害的一方。这里我们就

来到了中世纪伪造者们的乐土。依照上文所述,我们能够清楚地
发现,为什么中世纪的伪造者们都喜欢将伪造的作品安插在尽可
能古老的君主身上;这不仅因为君主越古老,人们就越发难以验
证伪造的令状的真实性,同时还因为一份令状看起来越古老,它
就越有力,越不容易被废除。因此,伪造者们甚至将作品安插在
君士坦丁和恺撒身上。

　　以上出于实际的便利,我们区分了仅涉及个人权利的令状和
涉及一般法律的令状。现在我们必须放弃这种区分,因为它完全
不是中世纪的做法。对于中世纪来说,并不存在主观法与客观法
之间的区别。根据中世纪崇高的法律理论,法律大厦的每一块砖
石、作为主观权利总和的客观法的每一项组成要素都同等地神圣
与有价值。小至约束奴隶的规定,大至调整王国边界的法律,从
规范商人交易的法律到人民的司法体系,无不都同等地具有价
值,同等地神圣。但是这些并非全部。当我们所谓的"私人"能够
从国王那儿获得令状时,他们尤其倾向于获得一般性的权利,或
者我们所谓的公共权利。

　　设想突然出现了一份令状(不论其真假),并且人们发现,
这份令状同发现这份令状的那个时期中实际存在的(我们所谓
164 的)公法相冲突,那么就产生了一个棘手的问题:人们可以仅仅
由于这种冲突而将其视为伪造的,置之不理吗?或者,由于重新
发现的令状而引起的复归状态能够仅限于当事人自己,而不影
响普遍的法律地位吗?或者,令状是否应当真正地具有一般的
复归效力?这里,一般说来,基于政治、权力和机运的考虑通常
都不可避免地会决定对此类令状的态度。例如,人们只要回想

一下奥地利的《大特权法》(*Privilegium Majus*),它真正的基础并不在于它得到法律的确证,而在于得到了哈布斯堡家族权力的确认。① 因此,我们开始时提出的原则,即古老的法律优越于新的法律从未受到挑战,并且它就像善恶一样分明,更不能加以否认。在这之后,我们继续讨论另外一项原则。

第五节　法律的创新是为了复归古老的良善之法

让我们先对中世纪的图景进行一番整体的考察。在中世纪,人们根本不了解进步的观念,也不了解生长与发展的观念;他们并不以生物学的方法考察人类事务(尽管他们也从古典时代继承了政治体的隐喻),而是将人类事务视为形态确定的。中世纪只了解静态的、分层的存在形式。永恒的确定性——不是生成的过程,而是事物的应然状态——主导了中世纪对人类生活的理解。中世纪这种深邃的思想十分容易同普遍的日耳曼习俗结合在一起;日耳曼习俗将法律视为古老与永恒的事物,视为静态的,必须固定不变地加以保存的事物。普遍的日耳曼传统与教会所宣扬

165

---

① 众所周知,这份还有其他一些伪造的令状都是奥地利公爵为了回应1356年的《金玺诏书》,后者将哈布斯堡家族排除在选帝侯行列之外。《大特权法》强调奥地利的独立性,并且通过主张新的"皇家大统帅"(palatinus archidux)的称号,鲁道夫四世在主张《金玺诏书》授予给其他选帝侯的一切权利之外,还暗示他的地位要高于选帝侯。皇帝查理五世没有被鲁道夫提出的五份令状(其中包括一份归于尼禄的令状,一份归于尤利乌斯·恺撒的令状)欺骗,但是鉴于奥地利家族的政治势力,《大特权法》被认为是一份真实的令状,是由弗里德里克一世在1156年颁发的。事实上,伪造者是以当时的《小特权法》(*privilegium minus*)为依据伪造的,不过,正如人们所证明的,后者不无篡改之处。可以将两份文件进行对比;cf. *MGH.*, *Const.*, I (1893), nos. 159 and 455。

的道德文化结合在一起,创造出了一项以永世不变的永恒性为基
础的确定的、防御性的、非进步的法律观念。

　　然而,即便在中世纪,人们的生活也不断地创造出新鲜的
事实和环境;并且由于人们必须将这些新的发展同流行的不变
的法律观念相协调,因此,只有当法律中的变革与革新采取真
正的或所宣称的复古形式进行的时候,它们才是可能实现的,
并且是必要的。既不是大变革也不是发展,而是对真正的法律
进行持续不断的揭示、澄清与净化,以反对错误、遮蔽、误解和
遗忘;既非进化,也非革命,只有改革(reformation)才是中世纪
的原则。

　　如果一项法律变得含混、模糊不清,裁判官并没有宣布应当
确立什么成为法律,而是在他们的智慧与良心中找到一直以来都
正当并且应当继续成为正当的事物。他们有可能会犯错,将之前
从未存在的宣布成为法律。他们可能甚至也清楚自己是在革新。
但是他们并没有如实地说出来,也不能如实地说出来。他们不能
说自己创设了新的法律,而现代的立法议员们可以说,他们从自
私的意志,从阶级精神或诸如此类的事物中制定出了新的法律。
即便中世纪每天都在制定新法律,中世纪的观念也会迫使他们
说,合理、公正的法律也是古老的法律。因此,在中世纪的人们是
决不会说"法律的首次应用"这种话的。事实上,可以引用萨克·
格拉玛提库斯(Saxo Grammaticus)的话来说,中世纪的立法者们
常常审慎地"摧毁邪恶的法律而授予新的法律"。但是,在他们看
来,他们并未用一项实证法取代另一项实证法;相反,他们将真正
的法律溪流引导回曾经被不公正暂时阻塞了的渠道中。中世纪

立法程序的典型表达是"法律修订"（*legem emendare*），使法律不再有缺陷。正义与法律又复归到了（瑞典的）埃里克国王、（英格兰盎格鲁–诺曼时期的）忏悔者爱德华、（法国和德意志的）查理大帝的古老而善好的时代，复归到了某个神秘的立法者的古老而善好的时代。

　　然而，在公共事务方面，情况常常和在我们所谓的私法中的情况不太一样，在这里更加古老的法律并不具有优先地位。但是，即便如此，在"继受"罗马法之前，裁判官们几乎很少公开承认，由于缺乏法律规则，他们就根据自己的意志作出了判决。渊博的法理学中存在的这项定理是并非中世纪的。确实，人们在许多情况下也会创立新的甚至得到中世纪观念允许的权利。君主可以自由地授予臣民特权，只要没人因此遭受损失。例如，他可以从自己的财产中授予捐赠，只要共同体不会因此遭受损失。客观的法被视为是一张由相互依赖的主观权利编织成的网，没有一个人的权利会被忽视，除非通过自由的同意或者通过放弃。但是当既存的权利出现空位时，自由意志便能进入，并固定住新的网线。但是这个明显的事实并不能摧毁一般性的原则，即只要权利出现争议，古老的良善之法而不是任何一个活着的人的肆意的意志才是权威的。通过复归古老的良善之法的观念，中世纪的社会一般来说拥有足够的自由，可以扩展既有的法律，以适应某个特定时刻流行的法律观念。在理论上，他们通过复归古代而进行改革；并且在这方面，他们能够自由地采取行动，只要记载下来的权利与特权不会阻碍客观法的发展。

第六节   法律概念和法律实践

我们已经考察过法律概念与法律实践之间的关系,并且在这里无法试图充分地阐述这个庞大而复杂的主题。我们只想再做两点论述。

要是中世纪的民俗法(folk-right)得到一定程度上完整的记载,要是它被保存并被引用,并且要是被记载下来的文本被视为是真实有效的,那么我们就能够看到,习惯法的自由发展在当时就会被中断,并被变成严格的、高度反动性的(highly reactionary)确定的法律。因为就一部法律一旦被颁布后就不再能够被习惯法取代而言,丕平国王为意大利制定的法令,在理论上对所有被记载下的民俗法和王室法都有效,尽管这点在其他地方并未明确地表达。当然,事实上习惯法如果被完全记载下来,并且一字不落地被接受,这就会导致一种荒谬情况的产生;这种情况在最极端的情况常常会发生。或者换言之,习惯法必然会被视为制定法,并且被转变成制定法。法律法典化的理论及制定法被更加新近的制定法打败的情况都会不可避免地出现。但是,这样一种理论的出现并非是不可避免的,甚至在民俗法被记载下来的情况下也是如此,因为中世纪被记载下来的法律通常只被视为是无所不包的习惯法的一个部分,只是一个片断而非完整的法典。各种法令、教会法规等等通常都必须以不成文的习惯法作为评判标准。

但是,在这里,出于现实的原因,我们必须再次区分客观法的发展和对待主观权利的方式,尽管中世纪并不存在这种理论上的差别。在中世纪,揭示或发现客观法的典型工具就是裁判官抽象的判决。这些判决通常都没有依靠任何切实的历史或文献研究,而仅仅是依靠守法之人和值得信赖的人的记忆与法律情感作出的。它通常都下意识地或默认地扩大了法律的范围,因为裁判官事实上常常更多地是依据他们自己的理性而非依据一项或许已经过时或被遗忘了的传统作出判决。另一方面,一旦裁判官或类似之人的判决被记载下来,并且因此不会被人遗忘,那么它就能够更加严厉地约束法律,并且它成为古代惯例的时间要比现代的法典还要长。因为,与后者不同,它是无法被正式取代的。过时的成文立法能够轻易地被新的成文立法所取代,只要立法者已经意识到它过时了。但在中世纪,不存在类似的取代陈旧的习惯法的做法。中世纪的人们决不会宣布: 168

> 树已经老朽了,我们必须把它砍倒;
> 并在老树生长的地方种上新树苗。

相反,中世纪的一个特征就是,它不会将记载下来的法律规则保存、流传并赋予其价值;而是经常在实践上规避一项不再与时代相适应的法律。

法律革新与法律一成不变都既有益处也有害处。在现实中,我们常常发现这两种趋势之间的永恒斗争,甚至在中世纪也是如此。不过,与前一种斗争联系在一起的还有一种斗争。这种斗争在我们今天由于成文法的主导地位已经可以不用再操心了。那就是为法律的持久性、法律与传统的亲和性、法律的延续性而展开的斗争。法律适用的范围超出乡村共同体,超出左邻右舍越远,它就越不能仅仅依靠记忆。在斯堪的纳维亚(也仅仅在这儿),存在着为了确定法律,而在确定的时间段内口头宣布法律的习俗。由专业的法律人士编订的习俗记录起到了类似的作用,并且尽管这并没有要求法律人士承担起记忆这些法律文本的任务,但是由于他们的可靠性、理解能力以及相对的体系性,他们在公众中还是扮演了这种角色。众所周知,13世纪和中世纪晚期的法典也起到此类的作用。即使是私人编撰的习惯法也可能由于缺乏权威的法典,而获得法典的地位,并且不仅有助于保存法律,同时还下意识地促进了法律的发展。由于有这些值得尊敬的作者们,此类法典被视为是古老的良善之法真正的贮存所;在这点上,它们和国王与人民的成文法是一样的,在理论上仅仅是确认了法律,而并非创造法律。

169   现在我们要对主要的一点进行考察。对于我们来说,在保存法律方面遇到的此类烦恼可能在任何情况下都是值得称赞并且有利的。它不会影响法律的刚性或者法律的变革,因为它只是意味着将现存的法律流传下去,并不触及应然的法律是什么的问题。相反,在中世纪,现实存在的法律被视为等同于应然的法律。因此,在中世纪任何试图将法律永久保存的努力同时也就暗示了对于法律刚性的偏爱,而现在我们可以清楚地看到,毫无中断的延续性会预示着完全排除法律变革。因此,在中世纪虽然在永久保存法律方面存在着缺陷,并且正是由于这个缺陷人们想要永久保存法律的努力全部都失败了;但是,这种缺陷反而是一种必要的恶,是法律发展所必要的出口。正是由于中世纪在保存法律方

面的缺陷,人们可以甚至冷静地忽视成文法;法律文本中的条文
被人遗忘;法律规则——例如我们从《萨利克法典》中引用过
的——被人弃之不顾;令状被宣布为不是真实的,或者被后来的
令状废除;法律正是通过这个出口才得以发展。

对于客观法,就讨论这么多。另一方面,在主观法的领域,中
世纪将理论与实践结合的做法起初十分明显地导致了法律的不
安全性。这种不安全虽然在个人的情况下有许多优点,但是它也
导致了向现代法律理论的转向成为一个决定性的进步。

这并非由于与公共的法律秩序相比,私人的权利无足轻重。
相反,中世纪缺乏主观法与客观法、公法与私法之间的区分,因此
个人最不起眼的法律主张都必须得到不可侵犯的公共法律秩序
的许可。在公共法律秩序这座大厦中,任何一小块石块的松动都
会使整座建筑动摇。中世纪的道德腔调会谴责人们出于权宜的
考虑,并且无论产生的问题大小,都总是严肃地对待正义与非正
义。因此,中世纪的法律理论必定比任何其他法律理论更加注重
保障主观权利的安全。但是在这方面,正如中世纪经常发生的一
样,理想由于缺乏足够的技术手段而遭到了破坏。甚至法律的安 170
全性,虽然在理论上是基础稳固的,并且无论大小,无论是国家还
是个人的都是不可侵犯的,但是由于法律缺乏确定性,它在实际
中的情形完全不同。

和在客观法的情形中一样,在这里,实践中起决定性作用的
是法律技术手段的匮乏,这包括成文法律的缺乏和杂乱;缺乏系
统而全面的法律文本;一代代人对于记载下来的法律知识的了解
程度不一并且不愿意使用记载下来的法律;对令状和行为缺乏登

记;缺少有学问的法官和立法者。主观权利只有在左邻右舍熟识的狭隘圈子里,在促使权利产生的事件存续的短暂期间内才是最强有力的。主观权利在时间和空间上变得越遥远,要保存主观权利就越发困难。只有涉及利益的各方,主观权利的拥有者们自己才会从他们狭隘的出发点关注如何永久地保存法律;只有他们才会为此采取行动,但是他们的利益必定是单方面的,并且他们虽然一方面保存了法律,但另一方面又会为了自己的目的而歪曲法律。只有他们才会创建档案馆去保存记载了他们的主观权利的令状,而公众能够进入的无偏私的档案馆在大部分地方都是不存在的,因为这样可能会限制私人档案馆。人们也都高声地呼吁国家有义务保证对所有人公平正义;经院学者们都对君主的分配正义(justitia distributiva)称赞不已;但是在实际中,君主缺乏合适的手段,公正而准确地决定每个人应有的权利是什么。在实践中,他被迫依赖于私人间的、总是存在偏颇嫌疑的交换正义(justitia commutativa)。最有学识的,在技术上装备精良的私人总是在寺院、教堂和修道院;他们拥有档案馆、令状登记册等等;他们为法律安全提供了在他们那个时代最高级的手段。与此同时,由于缺乏鉴别真伪的标准,以及公共权力机关缺乏相关技术,也正是这些人频繁而轻易地通过伪造先前国王的令状而获得虚假的权利。然而,伪造的诱惑之所以巨大,不仅仅由于缺乏监管,技术精湛的伪造者可以轻易获得成功。相反,正是由于缺乏确定的法律,我们才应当对虔诚的欺诈(pia fraus)给予一些宽容。我相信,许多为自己的修院伪造令状的僧侣——更别提像伪伊斯多尔这种伟大的伪造者——都认为他们为自己在天堂中获得了一个位置。

也就是说,难道这些僧侣们不是可以依据理性、正义、默认或公认的传统等等得出清晰而明确的观点,认为某块土地由于其所处的位置表明,它不可能属于某个邪恶的管理者,因此最初"必定"是属于临近的修道院吗? 难道君士坦丁在前往新罗马的时候不是"必定"已经指定留在旧罗马的教皇为他的继承人了吗? 相比于在古代教会中"必定"存在的更加纯粹的教会形式而言,9世纪的教会体制难道不就是一个畸形的怪物吗? 要知道,所有这些事物都缺乏书面的文件;一个个世纪以来的错误已经将它团团包围,只有古老而真实的法律将证据呈交出来,它们才能成功地被更加古老与历史悠久的权利挑战并打败。但是,此类证据是否依然存在难道不是完全只能取决于运气吗? 难道这些证据不是在一百年前被诺曼人付之一炬了吗? 难道不是由于这些证据的拥有者们的疏忽而没能很好地保存证据吗? 最后,难道早先的属于敌对派别的一些伪造者们不是已经利用他们的天才伪造了权利,并使非正义的一方获胜了吗? 因此,人们才决定通过新的伪造帮助真理与正义取得胜利。传统的歧出得到了纠正,真正的法律地位也得到了恢复;通过伪造证据,伪造者们重建了法律本身。因此,两支技术精良的伪造大军都在努力工作,秘密地破坏对方的地位,而他们双方都是出于善良的良心;他们以唯一合法有效的方式修补了传统。他们并不谈论自己的行为,但是他们的良心是坦然的。如果伪伊斯多尔按照他自己所设想的教会"必定"具有的形式恢复了教会法,如果我们上文提到的那块土地最终被修道院赢得了,那么这些技术精良的令状使用者们就赢得了一场不流血的、真正合法的胜利,而我们也相信人们不会过分苛责他们。对于伪造者们来说,中世纪法律的不稳定是一个十分明显而有吸引力的诱惑。

对于中世纪的伪造者们的动机我们就谈这么多。如果人们不深刻地理解中世纪的法律观念,就很难理解伪造者们的动机。前文所有的讨论多少都有助于解释为什么伪造盛行;它表明为什么教会煮的水总是不干净。同时,不可否认的是,甚至在中世纪这些手段也遭到人们的质疑。只有当目的是善好或神圣的,而不仅仅在于个人利益;只有当伪造所恢复的状态是人们公认的之前存在的状态,人们所进行的伪造才能像我们前文解释的那样被认为是正当的。

除了伪造之外,中世纪大量的令状确认行为也揭示了法律的混乱状态。

对于确认这项习惯的解释,人们通常将其与如下事实相联系:在中世纪,统治的观念并未独立于统治者个人,因此人们常常将很多重要的事物同每一位新的君主的人身联系在一起。不过在下文讨论宪制的时候我们会看到,君主虽然并非以非人格的国家的名义签发令状,但是确实是以共同体以及非人格的、不会消亡的法律的名义签发令状。因此,确认的习惯就不能以任何一般性的宪法观念加以解释,我们必须转向中世纪法律程序的实践或细节中寻找其解释。

在宪法上,每一位君主都既要受到前任政府合法行为的约束,也要受到君主自己之前以国王的身份做出的行为的约束。要是中世纪的国家有一位正式的登记官员,负责登记所有被撤销了的令状,并且能够对所有有效的令状进行公开的检查,那么中世纪就不再需要令状确认的习惯了。令状确认只是为了保证法律的安全,预防、警示法律的不安全状况而采取的手段。令状授予的权利的拥有者总是担心,反对派有一天会突然提出一项对立的王室令状。当然,如果之后的令状没有明确废除之前的令状,则令状越古老越好。但是,由于裙带关系或者对法律的肤浅了解,在中世纪的文秘署中解决的事情是多么少啊!宣告法律的手段是有缺陷的,而授予令状就是这种有缺陷的宣告法律的方式之一种。无论法律理论有多么崇高,技术上是极其欠缺的。因此,古老而真实的、能够证实某人权利的王室令状还是有可能被其对手用新的王室令状打败,而其对手的令状也许是通过不正当的手段搞到的,也许是通过合法的手段获得的,并且甚至也许包含了废除某人令状的明确条款。有什么手段能够保证对手无论何时都无法"发现"在位君主尚未确认的令状呢?简言之,在中世纪法律混乱状态的危险丛林中,只有一种途径能保证相对的安全:毫不延迟地使自己的主观权利获得新任君主的确认。这样,在君主有生之年,人们就可以获得相对的安全,免受不可预料的侵害。君主是以其自身作出承诺的,并且这项承诺他自己不得轻易地违反。人们还无法确保君主不会非法肆意地废除前任君主的行为;但是人们能够清楚地意识到,君主无论何时都有职责与义务加以保护的实际的权利是什么。人们能够保证国王不会接受并按照对方提出的证据而行动,国王没有义务对这些证据进行审查。此外,虽然旧的令状能够保证相关权利的古老与高品质,但拥有能授予相同权利的新的令状也是有益的。对令状进行确认的权威机关在实际中会正当地怀疑旧的令状,因为旧的令状的真实性更

174

加难以鉴定,此外也许还因为旧日的法律关系在历经了一段历史之后可能已经发生了巨大的改变。这一事实就会使令状被怀疑——如果文秘署严格地进行检查的话——而无论确认是否公正合理。因此,利益关涉各方就会在每一任新的国王统治伊始在令状的确认链条中加上一环。君主也常常被要求对自己的令状进行确认,例如在德意志国王变成皇帝的情况下。这并不是因为他获得了一个新的法律人格之后,就在皇帝加冕仪式上将旧的抛弃,不再受到之前的以国王身份做出的行为的约束;而是因为,王室文秘署通常无法确定它是否曾经签发了某项令状,甚至对于现任统治者的令状也是如此;因此在这种情况下,就有可能出现这种尴尬的局面:即在某人的档案柜中有一份亨利国王签发的令状,而他的对手则有一份亨利皇帝签发的令状。因此,获得双重的保险更加牢靠。

另外一方面,我们还可以对确认习惯进行解释,即相比于模糊含混的习惯法,王室令状在诉讼中具有与众不同的价值。也就是说,它们是法律传统唯一可靠的支柱。这种情况是由于管理机制不完善导致的,因此只能由利益关涉各方来保存他们的令状——诉讼中首要的证据。由此为不断地重复进行的确认行为而缴纳给文秘署的费用就相当于在缴纳保险费用,不是为了防范对任何特定个人权利的宪法风险(正如上文所述,这种风险几乎不会在改换统治者的过程中产生),而是为了防范法律技术上的风险——这种风险不是源于绝对主义而是源于王室文秘署普遍存在的混乱。

由于技术上无法保证法律的延续性而导致的动荡状态产生175 的重大宪法问题使君主本身遭受了多大的损失,在这里是无法加以讨论的。① 这种法律的不稳定状态在一些地方和一些时期中是如此剧烈,以至于人们有时候会否认中世纪的公共生活具有任何的法律特征;相反,人们认为中世纪只不过是以武力决定的混乱状态。这就是中世纪法律不稳定的现实状态;但是,另一方面,在中世纪,无论政治还是法律都比其之前或者之后的时期更加牢固地确立在永恒的道德基础之上! 在这点上,同样在现实中最具决定性的事实是,缺乏将理想转变成现实的技术手段;正是由于这个原因,虽然在现代,人们并未赋予法律在中世纪那样崇高的理论特征,但是由于现代的法律更加有效,保存更加完好,现代的法律又赢得了许多现实的尊重。如果巴巴罗萨被教皇要求去担任典礼官(marshall)——这在教皇与皇帝关系问题上自然是十分重要的一个问题,巴巴罗萨能够采取哪些方式来决定教皇的要求是否合理呢? 首先是口头的传统,即可以求助于先前陪同皇帝到罗马的随行人员的记忆;其次是作为皇帝对手的教皇针对皇帝制定的令状。这些就是皇帝仅有的手段。因此,人们就可以理解,为什么即使皇帝出于政治上的原因屈从于教皇的要求,他还是会抵制这些要求,并打算反对教皇所谓"权利"的有效性。而在这种情况下,由于君主无法提出针对其对手的令状,其主观权利遭受到的损害在臣民的身上更加容易遭受。

　　因此,中世纪的权利所有者越是谨慎,他就越想要不仅使令状获得确认,同时尽量全面地收集令状。作为一项防范措施,所

---

　　① 　与此相关,此类问题应当考虑为什么诸如《沃尔姆斯协定》或《金玺诏书》这些重要的法律和条约都很少被执行;为什么只有那些利益相关方才会对它们感兴趣,并要求执行它们,等等。但是最好还是把这些问题留给中世纪的政治研究而非中世纪的法律研究加以回答吧。

有可能的权利都会被记载下来,不仅个别的权利还包括普遍的以及我们称之为公共的那些权利。

176　　　这里我要引述施坦因纳克(Steinacker)的话:"罗马法和现代法都内在地固有一种权力,它能够为个人创设并保护主观性的权利——普遍的法律秩序使个人有权要求这些权利。而在中世纪的法律中,这种权力是欠缺的。由于这个原因,那些将法律记载下来的人们几乎很少关注客观法律,并且从未将客观法律编订成完整的、体系化的法典,他们仅仅关注个人的主观权利。换言之,记载的法律最主要的形式是特权。个人使其主观权利在由国家首领签发的令状中得到直接的保证。并且,这种做法并未局限于特权——如果特权指的是他的同侪们并不拥有的,因此是普遍法律秩序之外的特例,是名副其实的'特权'——相反,它扩展到人们可以不用以特权的名义主张的那些权利之中;因为正如令状通常明确地指出的那样,这些权利习惯上是属于某个阶层的所有成员的,例如庄园主、市镇的市民等等。个人在获得这些令状的时候,他们是完全不关心令状是否或如何记载下了普遍的原则——依据这些原则其他人也可以像他一样主张令状上规定的权利。事实上,特权——令状授予给具体某个人的主观性权利,为此人提供了相对来说最为安全的保证,因为中世纪编订的客观法常常由于习惯法的发展而显得过时并被废除。"①

---

① H. Steinacker, *Über die Entstehung der beiden Fassungen des österreichischen Landrechtes*, Jahrbuch des Vereins für Landeskunde von Niederösterreich (1917), 261.

第七节　从中世纪向现代法律概念的转变

从中世纪向现代法律概念,以及从习惯法向成文法转变的过程尚待描述;不过这里,我们只是大胆地做了一些初步的评论。

我认为,现代法律概念的起源之中尤其重要的一个因素就是我们上文已经讨论过的,中世纪实践中存在的技术性欠缺。例 [177] 如,实践必定已经导致新的法律打败旧的法律。在利普里安法兰克人(Ripuarian Franks)的法律中,人们就已经试图在"古老的善良之法"的原则与"随我们出生而来的法律"之间进行最初的妥协。在新旧两项王室令状相互冲突的情况下,争议的标的物会被分割,旧的令状的拥有者得到三分之二,而新的令状的拥有者获得三分之一。甚至在中世纪,新的法律在实践中也经常取代旧的法律;这种现象既不会被承认,也不会被理解。原则上,只有在成文法中,最新制定的法律才是有效的,正如在习惯法中,最古老的传统才是有效的。但是,在新法比旧法更加有效这项原则获得普遍承认之前,成文法首先必须提出全部法律由成文法组成的主张,即任何特定的成文法或法典能够消灭或废除各自领域内一切更加古老的法律。

促使习惯法向成文法转变的一项工具是对法律的研习(learned law),在这方面罗马法发挥了作用。罗马法被轻易地吸收进了习惯法,并且之后就像一个肿胀的内核将习惯法这层虚弱的外壳撑破。《民法大全》是法律片断的汇编而并非成文法典。但是,作为死的法律而非鲜活的传统,它得到了系统的研究,并从中发掘出了原则。这些原则或者发掘这些原则的研究活动将罗马法体系融贯成为一个整体,并使法学具有了科学的特征,能够解释全部的成文法。但是,正如潘德克顿的法律变成了市民法的完整体系一样,法学的研究以及由此导致的法典化将其他一些片段式的立法都变成了完整体系的刑法、程序法、公法等等。即便现代的制定法统一体系相比于中世纪的法律概念不过是一种虚构,它依然具有一项决定性的技术优势,并且对于当今法律已经扩展到广阔共同体的情况来说,这项优势是不可或缺的。习惯法只适用于狭小的地方性的共同体。但是,这项优势只是技术上的,而在理想上现代的法律概念并未优于中世纪的法律概念。我们会发现一个从片断的、局限于狭小地方的习惯法逐渐地转变成无所不包的成文法的历史过程。结果是,法律不但变得更加确定,而且变得更加可变和具体。法律的流通性增强了;习惯法太不灵活,并且当事实上人们能够无视其本质而对其进行改变时,它又太过于含混与模糊而无法适用于广阔的领域或被长时期适用。

　　因此,人们就需要找到某些方式赋予中世纪由个人偶然地编撰的残缺不全的法律文本永恒性与真确性。这种需要逐渐地变得迫切;而正是从这种需要中生长出了新的法律概念,即法律作为一个整体存在于法典之中。但是,一旦法律学术研究或者国家承担起了这项任务,那么它就走上了一条歧路,最终必然以成文法是整全的,实证法是一个完整的体系这种假设为终点。因为法学学术研究或成文的法律文本被视为是绝不会犯错的,因此它们不得不在必须保持沉默的地方也给出答案。由于这个原因,国家从承担制定法律这个任务开始就必须在理论上制定整全的法律,并且将原本仅仅存在于人民的正义感中的法律转变到成文法中。因此,存在于普遍的正义感中的自然的统一体就以这种方式通过由法律科学引入的原则——这些原则在法典与普遍的正义感之间搭建起了一座桥梁——转变到法律体系这个人为的统一体中。

　　最后,我们可以看看中世纪的法律概念是如何继续抵抗现代观念,并且只是逐渐地才屈服于现代观念排他的统治地位。对于一个仍然保留有某些中世纪精神的人来说,以下这种观点是完全无法理解的:所有的法律都存在于法典中,而不是存在于上帝根植法律的那些地方——良心、公共舆论、习俗和人类良好的理解能力。实证的成文法产生了有学问的律师和学者,但是却切断了 179 同人民的联系。尽管事实上成文法更加准确与确定,但是目不识丁的人就越来越无法了解法律是什么了。他们再也无法了解法律,并且对律师和诉讼代理人充满了疑虑;他们像蔑称医生和药剂师一样,将这些人蔑称为"歪曲正义之人"。而如果疾病是上帝带来的,因此根本无法得到救治,那么,他们无法理解的法律在他们看来就只不过是人们肆意地制定的,或者甚至是从异教徒罗马人那儿拿来,并在博洛尼亚——在大学讲坛上、在卷帙浩繁的著作中——重生的。如果有一个老农至少将在上学的儿子于假期中带回家的《民法大全》中的评注全部删除,他会认为自己干了一件好事。

　　事实上,实证法、法典化的法律常常比习惯法更加笨拙,更加派不上用场。习惯法会悄无声息地变成过时的法律,被人遗忘并平静地消亡,但法律本身还是年轻的,并被相信仍是古老的。然而,它并不衰老,相反新的成分总是被嫁接到古老的法律身上,一大股同时代的法律溪流会从下意识(sub-conscious)这个创造性的泉水中涌流出来,因为有限的记载下来的法律和令状并没有将其过分开采。另一方面,除非有新的法律取代了旧的法律,成文法总是离不开法律文本的文字,即使生活本身很久以来就已经要求旧的法律文本寿终正寝;而同时死掉的文本依然对生活有效。

习惯法就像一片从来没有被砍伐也几乎没有改变自身形态的原始森林,它总是不断地恢复青春活力。因为虽然这片森林的一个部分在悄无声息地衰败腐朽,但是与此同时另一个部分又在缓慢地生长。因此,一百年后又会产生另外一片森林,其轮廓仍然同过去那片"古老"的森林一样。另一方面,成文实证法恢复活力的方式就像是地震。当原初的法律不再合理,原初有利的立法变成了负担时,就需要进行深思熟虑而又突然的变革,但是在变革产生之前,旧的法律不会失去效力。然而,当某种特定的环境180 同人民的正义感相出入时,人民单纯的情感依然会提出这个真正的中世纪的问题:为什么正当的东西不是法律? ——这次是立刻毫不犹豫地,并且不拘泥于任何法律形式。中世纪的法律观念是温暖、含糊、混乱的,并且不太具有实践性,在技术上是笨拙的,但是它是充满创造性的、崇高的并且能够适合人类需要的;人民是乐于返回这种法律观念中去的,尤其是当人类良知中不成文的、原始的法律反叛(对他们来说)冰冷僵硬的成文法时,更是如此;例如无法追忆的抵抗权就是以这种形式存续着。不过,如果转向我们研究的第二部分,即狭义的宪法,我们就能更清楚地看到所有这些问题了。

第二章　宪法

在现代的用法中,我们用"宪法"这个词表示控制政府权力以及调节政府与臣民之间关系的那部分普遍法律秩序。中世纪也存在这个意义上的宪法吗?"宪法"一词是现代的造物,这个事实无需任何解释。但是"宪法"所指的秩序本身如何呢?

在中世纪,人民主权的理论并不占主导地位。君主不需要服从于任何人,但是他必须服从于法律。这个主权性的法律应当像我们上文所论述的那样,指的是不成文法。君主并不服从于任何一种具体的宪法限制,但是必须服从普遍的法律。这种法律虽然缺乏确定性,但是具有无上的权力与几乎无限的适用范围。君主必须受到这种法律的限制,受其约束。从宪制机制的角度而言,法律以这种方式施加的限制大概是不充分、不够安全的——中世纪法律观念的宽泛性允许我们进行这种猜测。但是,在理论上这导致了对君主的完全控制,使其彻底服从于法律;政治考量与国家理由(reason of State)都被排除在外,变成完全不可能的。

第一节　法律限制的原则（国王受法律约束）

我们可以指出使君主受到法律约束的三个来源:早在塔西佗时代就得到证实的日耳曼习俗、通过基督教教父们流传下来的斯

多亚自然法以及基督教将所有统治者都视为上帝代理人和行动工具的观念。法律居于所有人之上,君主也不例外:

Nieman ist so here, so daz reht zware. ①

君主必须服从于法律,但是人民和教会在解释这项原则时,呈现在他们脑海中的是两种不同的法律。客观法本身包含了共同体之内每一位成员的所有主观权利,或者简单地说,它就是个人权利的总和。甚至君主进行统治的权利也不构成这项原则的例外。统治者自身拥有进行统治的主观权利,正如最为卑微的奴隶也有权耕耘自己的土地一样。正如我们下文对基本法的讨论中将看到的那样,所有(主观)权利在客观法之中的这种统一性与不可分割性在中世纪的宪制思想中是决定性因素。这里,我主要想指出一个事实,即并不存在任何具体的公法,公法和私人权利之间是不存在区分的。除非我们牢记,客观法与主观权利之间以及公法与私人权利之间是密不可分的,否则我们就无法理解中世纪的宪法,无法理解它同现代的关系。

对我们来说,法律部分地是依赖于政策,并受到政策的调控。国家按照国家生活的需要而制定法律,这种国家法要优先于私人权利。我们能够遵守这种法律,只要国家的这种法律是必要使然,并且不是出于肆意的意志;并且作为对此的保证,我们要求,这种法律不应当由个人肆意、随心所欲地制定,而应当通过共同

---

① 任何人都不可能强大到可以强制法律(No one is so much lord that he may coerce law)。

体的代表制定。但是在中世纪，由于人们纯粹保守的法律观念，由于人们拒斥政治，由于人们将法律与道德、理想法与实证法混淆，他们根本无法区分出能够塑造或毁灭个人私人权利的国家法。法律施加于专断的君主或治理者身上的限制在理论上要比现代的国家强得多，甚至比对权力受到宪法限制的君主或总统的约束还强。因为后者还能制定与其他至高的宪法机构相关的新的法律，而在最纯粹的理论意义上，中世纪君主存在的目的就是为了应用与保护古老的善良之法。拥戴君主的目的就是为了执行古老的良善之法；它是君主的正义女神（*justitia*），是每个人主观权利的保证，是各得其所（*suum cuique*），是和平（*pax*），是国内和平的源泉——而国内和平是内政最基本与首要的目的。在最宽泛与最保守的意义上，法律的保存同时也是为了保证统治者统治的安全；为了保证所有成员的权利，下至最为卑微的奴隶耕耘土地的权利，上至统治者统治的权利。

在君主的继位仪式上，中世纪的君主都要对法律宣誓，并且个人要发誓遵守法律。现代的宪法宣誓就起源于这种加冕宣誓。任何一位想要论述成文宪法起源的作者都必须将中世纪国王的这种自我约束作为出发点，①因为它明确地使政府受到更高的法律的约束。

现在，我们就会发现，在吸收古代文化遗产的同时，中世纪的文化还吸收了一些源于古罗马帝王绝对主义（Roman imperial absolutism）这种完全相反观念的格言与警句。但是，在这里，中世

---

① Cf. Schmidt, *Vorgeschichte der geschriebenen Verfassungen* (Leizig, 1916).

纪的学问利用它自身拥有的方法中和了古代传统中这些令人不快的碎片。人们充分利用解释的艺术,将"君主不受法律约束"(*princeps legibus absolutus*)这句格言进行了无害化解释。从古代流传下来的一些法律格言将政府置于法律之上而不是法律之下。人们常常将这些格言解释为一些道德训诫,使法律看起来依然是高于政府的。"国王"(*rex*)被称为是"活的法律"(*animate lex*),意思不是说君主可以随心所欲地制定法律,而是说君主将法律吸收进自己的意志之中。同样,在教会法之中,"所有法律都蕴藏在教皇心中"这种论断并不是指教皇是绝对的,而是指,存在一种法律拟制,认为教皇的敕令都是依据更加古老的教会法而签发的。一般而言,罗马法的绝对主义格言警句都没有被当真,尤其是考虑到中世纪的历史环境就更是如此。正如在下一节对君主获得民众同意的义务的论述中将看到的那样,由于在民众代议制方面存在的技术缺陷,中世纪并没有使在我们看来是绝对主义的程序带上绝对主义的特征。后来才发展出了绝对主义精神与形式,不过那已经是中世纪政治与法律观念的终点了。

　　由于理想法与实证法之间缺乏区别(这点我们上文已经讨论过了),中世纪能够避免对传统的法律施加过于严厉的束缚。传统就不会被滥用吗? 在这方面,教会尤其放松了习惯法对政府的约束。甚至在教会看来,政府必须服从法律,但是只有在蒙受恩典的情况下,政府才服从国家自身制定的法律。对于教会来说,君主必须服从于公平(equity)而不是实证法;公平也是君主必须毫无保留地服从的"法律"。因此,当实证法中包含有不公正的条款时,它就不是法律,并且君主不得维护这样的法律,而必须将其废除。

　　认为中世纪君主的法令只有君主在位时才有效的观点是完全错误的。国王的法令一旦被人们视为非法就将被废除,无论它们是古老的还是新近的。而另一方面,无论统治者如何改变,公认合法的法令会一直有效;并且它们越发古老就越发神圣。

　　在这点上,在考察中世纪宪法的特点时,现代的历史学家们无不会产生一些疑惑,除非他们从中世纪的法律概念出发。我们已经谈到,中世纪的人们并不了解真正的由国家制定的法律。国家制定的法令或法律的目的只在于恢复与执行有效的民俗法或习惯法。法律本身就具有最高主权者的地位。国家不得侵犯法律的主权者地位。国家只能在必要的时候从外部保护法律的存在。几个世纪悄悄地过去了,而立法或法令的制定没有任何变得活跃的迹象。中世纪的法律概念能够解释这种现象,正如它也能够回答涉及宪法或人的权利的问题。出于这个原因,我们简要地复述之前已经讨论过的内容。 185

　　中世纪不存在公法或宪法。客观法只不过是人民所有权利的总和或集合。法律优于且高于国家。国家或官职的完整概念取决于以下这点:也就是说,在中世纪的法律概念面前,国家是一个失败者。因为君主并非高于法律,而是处于法律之下,君主必须像共同体的其他成员一样遵守法律;不过与共同体其他成员不同的是,只有君主才必须对所有人的权利以及所有的权利负责。这点在理论上听起来不错,并且似乎比其他任何的宪制安排都更能有效地保护个人的权利;但是,在执行的技术方面又一次存在缺陷,而这意味着个人权利的保护体系所具有的价值在实际中还

不如其存在的缺陷明显——国家的权力被致命地束缚着。因为，
根据日耳曼的观念，国家的唯一目的就是保存既有的法律或既有
的权利；而根据教会的观念，国家的唯一目的是执行神圣的命令；
因此，国家就不得依据自身的需要而调整其行动，不得改动共同
体的法律与个人的权利以适应其自身的需要。而这些是现代的
宪法所允许的。中世纪的国家作为一个单纯的保存法律的机构
不得为了共同体的利益而干涉个人的权利。国家单方面制定的
法令只有可能存在于毫无权利的人的情况下，例如俘虏的战俘或
违法的人。否则，相对于国家而言的个人的一切私人权利，用后
来的自然法的追随者们的话来说，都是基本的权利；它们不得受
到国家制定的新的法律的侵害。政府必须保护所有个人的一切
主观权利，因为这些主观权利的总和就构成了客观法——甚至官
职或国家本身的权利也只是客观法的一部分。国家本身并没有
自身（*sui generis*）的权利。例如根据中世纪的观点，国家不能征
税，税收是没收（sequestration）财产的一种方式。国家只有在获得
全部共同体成员（或至少其代表）的自由同意的情况下才能侵犯
个人的权利。因此中世纪的税收是一种"仁慈的补助"（gracious
aids）。而只有当税收变成一项传统之后，国家或君主才有不受质
疑的征税权。共同体每一位成员所拥有的财产权是整个绝对神
圣的法律秩序中绝对神圣的组成部分；只有古老而良善的法律才
既是国家权利又是个人财产权的裁判标准。

  从这个例子中，我们十分容易理解，为什么中世纪既无可能
也没有必要分离出任何基本的权利。因为我们可以说所有的主
观权利都是基本的，并受宪法保护，并且被法律紧密地环绕着。

具体而鲜明的基本权利只有在人们创立了一部单独的宪法并高居于个人权利之上时才会变得必要。只有当绝对主义国家继承了中世纪代表制的国家，并且无情地侵犯个人权利之后，才会提出从宪法上对基本权利和人权进行保护的要求，即要求承认国家主权干涉私人权利方面必须接受的某些限制。而正如上文所述，在中世纪，人们根本没有必要将基本权利作为一个独特的类别独立出来。同时我们现在也能清楚地看到，为什么只有国家而不是个人才由于中世纪未能区分公共权利与私人权利、法律与道德、实证法与理想法而成为失败者。中世纪根本没有为国家理由或政策留有余地，因此政府就不能依据自身的需要而自由地行动。当然，在实践中个人也常常遭受侵害；但是最重要的后果是国家的能力在理论上被限制了，而这反过来又深刻地影响了现实的生活。

　　除了这种崇高的理想之外，中世纪宪法存在的其他技术上的 ¹⁸⁷
缺陷，我们只有在接下来的几节对民主代议制以及宪法的评判标准问题进行讨论时再加以论述。这里我首要关注的是中世纪宪法的原则，并且只关注一项将中世纪的宪法观念转变为现实的实践做法，即君主的加冕宣誓。而在实践中君主的誓言对于实现中世纪的宪制理论所提供的保证是多么微不足道，这点是显而易见的。

　　但是，人们应当如何评判君主的行动是否和法律一致？或者正如我们所说，君主是否依据宪法行动呢？相比于有着成文宪法的现代来说，这个问题对于只有非成文的、易变的古老而良善之法的中世纪来说就更加困难得多。最终，这个问题只有一个答案:共同体的正义感。这便是我们下一节将论述的主题。

第二节 民主代议制的原则
（国王获得民众同意的义务）

就当前目的而言,我们可以将中世纪的君主制国家视为理所
当然的事物,尽管它也有自身的根源与基础。① 即便是在共和国
中,中世纪国家基本的宪法观念也和君主制国家中的宪法观念没
有丝毫差别。因为在宪法关系上,共和国的领袖与人民之间的关
系类似于君主与人民之间的关系。此外,我们还可以将人民通过
"最优秀者与最伟大者"(*meliores et maiores*)得到代表的代议制当
成理所当然的事,尽管事实上还有许多问题需要讨论。通过这些
前提假设,我们的任务就简化了,我们就不需要再追问君主与共
和国首领之间的差别,不需要追问人民是如何得到代表的。相
反,我们可以径直地解决我们关注的问题:君主必须获得人民的
同意吗? 什么时候必须获得,什么时候可以不必获得人民的
同意?

188   我们已经看到,中世纪的君主在理论上并非绝对的。他受到
法律的约束。但是在形式与实践方面,君主在我们看来是绝对
的;因为他不必以任何确定的、正式规定的形式同法律保持一致。
统治者遵守法律通常并没有依照任何可见的固定形式进行,尽管
在遭受质疑的情况下,君主的行动是否遵循法律是由共同体或其代

---

① Cf. *supra*, pp. 5 - 12.

表的同意加以证明的。但是对于在何种情况下需要获取人民的同意,并不存在有约束力的规则。在通常的情况下,人们假定,君主所有的行动都明示或默示地遵循法律,符合共同体的正义感。

为了使这点更容易理解,我们必须了解,在中世纪,将君主与人民联系在一起形成国家或"人民"(folk)的纽带具有极其不明确、含混的性质。君主与人民之间的关系并不像我们后来在人民主权理论或统治契约理论中所见到的那样,他们并非是对立的。君主的行为是以人民的名义,并遵循人民的意志做出的;他就像是人民的代言人。君主和人民都同等地要受到法律的约束;他们一同宣布法律,并共同保存法律。除非有相反的证据,国王所宣布的就是法律,就仿佛是由人民,由共同体宣布的一样。除非有相反的证据,君主会被认为是人民及其法律永恒的代表。由于这个原因,关于国王如何获得共同体的同意以及与此同时国王如何才与法律保持一致的规则就极其模糊、落后。

民众参与政府可以分为三个不同的层次,即通过共同体代表的参与,通过最优秀者与最伟大者的参与,等等。第一种是默认的同意,国王单独采取行动,因此在形式上而非实质上是"绝对的"。第二种是提供建议与同意。第三种是司法判决。在中世纪 189 并不存在明确的规则,规定这三种形式的具体应用;这三种形式可以毫无差别、同等地导致国家行动的有效性。这是典型的中世纪特征。

当今是独立的宪法和成文法典主导的时代;在这个时代,我们必须仔细地区分这三种不同的人民参与的形式,并为它们各自确立明确的范围。我们精确地规定,法律程序必须在法庭中进行,并且在宪制国家中,司法程序不得受到君主或政府个人的干预。我们精确地规定,国家事务必须在听取了民众代表的意见之后才能被处理,并且在宪制国家中,这种获得同意的义务已经被提升为民众代表不可侵犯的否决权。最后,我们精确地规定,在哪些范围内政府能够自由地行使发布法令的权力——人们已经通过制定成文宪法的形式使这种权力一次性地获得了共同体默认的同意。而在中世纪的国家中,上述所有这些都没有被规定。

　　只要君主仍然与法律保持一致,这三种形式中选择哪一种来处理事务,就完全取决于君主个人。他可以通过君主法令的形式;他也可以听取民众的意见,甚至可以在谋臣的协助之下处理事务;最后他还可以寻求高级法庭或王侯组成的法庭。君主可以自由地选择其中一种形式处理事务。如果君主选择单独地、纯粹个人地依照法律而发布法令,那么他的法令就是法律,只要民众没有反对而代表默认同意就完全足够。另一方面,有时候议事会或民众的代表甚或王国中最庄严的法庭也会出现错误的判决,这时错误的判决尽管得到了君主与人民明确的一致同意,也必须被废除。只要政府法令的内容是合法的,采取哪种执行形式对于中世纪来说都是一样的。

　　与此同时,由此还发展出了一些习惯性的获得同意的方式。不过,在对这些方式进行讨论之前,我们必须考察民俗法与王室法律之间的差别。从上文我们已经得出的结论中,这个颇具争议的问题是很容易得到解答的。

　　当然,从法律的角度看,我们必须区分民俗法和王室法,区分民众法庭和王室法庭;例如在法兰克时期。但是,在理论上,这个时期本身不了解也根本不可能了解这种区别。因为,即便民众法庭和王室法庭依据不同的原则作出判决,但是在这两种情况下所作出的判决都是同样有效的,都是法律(Law)。国王依照共同体明示或默认的同意制定的规则是法律;就其符合共同体的正义而言,王室法律也是古老而良善之法的一部分,尽管它是新近制定的。王室的法律变成了民俗法,并且国王明确地承认,民俗法也对国王有合法的约束力,能够限制国王制定法令的权力。

因此,即便现代历史学家们区分了王室的(或正式的)法律与民俗法,但是我们必须避免认为,这种现代的区分在中世纪也存在。民俗法,无论记载下来的还是没有记载下来的,也无论是得到了国王承认还是得到人民的承认,它们都是中世纪意义上的法律;同时甚至包括国王个人发布的法令,被人民承认具有法律效力之后也是法律。国王签发令状的权利,在战争中指挥军队的权利,国王"禁止性"的权力以及诸如此类的,统统都是民俗法的组成部分,并且和其他权利一样,也都受到先前存在的作为每个自由人主观权利之总和的客观法的限制。在颁布法律和签发令状的过程中,中世纪的君主和人民虽然在理论上受到传统法律的完全限制,但是他们在实践中能够肆意地甚至几乎独裁地忽略先前一个时期的法律和令状;不过这种明显的矛盾是由于在记载与流传法律方面出现的技术性缺陷——这点我们在上文已经详细地 191 论述过了。① 在理论上,国王每一项合法的行为就像牢靠的权利一样能够永远约束国王的继承人和整个共同体。但是在实践中,

---

① Cf. *supra*, p. 173.

人们几乎没有保存法律;而在中世纪的法律与宪法理论中根本没有一席之地的政治上的紧急情况起着很大的、几乎是无法控制的作用。政治上的紧急情况通常并不会破坏精巧设计的理论,因为法律实践是足够有弹性的。但是理论与现实之间的反差和君主或政府是否必须获得同意,还是可以通过个人的法令而自由行动毫无关系。在理论上受限制,而实践中肆意妄为方面,共同体做得一点也不比国王差。因为在理论上,共同体也和国王一样要受到法律同样的约束。事实上,没人会在意过时了的法律,尽管在习惯法理论上,习惯法没有也不可能被废除,除非重新发现的古代令状迫使人们重新审视它。

然而,在这点上我们必须注意到,甚至在中世纪的思想中,人民的法律义务与君主的法律义务存在区别。

如果共同体本身反对法律,这是无关紧要的,只要共同体或其主要部分在解释法律方面仍然能够保持一致。但是,如果君主个人与公共舆论中重要的一部分发生了冲突,那就另当别论了。在这种情况下,君主就处在危险的境地;首先是因为中世纪国家的权力存在缺陷(关于这一点,对中世纪的政治进行研究之后就更清楚了),其次是因为在理论上君主必须为其行动承担沉重的责任(这一点我们在下一节中会论及)。

因此,君主为了保证自己不遭到意料之中的反对,常常就会
192　获得共同体或其代表的同意,并且将其记载下来。这里并不适合详细地讨论中世纪代表与同意的历史。① 决定性的事实依然是,

---

① Cf. M. V. Clarke, *Mediaeval Representation and Consent* (1936).

君主可以自由地选择他是否依照这种方式保证其地位，或者无需任何前置的同意——单单"建议"也会被视为是同意——而合法地发布有效的法令。

但是共同体或者代表共同体的人，以及自然也包括国王，他们都绝不能侵害共同体同胞基础稳固的权利。在这方面，中世纪国家受到的法律限制是极其明显的——这种限制比现代宪制国家对政府机构的限制要有效得多。对于我们来说，国家就是主权者。甚至在今天，根据自然法理论，也只有一小部分个人的权利或自由应当从国家绝对主权的掌控中脱离出来；这就是所谓的"人权"的重要意义。"人权"就根源于主权国家的观念已经占据统治地位的那个时期。[①] 在中世纪，每一项基础稳固的权利，甚至每年获得一只母鸡作为贡奉（tribute）的权利都丝毫不比现代宪法中的人权更缺乏尊严。只有权利拥有者们主动放弃才能够合法地废除这些权利；即使王室法令是建立在代表性会议的投票的广泛基础之上，王室法令也不能废除个人的权利。没有得到那些权利受到影响的人们的同意，国家的任何行动都不可能是有效的。

因此，对中世纪的法律理论进行的严格的解释暗示了，个人有可能完全阻止一项共同意志的形成；因为根据中世纪的概念，既存政治状况的维持，即便在最微末的细节上最终都是共同体每个成员个人主观权利的一部分。最长久地保持了这项中世纪原则（仅就贵族而言）的国家是波兰；并且正是由于这个原因，波兰

193

----

① 值得注意的是，甚至在当时，它们的有效性也是值得怀疑的。因为，如果现代国家中的大多数人以现代宪法应当要有能力维持自己持续的有效性为理由而决定压制人权呢？另一方面，人权的重要性正在于，通常情况下，大多数人都不可能允许人权被压制。

才由于否决权不可思议的泛滥而毁于一旦。但是即便在日耳曼民族中，也存在类似的趋势。这点可以通过以下的例子加以阐明：

据说在分配战利品时，克洛维国王想要超出其合法应有的份额，将一个珍贵的花瓶保留下来，献给一个教堂。所有人都同意国王的要求，只有一个妒忌的家伙用一种羞辱人的方式反对国王，他用斧子把花瓶砸得粉碎。不过，他并没有受到处罚，因为他反对公共意志(general will)只不过是在强调自己的战利品份额享有的不可消灭的主观权利。并且这种主观权利已经成为客观法的一部分。而客观法不得被某个人以多数人的决定而加以改变。事实上，一年之后，国王也以夸张地坚持另一部分客观法律秩序的形式进行了报复；国王以军队司令的权力惩罚了他的对手。但是，国王必须等待另外一次有利的机会才能进行报复，而不是直接运用权力施加惩罚。这个事实表明了，反对国王的那个法兰克人否认所有人共同享有的权利在没有得到全体一致同意的情况下能够被改变的观点是有道理的。确实，他死板地坚持自己的权利的做法遭到了报复；但是在形式上他是正当的，尽管受到大多数人的反对；人们不能通过多数人的决定而剥夺他要求严格遵循战利品分配规则的权利，因为国家法不能侵犯个人权利。

这个例子也能证明我们下一节会谈到的抵抗权。抵抗权不仅可以用来反抗国王，还可以用来反抗他自己之外的全体人民。只要有一个人拒绝自由地放弃基础稳固的权利，这就足以阻止国家改变所有主观权利根植其中的客观法。在这里我们不仅看到了法律对君主在理论上的限制，同时也看到了法律对人民本身的限制。任何个人的法律都不得被剥夺;在中世纪不存在多数规则（rule of the majority）。正义必伸,哪怕地裂（*fiat justitia, pereat mundus*）。在中世纪思想毫不退让的逻辑面前,任何政治妥协和肆意的政府权力的观念都必须彻底败下阵来。

这里我们了解到了两件事情:(1)君主只有在和共同体达成一致意见之后才能处理某些事务,例如征税;(2)君主与共同体的一致至少在理论上应当采取同每个人进行谈判的形式,询问其是否愿意交纳税款。腓特烈·威廉一世曾经对他的继承人写下如下一些关于等级议会的话:"如果他们能善意地（*de bonne grace*）同意,那么这样最好。如果他们敢惹麻烦,上帝已经使你成为主权者了。"中世纪的君主们可不敢像腓特烈这样鲁莽地写下这样的话。在中世纪,这种建议几乎就是亵渎神明。不仅仅是王国或共同体的法律,财产权利也被视为是法律,是国王不得单独决定加以侵犯的。因此,有许多理由能说明国王不可以单方面地采取行动,而是至少在理论上,必须同共同体达成一致。然而在实践上,却很难认定这些理由中哪些是无可置疑的;但是要说服一位强大的君主相信在哪些方面他可以不理睬获得同意的义务却要容易得多。在此,权力再次成为决定性的。不过,这么一种异端邪说在中世纪是绝不会被公开倡导的;公开承认这样的异端邪说是一种莫大的耻辱。这些评论之后,我们将接着讨论。

第三节　责任的原则（抵抗权）

每个人都有义务保护法律不受其他人,甚至国家的伤害。这

是赋予所有人的一项义务；所有人都有权，同时也有义务承担起
这项责任。这是我之前详细讨论过的抵抗权的真正含义。① 然
而，抵抗权只是中世纪用于实现一项更加普遍的原则的方式，在
观念和技术上都显得十分笨拙。后来，人们发现了一项在技术上
更加便于执行的替代手段。这就是政府责任(responsibility of the
government)的原则。在中世纪，这项原则指的是国王及其议事会
的责任。② 由于政府的建立是为了保护法律，因此如果政府违反
了法律，它就丧失了自身的权威。君主为非作歹便不再是君主(*Il
n'est mie seignor de faire tort*)。君主在违反客观法的同时也就摧毁
了自身进行统治的主观权利，它是客观法律秩序的一部分。"如
果正当行事，你就是国王"或者"因此，国王如果正当行事，他就保
有国王的称号，如果犯罪，就丧失国王的名号"。理想法与实证法
之间缺乏区别就意味着，国王抛弃统治权的行为是具有半法律、
半道德性质的程序。由于违反了法律，君主事实上丧失了统治
权。他推翻了自己。共同体的裁决、个人无需法律程序而背叛国
王、选举一位新的国王(或僭王)，所有这些行为以及在中世纪人
们行使抵抗权的数不尽的事例中所采取的行为事实上都只不过
是一种宣告性质的行为，统治权的丧失事实上在君主逾越了法律
界限的那一刻便完成了，在那一刻君主就推翻了自身。

这种理论不需要任何契约的观念。任何人，只要侵犯了其他
人的主观权利，便将自身置于法律秩序之外，并没有权利再要求

---

① Cf. *supra*, pp. 81 – 134.
② 在中世纪，君主的谋臣具有双重特征，他既是人民反对国王的代表，同时又
是国王针对人民的共治者，中世纪晚期的等级会议，作为中世纪未定型的咨议会
(consilium)的继承者，进一步地发展了这种双重性。

保护自身的主观权利了。因为正如我们所见,在中世纪仍然没有
保护政府权利的特定法律,因此,这项原则既适用于共同体中的
每一位成员,也适用于政府权力的拥有者们。被皇帝肆意地解除
职务的贵族愤愤地回应道:"我也不再视你为皇帝。"①合法的君 　196
主有权要求统治,正如农民对于世代相传的田地一样;二者的主
张都是同等地神圣的,但是二者也都同等地有丧失权利的风险。
国王的权利和其他任何人的权利并没有区别;我们也可以说,它
也是一项"私人权利"。人们必须服从君主,但不必服从一位僭
主。统治者一旦未经他人同意就干涉他人的权利,那么共同体无
需采取任何正式的法律程序,他就不再是国王,而变成了僭主,并
同时丧失了要求人们服从的权利。

　　因此,显而易见人们根本无须引入任何契约的观念以解释抵
抗权。② 对于中世纪法律概念的充分理解告诉我们,根本无需夸
大契约观念的理论意义。相反,在中世纪晚期,人们在古典文学
作品中重新发现了契约观念之后,它就被用于描述我们上文描述
过的统治者与被统治者之间的关系。契约观念并非源于日耳曼,
但是作为一种深刻的思想,它为君主与人民对于高于二者的法律
所负有的相互义务提供了最为贴切的解释。日耳曼思想中,替代
契约观念的是相互忠诚的概念。在相互忠诚中,双方的义务都确
定在客观的法律之中。通过忠诚,政府受到人民的约束,而人民
也受到政府的约束。不过,在实践中,认为"统治者如果违反了誓
言就丧失了人民的忠诚"的日耳曼观念和教会的僭主(他废黜自

---

　① 　Cf. *supra*, p. 88.
　② 　Cf. *supra*, pp. 117 – 23.

己）理论产生同样的效果，并且和统治者违法而导致统治契约解除的自然法理论在后果上没有多大区别。

为了充分地理解中世纪的抵抗权，我们必须看到，它同今天我们所理解的革命性的自力救济之间的区别。甚至在某些时候，我们也会认同人民为了"自然权利"而反叛国家的行为，即便政府没有违反法律。因为对于我们来说，法律（在这点上，仅指实证法）既不是最终的也并非独一无二的；它是有限的，并且值得注意的是，在某些情况下一方面会由于国家理由或政治考量，另一方面会由于道德信念而被废除。因此，法律是服从于政治与道德的；而一旦意识到法律的这种服从性，我们就会认识到，在某些情况下，革命虽然绝非合法，却是必要的。但是，中世纪的抵抗权并非革命的权利，而是宪法中一项最为重要的因素，是保护臣民权利的宪法依据。这不仅仅是由于公法与私法之间缺乏区分，更是由于理想法与实证法的混同。道德的力量对于我们来说是超法律的——政治或国家理由在中世纪根本不被承认——却体现在中世纪的法律观念中。

由于法律纯粹地就是法律，而并非实证法，因此，政府是否了解法律或意识到法律并不会影响法律的固有价值或它的效力。然而，如果政府没能意识到法律，对于它自身而言，后果就更糟，就有可能发生并且确实经常发生这样的情况，即某个个人意识到了或自认为意识到了法律，而政府却没有或假装没有意识到法律。而由于政府是因法律而存在并为了法律而存在，政府只有为了实施或中止法律才能拥有权力，因此，当权力为非作歹时，它对于自认为守法的人来说就不再具有任何权威性。法律是至高的

197

主权者,权力为非作歹就是僭政,因此是无效的。个人因此有权反抗政府权威的篡夺者,这不仅仅是由于它对个人造成了特别的伤害,更是因为统治者自己非法地代表宪法权威,而事实上由于不尊重法律,他就已经不再是国王(rex)了。

第四节 转变

后中世纪时代的宪制发展已经在逐渐地消除我们前文描述 198 过的这幅图景。现代的法律概念已经发展出一套自成一体的实证的、法典化的公法体系,它摧毁了中世纪的思想大厦得以确立的所有支柱。甚至在现代的法律概念诞生之前,中世纪晚期就已经看到了一些技术上的革新,它们突破了中世纪旧的法律观念范式。这些革新由于在那些以代议制等级会议为基础进行组织的政治社会中获取民众同意的方式得到了改善,而变得更有规则。

这些社会(相比于绝对主义王权国家)保存甚至强调了中世纪宪制思想的主要原则,即对个人权利的保护,对政府的削弱、控制和限制。在中世纪早期,个人给予同意的权利还十分灵活,现在变得更加确定;在中世纪早期,君主必须获得民众同意的界限依然十分富有弹性,现在被明确划定。民众作为一个整体具有的重要性在日渐消退,而代议制机构——等级会议(Estates)——变得越发重要,并且变得更加确定。结果,等级会议变成了一种共同体或甚至高于共同体,变成了次要的政府或共治者(co-regents)。虽然由于中世纪原则的存续,抵抗权变得不可或缺,但甚至它也被限制于等级会议中,因而不再是一项不可预见的压制性手段,相反变成了一项永久性的宪法预防机制,并由此导致了现代的责任政府以及议会责任的产生。通过对个人权威以及代议制机构权威的确定,中世纪晚期的国家高度地澄清了宪制局面,而在民众代议制中多数原则的引入也是更进一步的技术进步。同时,对政府机构及其职能的清晰界定——这是中世纪未能取得的成就并且是政府在实践中健康运作的基础——在之后的时期中也得到了进一步的发展。由此产生了一项非常有用的拟制,即个人的意志已经通过民众代表的多数意志得到了凝聚与表达,民众代表的多数意志能够合法地约束整个共同体。而与此同时,君主也明确地清楚了自己哪些事务必须获得确定的人员的同意。

也就是说,从中世纪自身的精神中就能发展出这种代议制等级会议。等级会议具有真正的中世纪精神,而等级会议是通过极其严格地控制政府,着重强调个人权利与利益而体现这种精神的。因此,现代国家是无法从这种以等级会议体制基础的国家中直接产生。人们必须首先为国家理由(*raison d'État*),为国家的必要性赢得一个地位,而这就是君主专制时期的产物。君主专制的基础是一些完全非中世纪,甚至反中世纪的国家与法律观念。因为中世纪的法律概念彻头彻尾地浸透在道德原则之中,因此中世纪的宪制观念极端地敌视国家与权威。绝对主义王权的粗野反动将宪制观念完全置于政治与国家理由的魔爪之中。而只有当个人权利与道德原则在自然法的庇护之下再次在同对权力不知餍足的利维坦的斗争之中赢得一个位置的时候,现代的宪制国家——作为权力与权利、公法与自然法之间适当调节的结果——才在经历了漫长的宪制斗争之后最终产生。

人们常常谈到"永恒的中世纪",指的是中世纪甚至在现代也依旧延续。我不仅接受,并在双重意义上接受这种表达。首先,现代保留了许多重要的中世纪观念,只是在执行的方式上更加先进,并比中世纪本身取得了更好的效果。其次,在技术上变得日益精良的现代生活在有知识与教养者的文化同普通民众的思想之间造成了一道鸿沟——如果缺乏中世纪或准中世纪的观念,这道鸿沟是永远无法被跨越的。而在中世纪,无论是有教养还是没有受过教育的阶层都能够同等地接受这些观念。

让我们首先看看现代的宪制是如何实现中世纪的目的的。²⁰⁰现代宪制国家的一些基本观念如尊重法律的义务、民众代议议员的合作、责任政府等等毫无疑问也都是中世纪宪法的基本要素。这点已无须赘述。但是,现代社会在实现这些目的技术手段方面与中世纪的差异是极大的。现代社会表面上似乎并未直接地实现这些目的,但实际上比中世纪取得了更加确定可靠的效果。

现代的政府已经不再受到本质意义上的"法律"("Law" as such)的限制,而只受实证法与完全或部分成文的宪法的限制。许多现代宪法包含了完全不同的两个部分;一方面是受到自然法影响之后形成的基本权利或人权,另一方面是纯粹技术性的规则。例如有一部分是人们构思出来的关于权力分立的规则,还有一部分是关于召集等级会议、选举法等等的规则。这两部分的规则都被归为实证法。每一个国家机构,甚至政府都处于这部实证法之下,但是国家作为一个整体是居于其上的。国家而非实证法才是主权者。因此,虽然政府依然必须受到法律(尽管是完全不同的一种法律)约束,像中世纪的君主一样,但是与此同时,作为一个整体的现代国家并不需要服从法律,而是高高地居于所有法律之上。虽然人们限制了君主或政府专断肆意的统治,但与中世纪不同的是,它不能以牺牲国家的需要为代价。

　　在中世纪,关于政府实际上是遵守还是违反法律几乎在任何情况下都是争论不休的。这一方面是由于法律观念的含混性,另一方面是由于法律的弹性。而在现代,人们能够比较容易地确定一个国家机构是否依据法律行事。即使人们今天依然拥有抵抗权,要确定抵抗权何时才能被合法地运用已经比在中世纪时要容易得多了,因此政府权威以及法律的稳定性就能够得到更加稳固的保证。不过,抵抗权已经不再必要了。因为现代成文宪法已经将众多的国家机构各自具有的不同功能紧密而精巧地连接在一起,任何一个机构超越权限的行为都会自动地受到宪法防卫机制的限制与制约。当然情况并非总是如此,在这里实际的权力依然是最终起决定作用的。撕毁宪法发动政变(*coups d'État*),进行反叛都是可能的。但是这些行动都是超出法律之外的。在法律以及宪法范畴之内,压制性的抵抗权已经被臣民预防性的监督所取代了。中世纪的无政府状态已经表明,"实证法"观念的重新发现以及公法与私法之间的区分带来了多么巨大的利益;它们抵得上几个军团的士兵。在中世纪,为了了解什么是法律,人们可以并且必须询问自己的正义感。如果今天有少部分人想将正义的概念而不是实际存在的法律付诸实施,他们就必须努力变成多数,并主导能够决定什么将变成法律的国家机关的意志。在中世纪,人们并未意识到这种方式,因为法律并不是由国家机关制定的,更不是由多数人制定的,而是高于所有国家机关,更高于大多数人的决定。如果君主愿意的话他可以咨询某些精挑细选出来的人,以确定什么是法律,而这些人当时在某种程度上就被视为人民的代表。但是,君主是否愿意咨询他们,咨询哪些人,是否愿意尊重他们的意见,所有这些都完全取决于君主的意愿。此外,关于民众代表,并不存在现代宪法上的拟制(或者说这项拟制最初是从教会法中产生的),即代表们的意志代替了他们所代表的人的意志,多数人的意志优越于少数人的意志,能够约束所有人的共同意志就是通过这种方式产生的。在中世纪,由于缺乏实证 202法,人们便不可能通过实证立法的方式废除少数人或个人关于法律是什么的看法,并且甚至用宝剑腰斩对手的方式(这是波兰议会的独特特点)都不能确保实践中产生的所有情况都能取得一致意见。人们根本无法阻止少数人或个人相信并宣布他们自己的知识与信念是真正地代表了真实的法律,而占主导地位的那些人的观点则是在歪曲法律。并且由于在当时,法律自身独立存在,而不是国家立法的结果,因此每个人即便没有义务也有权利保卫法律不受非法侵犯,有权变成一位米歇尔·科尔哈斯;他有权保卫约束所有人的法律不受到政府非法活动的侵害,因为政府变成恶魔的盟友并不意味着每一位公民也必须同样变成恶魔的盟友。

中世纪观念的本质是理想法与实证法之间没有任何的区别;正是由于这点造成了个人对待法律、立法者和国家的态度——它迥异于现代生活中人们的态度。如果今天有某个人反对抗议某项实证法,从宪法上说,只有当他能够改变立法机关的意见,而将理想法变成实证法时,个人的法律观念才能取代实证法。但是,在中世纪,如果人们发现了政府的不正义行为(并且在当时"不正义"等同于"非法",甚至等同于"武力"),他就可以宣布法律被残暴地扼杀了。而且,在这种情况下,人们没有必要颁布新的法律;人们只需要废除政府的非法行为,并恢复自身独自存在、被压制了的法律。这就是米歇尔·科尔哈斯提出的要求,并且,如果必要的话,他会以暴制暴,强制国家。

幸运的是,当我们今天看见正义遭受侵害时,已经没有必要再以这种方式诉诸武力了。概念的精细化以及技术上的进步已经使现代宪制国家能够以更加和平与明确的方式实现中世纪的宪制目标。不过,这一点同时也将我们带回到我们上文提及的"永恒的中世纪"的第二层含义,即在现代社会想要保留中世纪普遍的思想方式就会由于现代过于复杂的形式而必然导致有教养的人与没有知识的人之间的鸿沟。在上一节关于论述法律的最后部分我们已经一般性地讨论过这点,接下来在关于宪法方面将重新强调一遍这些内容。

当民众意识到,他们所认为正当的却不是法律时,这对于民众的情感来说,过去是并且将永远是难以接受的。因为无论在哪个时代,国家获得其存在的权利是因为政府能够符合普遍的正义感;但是国家存在的必要性并不总是无需经过任何解释就能够得到理解。立法改革的道路是漫长的,并且绝望地对少数人关闭。普通人并不能充分地理解技术性的限制以及现代公共生活和法律生活冗长、复杂的程序有多大的好处与必要性。对此,他只能模糊地推测一二,而米歇尔·科尔哈斯的态度对于他们蔑视法律的本能更具有吸引力。然而,现代社会强大的国家已经通过实证法与成文法的形式教导了人民,因此人民的喃喃细语今天已经很少在实际的反叛中加以表达。抵抗权当今已经绝迹了,只有在那些受到异族统治的人民中,直到今天抵抗权对他们来说还依然是一项永恒的法律。今天,对于理想法律的永恒要求是由中世纪并不具备的一类知识提出的;这类知识认为,通过绝对有约束力的实证法,通过多数人的决定,通过法典化,法律改革能够比在中世纪时更加稳定可靠地实现(尽管会遭到反对与拖延)。在中世纪,人们认为法律自身独立存在,因此,法律改革诉诸个人良心的最高权威。这一权威使人们有权在法律遭到违反的时候恢复法律,并反对违反法律的国家。

诸如法兰西和英格兰这样的民族,他们在政治上受过良好的 204 训练,并且将国家理由的精神与个人的意志融合在了一起。不同于德意志与俄罗斯这种沉浸于中世纪思想的、非政治的民族,他们更不倾向于革命。

然而,在一个方面,今天的公民个体在理论上不如中世纪的人们的处境好。个人微不足道的主观权利再也不可能像保护国家与社会存在的基本法那样神圣与不可侵犯。但是,在实践中,对个人权利进行的这种毫无限制的保护所具有的益处,无论从国家的立场还是从公民个人的立场而言,都是可疑的。由于受到不断增长的个人权利的束缚,国家不逾越法律就根本无法采取为维持政府所必需的措施。对于中世纪而言,由于缺乏精细的概念上的区分,虽然人们能够像尊重伟大的事物那样尊重一些微不足道的事情,但是也总是存在着将最重大的事情当成微不足道的事情的风险。不论对于个人还是对于政府,理想法和实证法之间缺乏区别会导致许多危险。正如在约翰·胡斯的例子中那样,君主对一位臣民承诺给予其进入宗教会议（Council）的安全通行证书（safe-conduct）。而当时会议通过圣灵的声音宣布，这位臣民如果变成了异端，安全通行证书将会自动失效，因为国家的每一项权利与每一项行动如果违背了信仰就将无效。确实，今天的臣民无法保证，迫切需要权力并且对权力不知餍足的主权国家不会侵犯个人的权利。今天，臣民知道只有两项安全保证，并且这两项都能满足他。其一是，确保某些道德原则能够得到坚守，因为从长远来看，这些道德原则不论处于何种处境之下都不会被国家废除。其二是，保证民众的代表能够参与政府。无论民众代表存在哪些缺陷，人们都期待着，从长远来看，这些民众代表能够保证这些道德要求不会受到个人的突发奇想的伤害。但是，至于这些道德原则是否完全或部分地被转化为诸如基本法或之类的成文宪法，这就不是现代宪制政府所关心的，也不是现代宪制政府最重要的要素。因为道德原则的不可侵犯性并不取决于它们被包含于实证法中，因为实证法是能够被轻易改变的。相反，它取决于道德原则代表了理想法（理想法对于所有公民，至少对于绝大多数公民而言都是神圣的）这一事实，同时也取决于以下事实，即在现代宪制国家中，国家机构之间达到了完美的制衡，任何一个国家机构都不可能不受惩罚地侵犯其中一项道德信念。在 8 世纪和 9 世纪，在某些国家中，基本的法律即根本的道德要求中的一小部分被转变成了成文宪法。这一事实不能用现代的宪制精神加以解释，而应当被视为是"永恒的中世纪"在误解成文法本质的情况下反对绝对主义的一个片段。自然法理论便带有这种过渡时期的特征，混合了中世纪和现代的因素。

不过,我们的目的并非对这些问题进行更加详细的考察。我们不仅注意到了中世纪的宪法观念和现代宪法观念之间的亲和性,同时也注意到了二者的区别。对于我们来说,这就足够了。现代国家强大的执行权在人民心中产生了一种印象,以为即便"不正义"的政府也依然是政府,即便最为不公的实证法也依然是法律。中世纪的法律观念屈从于博学的成文法,屈从于不断增长的国家权力。虽然中世纪含混的法律概念神秘而丰富,就像它具有模糊的深度一样,但是,中世纪的法律概念只适用于中世纪狭小的社会——在这个社会中,每个人都相互认识,并且每个人都能够了解影响到自己的全部法律秩序。但是,这种简单的法律概念对于建构更加强大的国家而言是一个重大的障碍;它是为小共同体量身打造的,因而在大的王国兴起之后,就显得过时而不再合适了。

索　引

(页码为原书页码,即本书边码)

A

Absolutism 绝对主义,xviii,xxv,24,69,133,205;拒斥,加冕誓约,77;实践中,81－4,112,188;源自罗马法,83,117 sq.,183－4

Acclamation 欢呼(可参见词条选举、君主),xviii,77

Adoratio 崇拜,65

Aequitas（or equity）公正,72,151,152,184

Aevus 永恒,151

Alexanderia 亚历山大里亚,亚历山大里亚的克莱蒙,28

Amals 阿玛尔,14

Anglo-Saxons 盎格鲁-撒克逊人,86;盎格鲁-撒克逊人的习俗,160 n.3

Anointing 膏礼,同时参见加冕礼

Antigone's law of the Gods 安提戈涅的诸神之法,154

Aragon 阿拉贡,阿拉贡的法律,115,125;阿拉贡的等级会议,127

Arc,Joan of 圣女贞德,61

Archives 档案,私人档案,170

Aristocracy 贵族,分享王室特权,81

Aristotle 亚里士多德,亚里士多德《政治学》的重新发现,8,116

Arnulfings 阿尔努芬家族,35,41

Art 艺术,基督教艺术,祭司-国王,53

Astings 阿斯廷斯,14

Athenagoras 雅典娜戈拉斯,8

Attila 阿提拉,63

Augustine, St. 圣奥古斯丁,101 n. 52, 115

B

Basileus 王, 63

Bastards 私生子,继承权,23,29

Battle 决斗,90

Bede 比德:《教会史》,14 n. 6

Bellum iustum 正义战争,122

Berges, W. 伯格斯:《君主镜鉴》,xxx

Bernried, Paul of 贝恩里德,贝恩里德的保罗,120

Besançon 贝桑松,贝桑松帝国议会(1157),66

Biblical texts 圣经经文,28 n. 15, 39 n. 23, 97−8, 100 n. 51, 102,104 n. 54

Birth, equality of 出生一律平等,18,19

Bishops 主教,上帝的君主,104;支持国王反对贵族,107

Bloch, Marc 马克·布洛赫:《国王神迹》,xxx,59 n. 35

Bohemia 波西米亚,波西米亚国王,84

Bologna 博洛尼亚,博洛尼亚法学派,66

Boniface 卜尼法斯,主教, 35

Bracton 布拉克顿,125

Bremen 不来梅,不来梅的阿达尔贝特大主教,93

Brescia 布雷西亚,布雷西亚的阿诺德,49

Brunner 布鲁纳,法学史,41 n. 26

Bruno 布鲁诺,93

Bureaucracy 行政官僚体系,缺乏,81

Byzantium 拜占庭,15;选举原则,32;加冕礼,34;异教,62;宫廷生活,63−4

C

Caesar 恺撒,163

Caesaro-Papism 恺撒-教皇主义,65

Cagliari 卡利亚里,卡利亚里的路西法主教,103,108

Cambridge, University of 剑桥大学,向查理二世的演说,5 n.1

Canterbury 坎特伯雷,坎特伯雷大主教,55

Capetians 卡佩家族,17

Carlyle, R. W. and A. J. 卡莱尔兄弟:《中世纪政治理论史》,101 n.52

Carolingians 加洛林王朝;统治权不可动摇,17;分割,22,29;衰落,42-3;开
　端与结束,决定性的,45

Chabannes 查邦尼斯,查邦尼斯的阿德赫玛尔,29 n.16

Charles the Bald 秃头查理,43-4,105,106,109,122,127

Charles the Fat 胖子查理,110

Charles the Great 查理大帝,17,42,48,51-2,53,54,64,82,104,106,166

Charles Martel 查理·马特,23,82

Charles II 查理二世,英国国王,5 n.1

Charles IV 查理四世,皇帝,68,164 n.4,175 n.5

Charles VII 查理七世,法国国王,61

Charters 令状,重要性,在诉讼中,162-3,177;确认,172-175

Chartres 沙特尔,沙特尔的伊沃,47

Childerich III 希尔德里克三世,29 n.16,35

Chrimes S. B. 克莱姆斯:《15 世纪英格兰的宪制观念》,xxxi, 24 n.14,126
　n.69

Chrism 圣油,55 n.34,61

Christi Domini 基督的两类统治者,40

Church, the 教会,君主制的神学观念,xix,184;法律观念,xx,184;反对私
　生子的继承权,23;将神学原则与个人权利联系起来,26;对异教国家的
　漠视,27;监督基督教国家的统治者,27-8;同权力结成同盟,28;敌视血

亲权,30;必要的裁可,23－4;其宪制影响力的增长,45;对国家之态度的革命,50－2;对即位的支配,51;王室控制,53;无法消灭皇帝崇拜,62;将执行权从习俗中解放,71－2;提供了针对国王的司法程序,102,124

Church Fathers 教父,对政府的定义,7;对官职的态度,28;主教与国王的比喻,53;皇帝崇拜,62;法律哲学,152,181

Cicero 西塞罗,70 n. 37

Civitas Dei 上帝之城,xxiv,53,100,102,103

Clarke, M. V. 克拉克:《中世纪的代表制与同意》,126 n. 69,192 n. 11;《14 世纪研究》,126,n.69

Clovis 克洛维,35,193

Cluniac 克吕尼,改革家们,107

Code 法典,167

Coggeshall, Ralph 拉尔夫·克格沙尔,91 n.47

Coke, Sir Edward 爱德华·柯克爵士,xxii

Cologne 科隆,大主教,109

Columban 圣科伦班,29 n.18

Communa terre 整个王国,129

Community, the (v. also Folk) 共同体,选举国王,xix;颁布一项法律,7;其承认是法律有效的必要条件,74;代表,73,187;服从法律,191

Conscience 良心,152,156

Consecration 授职礼,皇帝的,不同于主教,55－6;君主的,xviii,11,26,27－60;宣告性的,非创设性的,33;东方,34;作为一项圣礼,34－50;引入,34－6;其教会意义,36－40;其政治与宪法意义,37－8,40－50,57－8;作为一项圣礼,36－7,54,58－9;同教士的授职同化,37－40;不可磨灭性,不被法律接受,44;不可或缺性,45－6,50;同选举结合,49;作为官职的象征,50－61;授予权利,50;提升了国家的地位,51,54;提升了主教的地位,55－6;其重要性归结为,56－7

Consensus fidelium 忠诚的同意,xxv,xxvii,xxvii,73－4,132－3;缺乏规则,74－5

Consent 同意,三个层次,xx,188－190;多数同意的拟制,xxv,198－9;实践,192,198－9

Constantine 君士坦丁,皇帝,27;赠礼,49,162,163

Constitution 宪法,本质,xiii,181;中世纪的目的同现代的相同,xxvi,200;中世纪法律观念对宪法的影响,151

Constitutional History 宪制史,代表制,ix;比较研究,x;研究对象,x;本质,xii,xiii;视角,xxvi

Constitutional Law 宪法,xv - xvi

Contract 契约,理论,xvii - xviii,并非源于日耳曼,196;比抵抗权更加晚近,xviii,xxi,195;效忠誓约作为其因素,77 - 8;在 11 世纪得到确认,78;政府契约,117 - 121,188 - 196

Corpus Iuris Civilis《民法大全》,62,177,179

Coronation 加冕,中世纪最前期,34;10 世纪的皇帝的,38;12 世纪,56;英国国王的,55;10 世纪德意志国王的,76

Councillors 谋臣,地位,195

Coventry 考文垂,考文垂的沃尔特,86 n. 43, 91 n. 47

Cromwell 奥利弗·克伦威尔,91

Crown 王室,不同于国王本人,88

Crusading States 十字军国家,法律,74 n. 40,122

D

Damiani,Peter 彼得·达米安,40

Dassel 达塞尔,达塞尔的莱纳德,66

Dei Gratia 蒙上帝恩典,42 - 3,52,61,64

Deification 神化,统治者,8 n. 2,61 - 8

Democracy 民主,原则,10;基督教教导的,114

Denmark 丹麦,84

D'Entreves,A. P. 登特列夫:《中世纪对政治思想的贡献》,xvii n. 5

Derecho 权利,155 n. 1

Diffidatio 撤回效忠权,xviii

Diritto 权利,155 n. 1

Divi 神圣,62

Divine right of kings 神圣王权,5-67;17 世纪,xviii,5,11,69;起源,xviii-xx,5;授职礼作为一项艺术,36,60-1;在中世纪从未成型,xxiv;神秘力量的一项标志,59;成型,111-15

Domnus Heros 半神的统治者,66

Doomsmen 裁判官,156,166

E

Ê,derivation of 起源,151-2

Eadmer 埃德莫:《邓斯坦的生平》,18 n.18

Eboli 埃波利,埃波利的彼得,67

Eulesia includes the State 教会包含国家,32(同时参见"教会"词条)

Edgar 埃德加,英格兰国王,18 n.10

Edmund I 埃德蒙一世,英格兰国王,121 n.65

Edward the Confessor 忏悔者爱德华,160 n.3,166

Edward I 爱德华一世,英格兰国王,131 n.72

Edward II 爱德华二世,英格兰国王,55 n.32;废黜,126 n.69

Edward III 爱德华三世,英格兰国王,126 n.69

Einhard 艾因哈德:《查理曼的生平》,16 n.7

Election 选举,人民授予法律权利,xix,7;同加冕礼和王朝正统主义结合,47-9;在德意志得到强调,49(同时可参见选帝侯、皇帝、君主等词条)

Electoral princes 选帝侯,德意志的,xxv;主教成为,57;拥立与废黜国王,57,125-6;获得至尊地位,68

Emperor 皇帝,加冕礼,32;要求获得称号,48;选举,57;获得神,66;被没收,84;废黜,84,105-6,124-5;罗马,崇拜,97-9

Empire,the West 西部帝国,与东部联姻,19;世袭原则,32;加冕礼,47-8;神圣的,65,66;作为一项封赠,66

England 英格兰,同宗长者继承制,12 n.3;等级会议,127 sq.

Enthronement 获得王位,45,77

Equity 公正,参见 *aequitas* 词条

Eric 埃里克,瑞典国王,166

Estates 等级会议,王国,xxv;代表制的发展,13 世纪,67-8;缺乏创制权, 81;发展,123-33,198-9

Ethics 伦理,不同于法律,75,152

F

Fealty 效忠,基本观念,8 n. 2,65;抵抗权,87,非契约性的,87,196;同效忠 等同,121;封建主义之外,121-2

Fehr,Hans 汉斯・费尔:《论抵抗权》,xxix

Ferrara 费拉拉,费拉拉的基多,40 n. 24

Feud 血亲复仇,理由,89(同时参见抵抗权、自力救济、权利词条)

Feudalism 封建主义,地位,立宪君主制发展,xvii;强化了契约观念,78;自力 救济,90

Fichte 费希特,152

Figgis,J. N. 菲吉斯:《神圣王权理论》,5 n. 1,24 n. 14

Folk 民众,71;个人的良心,92;民俗法,73,96,166-7,183,190

Forchheim 福希海姆,选举,31

Forgery 伪造,中世纪的原因,171-4

Frankish kingdom 法兰克王国,教皇,15,41-4;分割,22;授职礼,41;加冕 礼,76;废黜,86

Frederick I 腓特烈一世,巴巴罗萨,皇帝,47 n. 28,65-67,71 n. 38,83,164 n. 4,175

Frederick II 腓特烈二世,皇帝,67

Frederick William I 腓特烈・威廉一世,194

G

Geistesgeschichte 观念史,xvi

Genus,persecutorum 受审判之人,30-1;穿紫袍的人,18

Germany 德意志,蓝血,20;血亲复归权,31;选举的原则,49-50

Glaber,Rudolf 鲁道夫·格拉博,47 n.28

God,Army of 上帝派来的军队,191

Golden Ages 黄金时代,68,150,164 n.4,175 n.5;轴心,175

Gourgaud 古尔戈,将军,58 n.34

Government 政府,权利与义务,xiii;普遍的问题,xxvi,超越性因素,10;基督
教,28;标准,33,47;源于上帝,69(参见"国家"词条)

Grammaticus de differentiis《语法差异》,13 n.5

Gregory I 格里高利一世,教皇,36,107,113

Gregory VII 格里高利七世,教皇,xxiv,16,29 n.16,30 n.19,54,56,65,96,
107,108,109,113,115,117

Grimoald 格里莫德,16

Grosseteste 格罗塞斯特,主教,55 n.33;《论王权》,115

H

Hapsburgs 哈布斯堡家族,血亲权,32;权力,164

Helmold 黑尔莫德,109

Henry I 亨利一世,皇帝,17,18 n.10,46

Henry I 亨利一世,英国国王,82,160 n.3

Henry III 亨利三世,皇帝,39,93,107

Henry III 亨利三世,英国国王,55 n.3, 88,130

Henry IV 亨利四世,皇帝,44,99,108-10;叛乱,92-4

Henry IV 亨利四世,英国国王,126 n.69

Henry VI 亨利六世,皇帝,67

Henry VI 亨利六世,英国国王,24 n. 14

Hereditary right 继承权,参见王朝正统主义

Hersfeld 赫斯菲尔德,赫斯菲尔德的兰佩特,93 - 5

Herules 赫鲁勒斯人,14 - 5

Historiography 历史编纂学,xi

History 历史,两重含义,xi

Hohenstaufen 霍亨施陶芬王朝,61,65

Hungary 匈牙利,同宗长者继承制,12 n. 3;等级会议,127

Huns 匈人,63

Hus,John 约翰·胡斯,204

I

Idoneity 合适性,参见"适合性"词条

Imperium 帝国,48 - 9

Innocent III 英诺森三世,教皇,31,55 n. 34,108

Interregnum,in Germany 大空位时期,32

Investiture Contest or Controversy 授职权之争,xxiii,39,52,56,87,95 - 6,
    114,117,119,122,124

Ireland 爱尔兰,同宗长者继承制,12 n. 3

Irresponsibility 不负责任,理论,xviii,xxiv,69,110 - 17,132;现代国家发展
    之必要,115

J

John 约翰,英国国王,18 n. 10,84,86 n. 43,129

John VIII 约翰八世,教皇,32 n. 20

John XXII 约翰二十二世,教皇,55

Judex medius 居中裁判官,xxv,125,131 n.71

Jurisprudence 法学,71－2

Jus 法,155 n.1

Justice 正义,共同的信念,xx,62,187,201;正义女神,152

Justinian 查士丁尼,皇帝,15,117

Justitia 正义,72;分配,170,交换,170,183

K

Kampers,Franz 弗兰茨·坎佩尔:《论神授君权》,xxix,《国王与祭司》,xxix

Kern,Fritz 弗里兹·科恩,对共同因素的研究,xvi;他的方法,xvii;其著作的
影响,xvii,xxii,xxvi－xxviii;最近的作品,xxvi－xxviii;《神圣王权与抵抗
权》,序言,v;《法律与宪法》,宣言,vi;《路德与抵抗权》,xxix

Kiev 基辅,同宗长者继承制,12 n.3

King 国王,王权,参见君主、君主制等词条

Kin-right 血亲权,xix;德意志的,12－27,源自王朝正统主义,21;转化,成为
个人权利,21－4;复归,31;冲突,适合性,41

Kohlhaas,Michael 米歇尔·科尔哈斯,91,202－203

Kiersy 基尔希,法令,122

L

Lapsley,G.T. 莱普斯雷:《亨利四世的议会头衔》,xxxi,126 n.69

Lautenbach 劳滕巴赫,劳滕巴赫的曼涅戈尔德,xxiv,87,122;提倡人民主
权,119－21

Law 法律,同时参见法、立法、罗马法等词条;观念与实践,xx,70－1,80,
166－76,205;中世纪的观念,xix,184－5;德意志的观念,xx,70－1;特点,
149;作为目的本身,70;对君主制发展的影响,68;统治者与被统治者都
受到约束,xix,69－79,87;中世纪,共同体的鲜活的信念,73－4;永恒的,

156;两方面的渊源,157;记录的形式,158;古老的,xx,149 – 151;良善的,xx,151 – 156;非成文的,xx,156 – 9;古老的打破新的,159 – 64;在复归中革新,154 – 6;主观权利的总和,xx,182;无差别的观念,152 – 3,197;永恒的,斗争,168sq.;私人编撰,168;没有继承规则,11;作为主权者,xix,170,181,197;发现,151;现代特征,149;实证的,154 – 5,201;伦理,分离,152,182;由国家制定,156;主观权利,176;习惯法,xxviii,158,177 – 8;神圣的,参见"自然"词条;民俗法,参见"民众"词条;理想的与实证的,没有差别,xxi,195,202;区别,xxvi,xxvii;自然的,20,71,192,199,200;新的,并未被视为本身,xxi;承认,xxvii,151(参见"立法"词条);主观的与客观的,没有差额,xxi,163,167 – 8,182,204;公法,缺乏,xxv,182,185;王室法,190;制定法,xxviii,158,177 – 8

Lecce 莱切,莱切的唐克雷德,30

Legem emendare 法律修正,165

Leges patrum 父辈们的法律,149

Legislation 立法:承认,在后期,xxvii – xxviii;存在,早期阶段,73 – 4;缺席,184 – 5

Legitimism 王朝正统主义,xviii,11,25;起源,13,21;现代理论,49;以加冕礼为基础,49,69

Leo III 列奥三世,教皇,48

Leo VIII 列奥八世,教皇,117

Leviathan 利维坦,199

Lewes 路易,之歌,92

Lex Regia《君王法》,117 – 20

Lex Salica《萨利克法典》,160 – 1,169

Liège 列日,列日的瓦佐主教,39,89

Limitation 限制,法律,原则,181 – 87(同时参见法律、君主词条)

Lombards 伦巴底人,42,86

London 伦敦,市长,129

Louis, the Child 路易,天真汉,皇帝,22

Louis, the Pious 路易,虔诚者,皇帝,103 – 6

Louis VIII 路易八世,法国国王,18 n. 10

Louis IX 路易九世,法国国王,131 n. 71

Lügenfeld 谎言之地,110

Luxemburg 卢森堡,家族,32;血亲权,32

M

Machiavelli 马基雅维利,70

Magistracy 官职,神学裁可,7,28;同神圣政府对比,7－9;基督教的观点, 26,71

Magna Carta《大宪章》,新颖之处,xxii－xxiii;报复,122;存在,127－30;第 61 节的重要性,128－30,131

Mainz 美因茨,美因茨大主教,37,38,109

Majorat 长者,12 n. 3, 23

Manfred 曼弗雷德,23

Marriage policy 联姻政策,西部帝国,19

Mayors of the palace 宫相,16,29,35,41

McIlwain,C. H. 麦基文:《西方政治思想的发展》,xvii n. 5

McKechnie 麦克奇尼,《大宪章》,xxii n. 7, 129 n. 70,130 n. 73

Meissen 迈森,迈森的艾克哈德,17

Melchisedech 麦基洗德,53

Meliores et maiores 最优秀者与最伟大者,xx,74,187,188

Merovingians 墨洛温王朝,王权的象征,15,29;宪法状况,53;王位称号,21; 分割,22,35;末代君主,86

Merseburg 梅瑟伯格,梅瑟伯格的提特玛尔,113,114

Middle Ages 中世纪,"永恒的",xxvi,199,203,205

Milan 米兰,米兰的安斯贝特,32 n. 20

Minors 未成年,继位,23,29

Monarch 君主(同时参见绝对主义、王室、选举;法律;王朝正统主义、君主 制等词条);既取决于共同体也取决于恩典,10－12;异教和中世纪的崇 拜,61－8;作为上帝膏选的,39,51,106,112,120;作为中介,54;作为教会中人,58;作为神,59;作为神圣的等等,64;作为共同体的守护者,10;特点,根据教会,28;神奇的能力,59;不可侵犯的权利,xviii;选举,77;他的权利只是私人权利,xx;没有合法的绝对权力,xix,69 - 79,181 - 7;低于自然法,但高于实证法,72;他必须遵守法律的义务,75 - 9;废除习惯法,183;他受法律约束的根源,181;以共同体的名义宣布法律,188;由于缺乏合法的稳定性而受到伤害,174 - 5;必须获得立法的同意,73 - 4,85,187 - 94;以共同体的名义授予令状,172;受到教会的监督,50;废黜,44;弃位,85 - 6;缺乏正式的合法废黜,87,92;正式的复辟,不必要的,92;审判君主之法庭,xxiii,125 - 6;事实上的废黜,xxiii,101,195;不受控制的,xxiv;人身,区别于王室,88

Monarchy 君主制,原则,5 - 12;排他性权利,xviii,5 - 7;早期日耳曼,xviii - xix,27;作为一项官职,xix,26;发展,8 - 9;选举性的,8 - 11,14,20,24,33;同抵抗权冲突,xxv;神学的原则,同个人权利相连,26;异教,东方,34;同宗长者继承制,官职的观念,52 - 3;为非教士的神圣性环绕,68;弱点,68;受到人民主权的反对,118 sq.;立宪的,70,132 - 3;加冕誓约作为前提,81

Montfort, Simon de 西蒙·德·蒙特福德,115

Mulathing 穆拉辛,85

Mysticism 神秘主义,王朝正统主义者,25 - 6

N

Napoleon I 拿破仑一世,55 n. 34

Nero 尼禄,102,164 n. 4

Nicolas 尼古拉斯一世,教皇,106

Norwegians 挪威人,85

O

Oaths 誓约,有效性,24 n. 14;加冕,日耳曼,76 - 9;重要性,77,81,183,187

Obedience 服从，被动，xxiii−v，97−117

Orbis Romanus 罗马世界，63

Ordinance of 817 817 年法令，104

Osnabrück 奥斯纳布吕克，奥斯纳布吕克的维多，40 n. 24

Otto I 奥托一世，皇帝，18 n. 10，22

Otto III 奥托三世，皇帝，64，65

P

Pactum 契约，《君王法》，120

Palatine 巴拉丁，法庭或伯爵，124−5

Pandects 潘德克顿，177

Papa verus Imperator 教皇 vs. 皇帝，54

Paris，Council of 巴黎大公会议（829 年），30 n. 19

Paris，Matthew，马修·帕里斯，18 n. 10；20 n. 11，83，88 n. 46，89，91 n. 47，125

Parliament 议会，英国，xxv，130，133

Pataria 帕塔利亚，109

Paul St. 圣保罗，27，98

Pembroke 理查德·马歇尔·彭布鲁克，伯爵，88

Pharisees 法利赛人，97−8

Philip Augustus 菲利·奥古斯都，法国国王，17，86 n. 43

Pipin 丕平，法兰克国王，16，35，41，82，162，167

Poland 波兰，同宗长者继承制，12 n. 3；否决权，193，202

Political ideas 政治观念，同现实的联系，xvii，142

Politics 政治学，152，191

Pollock and Maitland 波洛克和梅特兰：《英国法律史》，125 n. 68

Pravo 权利 155 n. 1

Primogeniture 长子继承制，12 n. 3，18，23，24

Princeps legibus absolutus 君主不受法律约束，183

"Privileges" 特权, 176

Privilegium maius《大特权法》, 奥地利, 164; 列奥八世, 117 n. 61

Privilegium minus《小特权法》, 164 n. 4

Procopius 普罗柯比乌斯, 14

Progress 进步, 缺乏进步观念, 164 – 5

Prud'hommes 审慎之人, 157

Pseudo-Isidore 伪伊斯多尔, 54, 107, 171

Purple 紫袍, 生于紫袍中的王子, 18

R

Raison d'État 国家理由, xxvi, 152, 186, 199, 204

Realpolitik 现实政治, 116

Reason 理性, 女神, 59

Rebellions 叛乱, 中世纪, 并非不合法, 89 – 90

Recht 权利, 155 n. 1

Rechts- und Ordnungs- Staat 法权与秩序国家, xxvii

Regalia 王权, 81

Reges criniti 王室长发, 15, 35, 36, 51

Regnum 王权, xxiv, 49, 116

Renaissance 文艺复兴, 发源, 67

Repgow, Eike von 艾克·冯·雷普高, 参见《萨克森明镜》词条

Representation 代表制, 人民, 204 – 5; 原则, 187 – 94; 实践, 192

Repression 压制, 转变, 预防, 123 – 133, 198 – 9

Reprisal 报复, 法,《大宪章》, 122

Republics 共和国, 宪制观念, 187

Resistance 抵抗, 权利, 81 – 134; 并非源自拒绝效忠权, xviii; 并非以契约为
基础, 195 – 6; 作为一项义务, 78, 103; 本性, xxi – xxii; 日耳曼, 85 – 97; 教
会的, 97 – 117; 日耳曼与教会的冲突, 123 – 4; 日耳曼与教会的结合,
101 – 117; 罗马的观念, 87; 斗争, 君主制原则, xxv; 受到教皇君主制的反

对,108;同人民主权及契约的关系,117 – 23;例子,193;宪制标准,197,198 – 9;不再必需,201;作为一项永恒的法,203

Responsibility 负责任,原则,194 – 7;议会的,198

Rex 君主,活的法律,183;基督的,102;正义的,81,83;罗马的,84;与祭司,53,54,59

Rheims 兰斯,兰斯的兴克马尔,106,113

Rheinfelden 莱茵费尔登,莱茵费尔登的鲁道夫,16,110

Richard II 理查二世,英国国王,126

Richardson H. G. 理查德森:《理查二世的最后一届议会》,xxxi n. 10, 126 n. 69

Rights 权利,基本的,186,205;人权,186,192,200

Roi Soleil 太阳王,65

Roman law 罗马法,(同时参见"法律"词条);对绝对主义发展的影响,83,117 sq. ;研究,xxiv, 117, 152;继受,166;主观权利,176;吸收进习惯法,177

Rome 罗马,大公会议(898 年),37

Rudolf IV, 鲁道夫四世,奥地利国王,164 n. 4

Rufinus 鲁菲努斯,101 n. 52

Rymer, T. 来梅尔:*Foedera*,18 n. 10

S

Sacerdotium 祭司,xxiv,48,49,116

Sachsenspiegel《萨克森明镜》,19,83,84,90,150,160

Sacra Maiestas Imperii 神圣的皇帝陛下,66

Salisbury 索尔兹伯里,索尔兹伯里的约翰,67,87 n. 44, 109

Samuel 撒母耳,57

Sanguis regis 王室血液,14

Sapientes 智者,157

Sassanids 萨珊王朝,34

Saul 扫罗,34

Saxo Grammaticus 萨克·格拉玛提库斯,165

Saxon rebellion 萨克森叛乱,93,123

Scandinavia 斯堪的纳维亚,168

Schmidt 施米特:《宪法学说》,183 n. 8

Schramm, P. 施拉姆:《英国加冕礼史》,xxx

Schweinfurt 斯维因福特,斯维因福特的亨利,113

Scotkonning 司格特国王,奥拉夫,85

Self-help 自力救济,90(参见"抵抗权"词条)

Seniorat 同宗长者继承权,参见"同宗长子继承制"词条

Serbia 塞尔维亚,同宗长子继承制,12 n. 3

Seville 塞维利亚,伊斯多尔,71 n. 39

Shakespeare 莎士比亚,58

Soissons 苏瓦松,105

Sovereign 主权者,xix;神,10;现代国家,154－5(同时参见"法律"词条)

Sovereignty 主权,人民,理论,xxiv,xxv,10,116,117－123,181

Staatskirchentum 国家教会,合法性,53－4;被教会否认,54

Ständestaat 等级制国家,xxvii

State, the 国家,基督教观念,28－32,71－185;日耳曼的观点,70－1;起源于恶,65,115;新的观念,91;异教与基督教国家的差异,98－9;中世纪第二位,现代首要的,153,192;现代宪制,xvii,153－4,192,200

Steinacker, H. 斯坦因纳克:《奥地利土地法》,175

Stephen II 司提反二世,教皇,17,42

Stirps regia 王室家族,16

Stoics, the 斯多亚学派,152,181

Stubbs 斯塔布斯,主教,xxii

Suitability 合适性,12,29,33;反对血亲权,30

Swabia 施瓦本,菲利,31;鲁道夫,31

Sweden 瑞典,国王,85

T

Tacitus 塔西佗,13,70,181

Tanistry 同宗长子继承制,12 n.3, 23

Taxation 税收,慷慨的补助,186,194

Technique 技术,法律,缺陷,170－4,176－7,190－1;改进,198,202－3

Tertullian 德尔图良,198

Theodoric the Great 提奥多里克大帝,23

Theodosius 狄奥多西,63

Throne-worthiness 配得上王位,xix,12

Tiundaland 提翁达兰,裁判官,85

Tours 图尔,图尔的格里高利,15

Tribur 特里布尔,会议,93

Tyrannus or Tyranny 僭政,教会的观点,xxiii,xxv,73,78 n.41,82,83;两类,101;判决,102;惩罚,104

U

Unction 涂油礼,参见"授职礼"词条

Universal Ordinary 普世大主教,56

V

Vandal kingdom 汪达尔王国,同宗长子继承制,12 n.3

Vicar of God 上帝的代牧,统治者,8,11,50

Vinogradoff,P. 维诺格拉多夫:《法律中的常识》,155 n.1

Visigoths 西哥特人,76,86

Viterbo 维泰博,维泰博的戈弗雷,67

Volksgeist 民族精神,157

Voltaire 伏尔泰,59

W

Weltanschauung 世界观,历史,xvi;早期中世纪,xxviii;教会,5

Wenrich 温里奇,113,114,115,120

Wigilia 维吉尼亚,63

Wilkinson B. 威尔金森,关于爱德华二世时期的加冕誓约,xxxi

William I 威廉一世,英国国王,23

William II 威廉二世,英国国王,82

Woden 沃登,14

Wolzendorff,K. 沃尔岑多夫:《国家法与自然法》,xxix

Women 女性,继承权,23

Wood,L. S. 伍德,《题词精选》,xi n. 1

Worms 沃尔姆斯,大主教,109;协定,175 n. 5

Y

York 约克,无名氏,39,58;公爵,24 n. 14,25

Z

Zacharias 撒迦利亚,教皇,29,35,41,48 n. 29

译后记

弗里兹·科恩(Fritz Kern, 1884—1950)是 20 世纪上半叶德国中世纪史学家,曾先后任教于法兰克福大学以及伯恩大学;主要作品包括《中世纪早期的神圣王权与抵抗权》《中世纪的法律与宪法》《迄至 1308 年法国扩张政策的缘起》等等。除了教授与学术生涯之外,科恩还积极地参与政治事务:1914—1918 年任职于德国外交部;在"纳粹"当政时期,是德国国内秘密反对纳粹的"抵抗组织"的一员。

本书从科恩作品的英译本转译而成。英译本选译了《中世纪早期的神圣王权与抵抗权》和《中世纪的法律与宪法》这两部作品。英译的相关情况,英译者克莱姆斯(S. B. Chrimes)教授在"英译者前言"中已详细介绍,读者可参考。此外,克莱姆斯教授还为英译本写作了长篇导言,详尽地介绍了科恩这两部作品的主要内容,以及作品中体现的研究方法对于英国宪制史研究的意义。有鉴于此,这里也不再介绍这两部作品的内容,仅略微谈谈印象最为深刻的几点:

首先是科恩对中世纪早期王权中的血亲权因素即日耳曼的血亲权(kin-right, blood-right)的阐述。正是血亲权授予王室家族对王位的继承权。这种血亲权"作为一种特殊的禀赋"使得统治家族高出普通民众的行列;它常常直观地体现为外在的表征,例如墨洛温家族的长发或统治阶层的"蓝色血液"。但是,在中世纪早期,血亲权将统治权威授予整个统治家族而并非某个具体的个人。王位继承权的具体确立,还需要融合民众选举或教会的因素。而从血亲权授予的整个统治家族的继承权到长子继承权的出现,还需要漫长的历史发展过程。科恩对这一过程的阐述可谓准确而精彩。

其次,在中世纪并不存在现代意义的主权观念;即便存在所谓的主权者,它既非国王,也不是人民,而是法律(Law)。依照科恩的观点,这里的法律不仅仅指国王或国家制定的法律、法令、令状,还包括习俗、自然法、神法等等;它是由全部"主观权利"组成的"客观的法"。在中世纪的社会中,每个人都有义务也有权利保护这个"客观的法"不受其他人甚至国家的伤害。这也正是抵抗权的真正含义。当君主违反"客观的法"的时候,便摧毁了自身进行统治的主观权利,每一个臣民都有权行使抵抗权,保卫"客观的法"。因此,从这点来说,抵抗权并非源于契约的观念,无论是封建的契约还是统治契约。

再次,在近现代,自然法(自然权利)或神法成为限制政府的最终依据与超验之维,也是近现代各种宪制理论的基石。但是,在科恩看来,在中世纪,政府是同自然法或神法站在一边的,目的是为了反对习惯法。"从罗马皈依基督教一直到 18 世纪,政府为反对习惯法而同神法或理性法结成的联盟是法学发展中一股十分强大的力量。这一联盟导致的后果就是将君主从习惯法的束缚中解放出来。因此,作为改革实证法的标准的自然法以及不受民众控制的绝对主义二者是携手共同合作的。"科恩精彩地阐述了这一古今之别的发生过程。

另一方面,我们也看到,在英格兰,由于普通法的发展,习俗与习惯法很快变成国家法,能够有效地限制君主与政府的权力,防止君主与政府同神法、自然法或罗马法联盟。也正是由于这一点,英格兰法律的发展日渐同欧洲大陆的法律发展分道扬镳,并赋予自身特殊性,成为英格兰"例外论"的重要因素。16、17世纪,当英格兰的君主们也试图效仿欧洲大陆,推行绝对主义之际,作为习俗与习惯法之遗产的普通法迅速地同自然法、自然正义结盟,将绝对主义君主制的风潮拒绝于英伦之外。而19世纪,面对功利主义与法律实证主义观念的兴起与流行,正是英格兰法律与宪制的这种"例外"性质,赋予了斯塔布斯、梅特兰等人对英格兰法律与制度史的研究巨大的价值。

最后,在历史研究或历史撰述的方法上,科恩的作品也令人印象深刻。他以主要的一些观念为线索贯穿整部作品,并构架起全书的结构。这种方法尤其适合于长时段的历史研究,能够避免历史撰述碎片化;同时也能够将政治观念与政治事实(包括事件与制度)紧密地糅合在一起。可以说,科恩的著作以观念的形式展现君主制历史的内在律动,呈现了中世纪早期政治历史的重大运动,格外扣人心弦,也很有解释力,乃是观念史与政治史融合的经典之作。

虽然科恩这两部作品篇幅不长,但其中随处闪烁着熠熠的思想光芒,对于读者或研究者理解中世纪乃至近现代西欧政治历史、政治制度的发展,有很大的帮助。

本书译稿完成已有多年,如今有缘得以出版,要感谢刘训练老师以及商务印书馆编辑王静女士的帮助与支持。该书涉及历史时段长,论及历史事件与人物众多,作者科恩本人的宪制史观也颇为深奥复杂;译者才疏学浅,译文中难免存在不当甚至错误之处,恳请读者、方家海涵、指正。

戴鹏飞

二〇二一年七月盛夏

图书在版编目（CIP）数据

中世纪的王权与抵抗权 / （德）弗里兹·科恩著；
戴鹏飞译 . — 北京：商务印书馆，2021.9（2022.6 重印）
ISBN 978-7-100-19997-1

Ⅰ . ①中… Ⅱ . ①弗… ②戴… Ⅲ . ①公法—研究—
西欧—中世纪 Ⅳ . ① D956

中国版本图书馆 CIP 数据核字（2021）第 113550 号

中世纪的王权与抵抗权
〔德〕弗里兹·科恩　著
戴鹏飞　译

商　务　印　书　馆　出　版
（北京王府井大街 36 号　邮政编码 100710）
商　务　印　书　馆　发　行
江苏凤凰数码印务有限公司印刷
ISBN　978-7-100-19997-1

2021 年 9 月第 1 版　　开本 889×1194 1/32
2022 年 6 月第 2 次印刷　　印张 8⅞
定价：49.00 元